JN409226

김흥우 산문집

남해안의 삶

◆서 문

남해안의 깨달음

이 세상에는 깨달음(앎)의 길로 나가는데 이룩하기 어려운 경우가 얼마든지 있다.

① 좋은 걸 보고 갖고 싶어 하지 않기란 어렵다.

② 권세를 쥐고 있으면서 세도를 부리지 않기란 어렵다.

③ 모욕당하고 성내지 않기란 어렵다.

④ 미숙한 이를 깔보지 않기란 어렵다.

⑤ 자만심을 없애기란 어렵다.

⑥ 환경에 따라 변하지 않기란 어렵다.

⑦ 마음을 항상 편안하게 갖기란 어렵다.

⑧ 성욕을 억누르고 참기란 어렵다.

⑨ 시비를 걸어와도 말려들지 않기란 어렵다 등. 이런 어려움을 극복하려면 어떻게 해야 할까? 그것은 깨달음의 길로 들어서야 한다. 깨달음을 얻으려면 계율과 마음의 통일 그리고 지혜, 이 세 가지를 터득하고 지켜나간다면 깨달음의 길로 들어 설 수 있다고 본다. 이를 불교에서는

삼학(三學)이라 말하고 이 학문을 계학(戒學), 정학(定學), 혜학(慧學)이라 일컫고 있다.

계(戒)란 무엇인가? 불교나 기독교 등에서 사람이면 누구나 지켜야 할 덕목을 의미한다. 이를테면 살생, 도둑질, 간음, 거짓말, 이간질, 멸시하는 말, 실없고 잡된 말, 탐욕, 노여움, 사견(邪見) 등을 금해야 한다는 것이다. 마음의 통일은 탐욕을 떠나고 악을 떠나서 처음 마음의 안정을 도모하는 일이다.

그리고 지혜란 '고뇌가 이것이다' 라고 아는 것, '고뇌의 원인을 이것이다' 라고 아는 것, '고뇌의 소멸에 이르는 진리의 길이 이것이다' 라고 아는 것 등 세 가지를 아는 것이다.

이 삼학은 농부가 가을에 가서 수확을 하기 위하여 우선 봄에 밭을 갈아 씨앗을 뿌리고 물을 주고 잡초를 뽑고 김을 매주어 기르듯이 깨달음을 찾는 사람은 서두르지 않고 배워나가지 않으면 안된다.

이와 같이 깨달음을 얻는 것도 계를 지키고 마음의 통일과 지혜의 삼학을 배우는 가운데 차츰 번뇌와 집착을 떠나게 되면서 어렵게 깨달음(앎)이 오게 되는 것이다.

이 세상 영화를 동경하고 애욕과 향락으로 마음이 문란해 있으면서 깨달음의 길로 들려함은 지극히 어려운 것이다. 그러니까 깨달음의 길로 가려면 마음부터 고쳐먹어야 한다. 마음이 세상의 온갖 유혹에 끌리게 되면 미혹과 고뇌가 생겨난다. 마음을 깨끗이 지니고 계를 철저히 지키고 마음의 통일을 얻게 되면 지혜가 밝게 트이는 것이다. 이 지혜가 사람을 깨달음으로 이끌어 주는 것이다.

사람들은 삼학을 익히지 않기 때문에 오랫동안 혼미를 거듭하여 오고 있는 것이다. 깨달음이 온 사람이라야 사물을 바르게 보고 바르게 생각하며 바르게 말하고 바르게 행동하며 바르게 노력하고 바르게 기억하며 바르게 마음을 갖게 되고 바르게 살아가게 되는 것이다.

이렇게 바른 길로 가는 사람에게 있어서는 좋은 걸 보고도 갖고 싶은 마음이 생기지 않으며 권세를 쥐고도 사리사욕과 멀어지며 당하고도 성내지 않게 되며 미숙한 이를 더욱 우러러 보며 자만심이 있을 수 없게 된다. 그리고 환경에 따라 적응할 수 있는 능력이 배양되고 마음을 항상 편안히 가질 수 있고 애욕을 견뎌내며 어떠한 시비에도 말려들지 않는 사람이 될 수 있는 것이다.

모욕을 당하고도 성내지 않게 되며 미숙한 이를 더욱 우러러 보며 자만심이 있을 수 없게 된다. 그리고 환경에 따라 적응할 수 있는 능력이 배양되고 마음을 항상 편안히 가질 수 있고 애욕을 견뎌내며 어떠한 시비에도 말려들지 않는 사람이 될 수 있는 것이다.

2013. 7.

남해섬공연예술제를 앞두고/ 지은이

차 례

1 백세시대의 앎

젖먹이의 전통 육아법(1)
-단동십훈-

며칠 전 아직 기어 다니는 젖먹이가 스마트 폰 게임에 중독되어 가는 것을 보고 충격을 받았다. 그렇지 않아도 핵가족화 되어 대다수의 젊은 부부들이 자식을 과보호하거나 학대한다. 이로 인하여 자녀들은 의존형이 되거나 지구력, 추진력, 창조 정신이 희박해지거나, 폭력적으로 성장하게 된다. 무척이나 걱정스러운 일이다.

순간 작년 5월 '남해 섬 어린이 공연예술제'에 참여한 창원의 난리굿패 어처구니의 〈단동십훈 도리도리 짝짜궁〉을 상상했다. 젊은 부모가 독립된 가정들을 이루고 있어 단군 이래 전승되어 온 〈단동십훈〉을 모두 알고 있을 리 없다고 여겼다. 기어 다니는 젖먹이에게는 이 육아법이 굉장히 중요하다고 생각해 보았다.

'단동십훈'은 '단동치기십계훈(檀童治基十戒訓)'의 약어이다. 단군왕검의 혈통을 이어받은 배달의 아이들이 지켜야 할 열 가지 가르침이다. '단동'이란 낱말을 「우리말 큰 사전」이나 「한자자전」을 찾아보면 전혀 발견되지 않는다. 그러나 60이 넘은 사람들한테 물어보면 '불아불아' '도리도리' '지암지암' 등 대여섯 가지는 기억에 남아있으나 이것이 '단동십훈'이라고 아는 사람은 극히 드물다. 그렇다면 이 '단동십훈'에는 어떤 것이 있는지 5월 '어린이 날'을 맞아 살펴보고자 한다.

제 1 훈 불아 불아 (弗亞弗亞)

할아버지나 할머니는 걸음마를 시작하려는 아이의 허리를 잡고 세워 좌우로 기우뚱 기우뚱하며 다음과 같은 노래를 불러준다.

불아 불아 불아 불아
금을 주면 너를 살까
은을 주면 너를 살까
불아 불아 불아 불아
우리 아가 예쁜 아가
밝은 빛이 되어라
귀한 빛이 되어라

이렇게 하므로 아이는 흥미를 느끼게 되고 점차 출생의 이치를 몸소 체험하게 되는 것이다. 할머니나 할아버지는 스스로가 말하는 '불아'의 의미를 제대로 파악하고 말하는 것이 아니다. 그냥 예전부터 전해 내려오는 것을 말했을 뿐이다.

그러나 '불'은 하늘에서 땅으로 내려오는 기운을 '아'는 땅에서 하늘로 올라가는 기운을 뜻한다면 '불아'는 단군신화처럼 신이 사람으로 땅에 내려오고 신이 되어 다시 하늘로 올라갔다는 상징이 아닐까?

아이를 좌우로 기우뚱 기우뚱 하는 것은 아이의 균형감각과 신체 발달을 도와주며 다리 및 전신운동을 돕는다. 그리고 아이로 하여금 부모나 조부모와의 유대를 강화하므로 정서 발달에도 기여한다고 할 수 있다.

제 2 훈 시상시상 (侍想侍想), 깍꿍깍꿍 (覺弓覺弓)

엄마는 아이를 앉혀 놓고 앞뒤로 끄덕끄덕 흔들면서 다음과 같은 노래를 불러준다.

시상 시상 시상 시상
앞으로 나갔다.
뒤로 물러갔다.

시상 시상 시상 시상
윗사람 섬기고
아랫사람을 아껴라.

이 놀이는 엄마와 아이의 깊은 유대를 통해 아이의 정서 함양에 도움을 주게 한다. 아이는 자기를 보호해 주는 엄마가 앞에 있음을 인식하고 엄마와 춤을 추듯 엄마 뱃속에서 느끼던 감정을 이어가게 된다. 이렇게 하므로 아이는 자기를 낳아 준 부모님에 대한 한 없는 사랑을 온몸으로 느끼고 성장하므로 효심어린 마음이 키워지는 것이다.

예로부터 인간의 모습은 마음에서 몸은 태극, 즉 하늘과 땅에서 온 것이니 몸은 곧 우주이다. '인간은 작은 우주다.' 라는 말은 그래서 생긴 것이다. 그러므로 인간은 하늘의 뜻과 우주의 섭리를 따라야 한다. 아이는 어른을 공경하는 마음을 어릴 때부터 길러야 한다는 것을 이 놀이는 일러주고 있는 것이다.

제 3 훈 도리도리 (道理道理)

할머니나 엄마는 아이를 앞에 앉혀 놓고 머리를 좌우로 돌리게 하면서 노래를 부른다.

도리 도리 도리 도리
왼쪽을 보아라
오른쪽을 보아라
도리 도리 도리 도리
그른 것은 버리고
옳은 것은 좇아라

이리저리 생각하게 하므로 하늘의 이치와 천지만물의 도리를 깨치라는 의미이다.

이렇게 목운동을 하는 것은 아이의 신체 발달에 크게 도움이 된다. "그른 것은 버리고 옳은 것은 쫓아라"라고 하는 것은 하늘과 땅 사이 모든 생물들의 노는 이치를 터득하여 깨우치라는 자연의 섭리를 말하는 것이다.

제 4 훈 곤지곤지 (坤地坤地)

오른 손 검지 (집게) 손가락으로 왼쪽 손바닥을 찍는 시늉을 번복하면서 인간과 만물이 생활하는 천지간의 이치를 깨닫게 하는 놀이다. 엄마나 할머니가 아이를 앞에 앉혀 놓고 먼저 왼손을 펼치고 검지 손가락으로 펼친 손의 중앙을 찍으면서 노래 한다. 그러면 아이는 그대로 따라 한다.

곤지 곤지 곤지 곤지
둥게 둥게 얼뚱아가
쑥쑥 자라 어서 자라
신랑 각시 되려무나
곤지 곤지 곤지 곤지
좋은 엄마 되려므나
좋은 아빠 되려므나

여기서 손바닥은 음(-)이고 검지 손가락을 양(+)이라고 여기면 음양의 조화가 이루어지는 양상을 보여준다.

제 5훈 지암지암 (持闇持闇)

엄마나 할머니는 아이를 앞에 앉혀놓고 양쪽 손을 쥐었다 폈다를 해보이며 노래하게 되면 아이는 양손 다섯 손가락을 쥐었다 폈다하면서 따라하게 된다. 할머니 때부터 '지암'은 '잼잼'으로 익숙해져 왔다.

잼 잼 잼 잼
쥐었다 폈다 쥐었다 폈다
좋은 생각은 고이고
나쁜 생각은 버려라
잼 잼 잼 잼
두고 두고 알아가라
살펴 살펴 알아가라

이 놀이는 손 운동이다. 아이들은 손에 걸리면 꼭 쥘려고만 한다. 그러나 쥔 것도 놓을 줄알아야 한다는 것이다. 아이들은 작은 구멍이 있으면 손을 주저없이 집어 넣는다. 그리고 손에 무엇이 잡히면 빼려고 한다. 그러나 무엇을 잡은 손은 구멍이 작아 빠지지 않아 아이는 울음보를 터트리기도 한다. 잡은 물건을 놓을 줄도 알아야 한다는 가르침을 이 놀이를 통해 익혀야 한다.

이상 제 5 훈까지를 설명했는데 '섬마 섬마' '업비업비' '짝짝궁 짝짝궁' '아함아함' '질라아비활활의' 등에 대해 설명하기로 한다.

다만 여기서 말하는 놀이는 순서가 있는 것이 아니고 그때 그때 필연성에 의해 시행되고 있으니 순서에 골몰할 필요는 없다.

젖먹이의 전통육아법 (2)
-단동십훈-

앞에서는 '불아불아' '시상시상' '도리도리' '곤지곤지' '지암지암'

등에 대해 알아보았다. 여기서는 그 다음 다섯 가지를 설명하기로 한다.

제 6 훈 섬마섬마(서마서마西摩西摩)

누구에게 의존하지 말고 스스로 일어나 크게 살라는 의미로 아이를 엄마나 아빠가 손바닥 위에 올려 세우면서 노래를 부른다.

섬마 섬마 섬마 섬마
방실 방실 우리 아가
잡지 않고 바로 서네
따로 따로 따로 따로
혼자서도 잘도 걷네
하늘받침 기둥되네.

'선다' 는 말을 '섬마 섬마' 라고 부르기도 한다. 한편 옛날 할아버지나 할머니는 '따로따로' 라는 말로 부르기도 했다.

섬마 섬마는 몸을 세우되 누구에게 의존하지 말고 스스로 서라는 의미이다. 정신차려 스스로 일어선다는 것은 자각정신 앙양도 되지만 앞에서 엄마가 지켜보고 번복해서 서므로 운동도 된다.

제 7 훈 어비어비(업비업비業非業非)

할머니는 아이가 밖으로 기어나가거나 아빠가 보던 책을 만지면 '에비에비' 라고 하며 아이를 겁주었다. 그럴 때면 아이는 울음보를 터뜨리는 경우가 많았다. 그럴 때 할머니는 아이를 부둥켜안고 다음과 같은 노래를 불러주곤 했다.

에비 에비 넘어질라
에비 에비 다칠라

에비 에비 사이좋게
놀아야지 우리 아가
우리 아가 착한 아가
우리 아가 튼튼하게
벌써 벌써 다 컸네.

이리 기고 저리 기고 아가는 항상 움직이길 그치지 않는다. 항시도 가만히 있지 않고 기어다니려는 젖먹이는 늘 위험에 도사리고 있다. 이런 위험을 멈추게 할 때 할머니는 '에비에비' 소리를 지르곤 했다.

'에비'는 아버지를 가리키는 말이다. 아버지는 항상 아가에게는 엄한 존재로 부각 시켜놓고 잘못을 저지르면 '에비 에비'를 찾았다. 그럼 하던 일을 멈춘다. 어디 가려다 중단하고 때에 따라서는 울음도 뚝 그친다.

해야 할 일, 하지 말아야 할 일을 일깨워 주기 위한 말이었던 것이다.

제 8 훈 짝짜꿍 짝짜꿍(작작궁 작작궁作作弓 作作弓)

'곤지 곤지'와 함께 손운동의 하나이며 음양의 천지조화를 상징하는 동작이다. 역시 아이를 앞에 앉혀 놓고 할머니의 노래에 따라 아이는 따라서 손뼉을 치면 된다.

짝짜궁 짝짜궁
손뼉치고 춤추어라
하나를 가르치니 열을 다 아네
열을 가르치니 백을 다 아네
짝짜궁 짝짜궁
우리 아가 잘도 노네.

단군시대처럼 사람으로 오고 신으로 가는 이치를 알아 손뼉치며 가볍게 춤추며 즐기자는 의미를 담고 있다. 엄마는 하나를 가르쳐 열을 알게 하고 열을 가르쳐 백을 알게 되는 아이의 급한 성장에 감탄하게 된다.

제 9 훈 아함아함 (亞含亞含)

이도 '업비업비' 처럼 정서함양에 크게 이바지한 젖먹이들의 가르침이다. 아기는 입이 열리기 시작하면 무슨 말인지 모를 소리를 한 없이 재잘거리기 시작한다. 한참 듣던 할머니는 손바닥으로 입을 막는 시늉을 하며 다음과 같은 노래를 했다.

아함 아함 나무를 품어라
아함 아함 산을 담아라
아함 아함 하늘을 머금어라
세상이 아기 몸에 다 드네
우리 아기 온누리에
우리 아기 잘도 노네

아 (亞)자는 입조심, 곧 불가에서 말하는 '구업(口業)을 짓지 마라' 라는 의미 . 함 (含)은 머금다는 뜻, 즉 깊이 머금은 뜻을 함부로 뱉지 말라는 가르침이다. 아이가 중얼중얼대기 시작하면 엄마는 적극적으로 말을 가르쳐야 할 것이다.

제 10 훈 질라라비 활활(지나아비 활활의支娜阿備 活活議)

아이가 서기까지 가능해지면 엄마는 아기의 두 팔을 들어 춤추는 동작으로 덩실대며 다음과 같이 노래 부른다.

질라아비훨훨 질라아비 훨훨
두 팔을 크게 벌여 훨훨

가슴을 활짝 펴고 훨훨
하늘까지 날아라
질라아비 훨훨 질라아비 훨훨

아기의 영과 육이 잘 자라도록 기원하고 축복하며 함께 춤추는 상태가 된다. 천지와 자연의 모든 이치를 담고 지기(地氣)를 받아 몸이 잘 자라나서 '작궁무'를 추며 즐겁게 살라는 뜻이다.

이상 10개 항목에 걸쳐 살펴보았는데 이외에도 "깍궁 깍궁(覺躬 覺躬)"도 있다. 깍궁은 깨달을 각, 지킬 궁자를 쓴다. '자신을 깨달아 알고 잘 지켜나가자.' 라는 것이다. 이는 양손을 눈 옆에서 쥐었다가 폈다하는 동작으로 자신을 깨달으란 의미를 지닌 육아법이다.

나란히 나란히 나란히
- 질서와 무질서 -

유치원과 초등학교에 들어가면 제일 먼저 배우는 것이 질서 지키기 운동이다. 나란히 서기, 나란히 걷기, 나란히 앉기, 나란히 뛰기 등의 반복교육이 그것이다. 이것은 이데올로기를 초월하며 민주국가이든 사회주의국가이든, 중립국가이든 나름대로 교육방법은 다를 수 있지만 나란히 교육인 것만은 틀림없다.

이렇게 국가나 민족을 초월해 배우는 나란히 교육은 성장하면서 사회환경과 가정환경에 따라 선진국일수록 잘 지켜지나 후진국일수록 잘 지켜지지 않음을 보게 된다. 그러나 우리는 후진국도 아니고 교육열이 가장 뛰어난 민족임에도 잘 지켜지지 않고 있다. 질서보다는 무질서가 판을 치고 있는 실정이다. 오히려 배운 것이 배우지 않은 것만 못하게 돼 버렸다.

우리나라는 예절바르기로 이름이 났던 때도 있었다. 그래서 한 때는 '동방예의지국' 이라는 말까지 만들어졌다. 바르게 서기, 바르게 걷기 등이 다른 민족에 모범이 되었었다. 그런데 오늘에 이르러서는 왜 이렇게 됐을까?

길거리를 나서 봐도, 어느 매표소 앞을 가 봐도, 나란히란 개념은 완전히 잊어버린 듯싶다. 미국이나 유럽에 다녀온 사람이면 얼마나 나란히 교육이 잘 돼 있는지 상상할 수 있다. 영하 15도 이하의 추위에도 아이스크림을 들기 위해 길거리에 나란히 서 있는 러시아인들, 세 명 밖에 없는데도 나란히 서서 기다리는 스위스인들, 지진 · 화산, 원전폭발에도 의연하게 질서를 지키는 일본인들 등 얼마든지 볼 수 있다. 그러나 우리의 경우는 어떤가?

도심의 길거리를 나서면 눈에 띄는 것은 무질서뿐이다. 차들의 행렬, 먼저 오르려는 실랑이 버스, 아침부터 짜증스럽다. 승용차를 타고 나서면 각종 차들이 제멋대로 서 있는 가운데 틈만 있으면 뒷차가 머리를 내밀고 틈만 있으면 옆차는 머리를 드민다. 그리 한다고 빨리 갈수도 없는데 왜 바쁜지 모르겠다.

택시나 버스는 염치없이 구는 차 중에 으뜸가는 차종이다. 이들 차종은 빨라야 돈을 더 벌게 되고 또 버스 같은 경우엔 제한된 시간 내에 움직이게 돼 있기 때문이다. 그런데다 경찰은 이들 차종을 건드려봤자 생기는 것이 없다는 이유(?)때문인지 막는 일보다 눈감아 주는 일이 많으니 양반처럼 얌전히 모는 차는 늘 손해다.

조선조 말까지만 해도 양반은 갈지(之) 자 걸음으로 천천히 움직였다. 잽싸게 움직이는 것은 시중드는 사람들이었다. 요즘 차를 모는 사람들은 모두가 조선조시대 양반시중 들던 사람처럼 돼 가고 있다. 큰 차, 작은 차, 지위고하를 막론하고 상소리를 상놈처럼 씹어댄다. 말하자면 승용차를 모는 사람도 점점 오염돼 가고 있다.

그뿐인가. 러시 아워만 되면 버스나 택시가 앞장서서 정류장에 대는 일을 포기하니 정류장에 나란히 설 수도 설 필요도 없다. 차를 타려고 승객도 이리 뛰고 저리 뛰게 된다.

교통순경이 눈에 띄지 않는 나라도 차는 계속 줄지어 달린다. 중간에 막히면 무턱대고 기다려주니까 도로는 빨리 소통된다. 운전하는 사람 스스로가 알아서 모든 걸 행해 나가는 것이다.

그러나 우리나라는 교통순경이 눈에 띄게 많고 자원봉사자까지 돕는데도 교통은 부재현상이다. 이상은 주로 우리의 눈에 잘 띄는 부분, 교통의 경우가 그런데 그 뒤안길은 어떻겠는가? 어린이들만도 못한 성인들의 행위가 이런데 나란히 교육이 성과가 있을까?

질서와 무질서, 이 둘과의 관계는 나 하나가 탐과 욕을 버리지 못하는데 있다. 아홉이 나란히 서더라도 하나가 그르치면 질서는 깨진다. 질서는 나 하나의 마음부터 고쳐 나가는데서 유용한 것이 된다면 '나 하나쯤' 이란 마음가짐에서 무질서가 유발되는 것이다.

학교교육이 생활교육으로 연결 안 될 때 학교교육은 무용의 가치에 불과하다. 이렇게 되다 보면 몇 년 내로 차는 있으나 마나의 상태가 될 것이다. 도로폭은 계속 넓힌다고 하는데 차 숫자가 더 빨리 느는 것 같다. 이러니 교통순경도 있으나 마나가 될 수 밖에 없고 길거리는 교통지옥으로 변할 것이다.

이제는 어린이보다 어른들이 나란히 운동을 펼 때가 된 것이다. 나란히, 나란히, 나란히. 질서와 무질서는 '거거거중지(去去去中知)하고 행행행리각(行行行裡覺)' 이라. 곧 "하고 하는 가운데 알게 되고 행하고 행하는 가운데 깨우치게 될 것이다"

어린이 날의 어제와 오늘

매년 5월 5일이면 아침부터 들려오는 '어린이 날 노래' (윤석중 작사, 윤극영 작곡)가 낭낭하게 올해도 들려올 것이다.

날아라 새들아 푸른 하늘을
달려라 냇물아 푸른 들판을
오월은 푸르구나 우리들은 자란다.
오늘은 어린이 날 우리들 세상

우리가 자라면 나라의 일꾼
손잡고 나가자 서로 정답게
오월은 푸르구나 우리들은 자란다.
오늘은 어린이 날 우리들 세상

2012년 5월 5일은 토요일이며, 어린이 날이 생긴지 꼭 90년째 맞는 날이다. 1923년 4월 20일자 「동아일보」에는 '5월 1일은 소년일' 이라는 제목으로 매년 5월 1일은 어린이 날로 한다는 것과 이 날을 기념해 소년 연예회와 함께 소년문제강연회를 갖는다고 보도하고 있었다.

이렇듯 첫 번째 어린이 날은 1923년 5월 1일이었고, 당시 천도교 소년회, 불교 소년회, 조선 소년군 등 아동 단체의 중심 인물들은 조선 소년운동협회로 뭉쳐 해마다 5월 1일을 어린이 날로 기념하기로 결정했다. 이 첫 어린이 날 동경 유학생 중심의 방정환, 고한승 등이 중심이 되어 '색동회' 를 발족하였다.

1923년 5월 1일자 「동아일보」는 첫 번째 어린이 날 기념행사에 대해 다음과 같이 싣고 있다. "어린이 날 5월 1일이 왔다. 어린이에게도 사람의 대우를 하자고 떠드는 날이 왔다. 지금의 우리 조선 사람은 어른이나 아이가 누가 사람의 권리가 있으며 사람의 대우를 받는가!"라고 하고 이어서 "조선의 어린이여, 그대들에게 복이 있으라, 조선의 부형이여 그대들에게 정성이 있으라"고 격려하고 있다.

이 첫 어린이 날에는 소년운동협회 이름으로 선언문 발표가 있었는데 첫째, 어린이를 종래의 윤리적 압박으로부터 해방하여 그들에게 완전한 인격적 예우를 허하게 하라.

둘째, 어린이를 겨레의 경제적 압박으로부터 해방하여 만 14 세 이하의 그들에게 무상, 유상의 노동을 폐하게 하라.

셋째, 어린이 그들이 고요히 배우고 즐거이 놀기에 족할 각양의 가정 또는 사회적 시설을 행하게 하라

이는 당시 「개벽」지 주간이었고 방정환과 함께 어린이 운동에 심혈을 기울였던 김기전이 기초한 것이다.

1925년 어린이 날에는 소년, 소녀들이 30만명이나 참가 할 정도로 확산되었다. 그러나 1937년부터는 일제의 탄압으로 어린이 날 기념식도 중지되는 곤욕을 겪었으며 5월 1일로 정해졌던 어린이 날은 일제의 노동절과 중복된다고 해서 5월의 첫 일요일로 옮겨 행하다가 해방이후 1946년부터 5월 5일로 다시 정해졌다.

대한민국 어린이 헌장

대한민국 어린이 헌장은 어린이 날의 참뜻을 바탕으로 하여, 모든 어린이가 차별 없이 인간으로서 존엄성을 지니고 나라의 앞날을 이어 나갈 새사람으로 존중되며, 바르고 아름답고 씩씩하게 자라도록 함을 길잡이로 삼는다.

① 어린이는 건전하게 태어나 따뜻한 가정에서 사랑 속에 자라야 한

다.

② 어린이는 고른 영양을 취하고 질병의 예방과 치료를 받으며, 맑고 깨끗한 환경에서 살아야 한다.

③ 어린이는 좋은 교육시설에서 개인의 능력과 소질에 따라 교육을 받아야 한다.

④ 어린이는 빛나는 우리 문화를 이어받아 새롭게 창조하고 널리 펴 나가는 힘을 길러야 한 다.

⑤ 어린이는 즐겁고 유익한 놀이와 오락을 위한 시설과 공간을 제공 받아야 한다.

⑥ 어린이는 예절과 질서를 지키며, 한겨레로서 서로 돕고 스스로를 이기며 책임을 다하는 민주 시민으로서 자라야 한다.

⑦ 어린이는 자연과 예술을 사랑하고 과학을 탐구하는 마음과 태도를 길러야 한다.

⑧ 어린이는 해로운 사회 환경과 위험으로부터 먼저 보호되어야 한다.

⑨ 어린이는 학대를 받거나 버림을 당해서는 안 되고, 나쁜 일과 힘겨운 노동에 이용되지 말아야 한다.

⑩ 몸이나 마음에 장애를 가진 어린이는 필요한 교육과 치료를 받아야 하고 빗나간 어린이는 선도되어야 한다.

⑪ 어린이는 우리의 내일이며 소망이다. 나라의 앞날을 짊어질 한국인으로 인류의 평화에 이바지할 수 있는 세계인으로 자라야 한다.

어린이 헌장은 있지만 요즘 어린이들은 외롭고 공부하기 바쁘고 즐길 수 있는 시간이 없다. 모든 가정과 사회가 그렇게 만들어 놓았다. 어린이들은 크리스마스(부처님 오신 날) 그리고 어린이 날을 자기 생일처럼 기다리고 있다. 올해는 토요일이 어린이 날이니 부모는 어린이들에게 남다른 추억을 만들어 주어야 한다.

1921. 방정환 '어린이' 란 말 첫 사용
1923. 5.1 동경에서 방정환 등 유학생들이 모여 '색동회' 첫준비 모임
1924. 국제연맹에서 '아동권리 헌장' 채택
1927. 5월 첫째 일요일 '어린이 날' 로 변경
1937. '어린이 날' 기념식 금지
1946. 5.5 제24회 '어린이 날' 기념식 거행, 5월 5일을 '어린이 날' 로 결정(건국준비위원회)
1948 국제연맹 '아동권리헌장' 개정 선언
1957. 대한민국어린이헌장 9개항 발표 선언
1961. 12.30 5월 5일을 '어린이 날' 로 지정 (아동복지법)
1975. 1.27 '어린이 날' 을 법정 공휴일로 지정 (대통령령)
1988 대한민국어린이헌장 개정 (11항)

어머니의 역할

"어머니" 하면 자녀를 둔 여자로 자식에 대한 관계를 일컫는 말이다. 그러나 자기를 낳아 준 어머니처럼 여기는 동네사람들도 있다. 또 자기 어머니와 비슷한 나이의 여자를 모두 어머니로 부르는 경우도 있다. 어머니를 비유하는 말 가운데는 '고향은 어머니의 가슴과도 같은 것이다'

인도인은 또 하나의 어머니를 소로 여기는 경우도 있다. 또 '노력은 성공의 어머니, '한국 우주과학의 어머니', '모방은 창조의 어머니' 등

얼마든지 있다.

어린이들은 어머니를 엄마 또는 마마라고 부르기도 한다.

내가 어머니를 이야기하려는 것은 남해국제탈공연예술촌에 있다 보면 어머니가 어머니의 역할을 하지 않아 일어나는 일을 많이 보았기 때문이다.

첫째, 우리는 어렸을 때 어머니, 아버지, 할머니, 할아버지가 있는 가정에서 생활했기 때문에 예의범절을 꼭 지켜야만 했다. 아침에 일어나면 부모나 조부모님께 꼭 아침인사 하는 게 습관처럼 되어있었고 주변 동네 어른들을 보아도 꼭 인사하도록 지도받았다.

탈촌 로비에서 지켜보면서 관람객이 들어서면 입구에서 '어서오십시오' 또는 '어서오시다' 라고 인사를 하면 인사를 받은 사람은 보기 힘들다. 마찬가지로 보고 나가는 사람들에게 '안녕히 가십시오' 해도 대답 없이 나간다.

"안녕 하세요, 잘 봤습니다, 안녕히 계세요" 라고 한마디라도 해주면 어린이들도 배우겠는데 그런 것을 포기한 상태다.

어린이를 데리고 오는 연령층은 2.30대가 많다. 다른 곳에서도 그런가하고 살펴보면 역시 마찬가지였다. 요즘 2.30대들을 보면 인사할 줄 모른다. 사무실 같은 곳을 들어가 보면 일어나 고개 숙여 제대로 인사하는 친구는 찾아 보기 힘들다.

둘째, 아낄 줄을 모른다. 탈촌에 와서 기숙하던 사람들(대다수가 20~30대)을 보면 불과 물을 너무나 마구잡이로 사용한다. 샤워는 몸에 물을 적시고 비누를 칠해 문지른 다음 물을 틀어 닦아내면 되는데 틀어놓은 채 끝까지 사용한다. 양치질도 머리감기도 마찬가지다. 이렇게 사용하니 물이 모자라 뒷사람들은 샤워를 못하는 일도 있었다.

또 화장실에는 불을 켜고 들어가면 나올 때는 불을 꺼야 하는데 그냥 켜 놓은 채 가버리는 경우가 종종 발생한다. 대낮인데 밤처럼 화장실에 불을 켜놓거나 켠 채 나서거나 하는 일도 종종 발생한다. 또 자동차에 시동을 끄지 않은 채 관람하고 나선다든지, 시동을 걸어 놓은 채 안으로 들었다 한참 만에 나와 차의 시동을 끄거나 돌려나가는 경우가 있는가 하면 밧데리가 다 소모되어 당황하는 모습도 종종 있다.

셋째, 탈촌에는 여러 개의 설치미술이 있는데 그 밑 둘레에 꽃을 심어 놓았다.

설치미술 옆에 서서 기념사진을 찍는 것은 좋으나 어린애가 주변에 있는 화초를 짓밟는 걸 자제하는 부모는 없다. 꽃도 생명체다. 동물을 살생하는 것과 같음을 아이들에게 주지시켜야 할 것이다. 아이들뿐만 아니라 나이 든 부모들도 같은 행위를 하니 참 어처구니가 없는 일이 아닌가?

결국 나는 화초를 뽑고 흩어진 돌들을 대신 정리하며 갈피를 잡을 수가 없었다.

넷째, 외국인들이 탈촌에 들어서면 한 시간 이상 걸려 전시품들을 보고 나가는데 우리나라 사람들은 대다수가 20 여분 만에 다보고 밖으로 나간다. 아이들을 위해서 부모는 하나하나 읽으며 설명해 주는 습관을 길러야 한다. 아이들에게 전공분야를 폭넓게 보여주고 적성과 흥미에 맞는 분야를 택하도록 하는 게 필요하다.

부모가 흥미없는 분야라고 관람을 포기하면 아이들도 눈여겨 보는 일을 포기하는 경우가 많다.

다섯째, 탈촌에는 아릿다운 연못이 탈촌 중앙에 있다. 이곳을 작년에 치장하고 36마리의 금붕어를 사다 넣었다. 그 결과 연못에는 개구리와 금붕어가 함께 살기 시작했다. 그동안 금붕어는 성장하여 산란, 번식하여 웅덩이에는 크고 작은 금붕어가 100여마리 가깝게 살고 있고 날이 추워지자 개구리들은 겨울잠에 들었다.

아이들이 관람왔다가 이곳에 돌맹이를 던지고 화초밭의 벽돌까지 파

내다 던지는 일이 많아 웅덩이에 아이들이 던진 돌이 즐비하게 되었다. 부모들이 그런 행위를 자제시키는 것을 볼 수가 없었다. 특히, 타지에서 단체로 온 초등학생들 가운데는 이런 행위를 많이 하는데 선생들이 주의 시키는걸 볼 수가 없었다. 체벌이 없어지면서 학생들의 행위에 방심해 버린 것이 아닌가 생각된다.

이상 몇 가지 예를 들었지만 이런 작은 일들을 부모와 선생이 방심하고 있으니 어린이들이 이대로 성장하면 어찌되겠는가?

최근 어머니의 역할은 옛날에 비해 많이 확대되었다. 예전의 어머니는 거의 주부로서 가정살림에만 몰두해 아이를 돌보는 시간이 많았다. 3대가 한 집에 살면서 어머니의 역할을 할머니가 대신해 주는 경우도 많았다.그러나 요즘은 어머니가 직업을 갖거나 또는 스스로 할 수 있는 일을 찾아 맞벌이를 하는 경우가 대부분이다. 그러니 어린아이는 유치원에 맡기거나 친정에 의존하고 있다. 따라서 엄마가 직접 젖을 먹여야 할 때 인공수유를 해야 하고 어머니가 해야 할 교육을 타인에게 맡긴다.

1960년대 말에 있었던 일이다. 난 당시 정신치료연극에 관심이 많아 매주 한차례씩 서울에 있는 정신병원을 드나들었다. 어느날, 의사가 자기방으로 들라고 하여 들어갔더니 20세가량 된 청년이 '앉지 못하는 병' 에 걸려 왔는데 같이 진찰실에 들어가 나보고 무대 배우들을 활용해 앉혀보라는 거였다.

의사를 따라 진찰실에 드니 환자는 방을 이리저리 오가고 있었다. 난 환자를 의자 가까이 서게 하고 이런 이야기, 저런 이야기를 나누다 큰 소리로 '앉아' 소리쳤다. 환자는 앉았다. 나는 '편안하죠' 를 종용했다. 그는 내가 시키는 대로 잘 따라하여 말을 중단하고 의사에게 관심을 기울이자 그는 다시 일어섰다.

의사와 나는 방을 옮겨 이야기를 나눴는데 의사는 앉지 못하는 원인을 발견하지 못해 애타하고 있었다.

다음날 환자의 어머니를 불러 환자가 태어났을 때부터 지금까지의 생활에 대해 물었다.

환자가 4살 때 식구끼리 야유회를 갔다 남편과 이야기를 나누고 있었는데 아이가 나무그루터기에 항문을 찔러 피가 난자한 일이 있었다는 것이다. 식구들은 야유회도 즐기지 못하고 병원으로 달려가 치료를 위해 한달여 입원한 사실을 들려주었다. 의사는 무릎을 탁 치며 "바로 그겁니다. 병의 원인은 어렸을 때 어머님께서 방심했던 것이 원인입니다." 라고 말했다

그 후 이 환자는 한 달여 만에 최면요법 등 다양한 요법을 활용, 병이 완쾌되어 퇴원할 수 있었다.

어릴 때 강하게 받아들였던 쇼크가 잠재했다가 시간이 지난 후 심신활동이 활달해지면서 나타난 현상이었던 것이다. 어린아이 일 때 어머니는 항상 아이에게 주의를 기울여야 한다. 그리고 어머니의 마음씨, 말씨, 맵씨, 솜씨 등을 닮아가기 때문에 자기 자신에게도 주의를 기울여야 한다. 어머니는 어린이부터 청년기까지, 어릴 때부터 젊은이가 될 때까지의 성격 형성에 신경써야 한다.

아이일 때는 모든 시간을 내서 아이와 함께 지내면 좋겠지만 시간이 없으면 쪼개서라도 아이와 함께 놀이를 통해 아이의 성장을 도와야 하고 학교에 갈 나이가 되면 가정환경, 주위환경, 사회 환경에 관심을 기울여야 할 것이다.

맹모삼천지교 (孟母三遷之敎)

필자는 「성격의 올바른 이해」에서 "성격은 변할 수 있는 부분과 변할

수 없는 부분으로 되어 있다. 곧 변할 수 없는 유전인자와 변할 수 있는 환경인자가 종합 통일된 것을 성격이라고 한다."라고 밝힌바 있다.

여기에서 말하는 환경인자란 후천적인 경험, 생활 환경, 사회적 조건 등을 의미한다. 인간의 정신과 자질, 특히 성격은 유전인자에서 시작된다.이 유전적인 기질, 소질 등이 성격 형성에 가장 근원이 되는 것은 물론이다. 소질은 끊임없이 환경인자의 영향을 받아 성격에 있어서의 후천적인 면을 형성해 나간다. 환경이 새겨주는 성격의 면이라고 해야 할 것이다. 그럼 환경이란 무엇인가?

사람은 생활의 장(場)을 떠나 생존 할 수는 없다. 이를 심리학에서는 자연환경이라고 말하고 있다. 인간은 이 자연적 사회적 환경과의 끊임없는 교섭에 의해 생활하고 있다. 그러나 모든 사람이 동일한 환경에서 생활하고 있다고 하여도 그 생활환경은 반드시 동일할 수 없고 그들은 각기 다른 환경을 가진다.

이와 같이 인간의 특이한 환경은 각자의 욕구, 태도, 습관 등에 의해 자유로이 환경을 통제, 내지 변화시키는 동시에 개인에 저항하여 자유를 제한하려는 상호작용을 한다. 이 상호작용은 상호 제약을 일으키므로 평형관계를 회복하려는 것이 곧 일정한 환경내의 인간생활이라고 할 수 있다.

인간의 환경은 자연적인 환경과 사회적인 환경이 상호 융합되어 왔다. 우선 자연환경은 사람의 생활환경에 있어 지리적. 기상적 요인을 말한다. 이를테면 열대인은 온대지방인보다 더 태만하고, 그 동작도 느리며 대륙사람과 도서지역에 사는 주민과의 성격적 차이도 서로 대조적인 점이 많다. 뿐만 아니라 신체 발육도 자연환경의 영향은 사회적 환경에 비하여 절대적이다. 기후, 음식물, 주택 등은 어린이의 신체 발육에 절대적 조건이며 이와 같은 자연환경의 부족으로 인해 정신과 행동에 큰 영향을 끼친다.

우리나라 팔도 인물평은 사회적 환경도 요인이 되었겠지만 주로 자연환경이 크게 영향을 미쳤다고 본다. 대원군의 팔도 인물평을 보면,

① 함경도 – 이전투구
진흙 밭에서 싸우는 개처럼 맹렬하고 악착스럽다. (견인)
② 평안도 – 산림맹호
산림 속에 나타 난 호랑이처럼 용맹스럽다. (용맹)
③ 황해도 – 석전경우
돌밭을 가는 소처럼 인내심이 강하다. (근면)
④ 강원도 – 암하노불
바위 아래 오래 된 부처처럼 어질고 인자하다. (침착)
⑤ 경기도 – 경중미인
거울 속 미인처럼 우아하고 단정하다. (이지)
⑥ 충청도 – 청풍명월
맑은 바람과 큰 달처럼 부드럽고 고매하다. (이상)
⑦ 전라도 – 풍전세류
바람결에 날리는 버들처럼 멋과 풍류를 즐긴다. (풍류)
⑧ 경상도 – 태산준령
큰 산과 험준한 고개처럼 선이 굵고 우직하다. (의지)

또 임진왜란 때 이여송의 참모로 조선에 왔던 두사충의 사위인 나학천은 원대 중국 남경출신으로 후에 장인과 함께 조선에 귀화 「나학천 비결」을 남겼다. 그 가운데 보면 조선 팔도의 형상을 인체와 동물에 비유, 팔도 인물평을 하였다.

① 함경도 – 우직지협 (우직하고 지혜롭다.)

인체에 비유하면 머리이고 동물에 비유하면 장어다.

② 평안도 – 견강용예 (의지가 강하고 용감하고 날세다.) 인체에 비유하면 얼굴이고, 동물로 비유하면 매이다.

③ 황해도 – 우준무실 (느리고 어리석어 옹골차지 못하다.) 인체에 비유하면 손이고 동물에 비유하면 소다.

④ 강원도 – 칩복지단 (자기 거처에 가만히 있고 아는 것이 부족하다.)인체에 비유하면 갈빗대이고 동물로 비유하면 꿩이다.

⑤ 경기도 – 선용후유 (앞은 억세고 뒤는 부드럽다.) 인체에 비유하면 가슴이고 동물에 비유하면 범이다.

⑥ 충청도 – 부경용호 (행동이 경솔하지만 용맹스럽다.) 인체에 비유하면 배이고 동물에 비유하면 까치다.

⑦ 전라도 – 사교경예 (속임이 많고 교활하고 가벼우나 예능에 밝다.) 인체에 비유하면 발이고 동물에 비유하면 원숭이다.

⑧ 경상도 – 우순질신 (어리석고 순하고 질박하지만 참된 기질이 있다.) 인체에 비유하면 다리이고 동물에 비유하면 돼지우리다.

이상의 팔도 인물평은 이미 지난 날의 견해이다. 오늘날은 농경사회에서 산업사회로 변하였고 많은 인구 이동이 있었고 팔도가 특성화되어 생활환경이 많이 변화되었다. 그리고 이것은 크게 나눈 경우이고, 작게는 시.군 또는 어떤 마을, 어떤 곳에 사느냐에 따라 다르다. 이런 지리적 조건은 특히 어린이 성장에 많은 영향을 미친다고 할 수 있다.

다음 사회적 환경에 대해 살펴보자. 사회적 환경은 문화적, 풍속적, 제도적, 습관적인 환경을 의미한다. 이는 어린이 생활에 직접적으로 영향을 준다. 이에는 유인적 환경과 소인적 환경 두 가지가 있는데 유인적 환경이란 사회적 환경에 의한 생활에 직접 유인이 되는 환경조건을 말한다.

요컨대 음식물이나 이성에 대한 매력 등 기본적 욕구의 대상에 의한 유인적 환경과 개인적 욕구 상태의 여하에 따라 생활의 방향이 선정된다. 그리고 일반 사회정세의 불량성이 사람들에게 미치는 영향으로 도의감의 저하, 정신적 허탈감, 풍기, 암거래, 범죄의 격증 등이 암시적으로 생활에 적용되어 많은 영향을 미치는 것이다. 그리고 우인관계, 대인관계는 행동 유발의 원인이 되며 소인이 될 수도 있다. 그러나 인간은 사회적 동물로서 집단화하려는 경향을 가지며 그 집단을 어떤 유사점으로 하여 형성되고 우인관계일 때가 많다. 이 같은 우인관계는 행동유발의 소인보다 강한 유인이 되며 그러한 관계는 불우하고 고난이 많을수록 밀접해지며 특히 불량행동 같은 것은 혼자보다 두 세 사람의 집단일수록 용이하게 이루어진다.

물론 이와 같은 불량행동은 우인관계에 의한 직접적인 유인이 절대적인 것이 아니고 소질적인 소인, 즉 신체적 결함, 연령, 지능저열, 의지박약, 감정불안, 태만, 방종, 흉폭, 음주, 끽연 등과 같은 불량성내지 악습 등의 환경적 소인과의 상호관계에서 이루어진다.

소질적 소인은 주로 선천적 유전적인 것이고, 환경적 소인은 후천적 경험적인 면이 강하다. 고로 좋은 소인을 가진 사람은 나쁜 유인이 작용하기 힘들며, 나쁜 소인을 가진 사람은 나쁜 유인에 적용하기 쉬운 것이다.

다음 소인적 환경이란 유인적 환경이 인간행동 내지 행동 발달에 직접적 영향이 되는데 반하여, 소인적 환경은 그에게 간접적 영향을 준다. 이를테면 유인적 환경은 일시적인데 반해 소인적 환경은 영속적일 때가 많다. 고로 인간에게 미치는 영향이 더 중요하다고 볼 수 있다.

그럼 이러한 소인이 되는 환경 조건은 어떤 것일까? 이는 무엇보다 먼저 가정 관계를 들어야 할 것이다. 왜냐하면 인간의 행동내지 행동발달에 미치는 가정의 영향은 크기 때문이다.

즉, 양친의 존재여부, 양친의 직업, 경제적 생활정도, 문화생활의 정도, 가풍 등의 영향은 인간생활의 과반이 가정이기 때문에 곧 그것은 항구적이면서 계속적이라 볼 수 있다. 따라서 가정환경이 주는 영향력은 어린이에게 있어서는 커다란 영향이 되고 있다. 그럼 여기서 아성(亞聖)으로 불릴 만큼 인간의 행실에 대해 밝은 분이었던 맹자와 그의 어머니에 대해 살펴보기로 한다.

맹자는 이름이 가(軻)로 공자가 태어난 중국의 곡부 가까운 산동성 추현에서 태어났다. 그는 아버지를 일찍 여의고 어머니 손에서 교육을 받고 자랐다. 그의 어머니는 현명한 사람으로 아들 교육에 남 달리 관심이 많았다.

「후한서 (後漢書)」에 보면 맹자가 집을 떠나 유학을 떠 난지 얼마 되지 않아 찾아왔다. 어머니는 베를 짜다가 아들을 맞이했는데 전혀 기뻐하지 않고 "공부는 다 마쳤느냐?" 고 물었다. 맹자는 "끝마친게 아니고 어머님이 뵙고 싶어 잠깐 다녀가려고 왔습니다."라고 했다. 맹자 어머니는 갑자기 옆에 있던 칼을 들어 짜던 베를 잘랐다. 뜻밖에 놀란 맹자는 "왜 베를 자르십니까?"라고 묻자 그의 어머니는 내가 짜던 베를 끊은 것과 같다. (단기지교, 斷機之敎)라고 그를 타일러 보냈다.

맹자는 이에 크게 깨닫고 부지런히 공부해 훗날 훌륭한 유학자가 되었다는 것이다. 또 이런 이야기도 전한다. 전한말의 학자 유향 (劉向) 의 「열녀전」에는 맹자와 어머니가 살 던 곳은 공동묘지 부근이었다. 이곳에 같이 놀 만한 친구가 없던 맹자는 늘 보는 게 장례지내는 것 뿐이라 그것을 따라 하곤 했다. 곡소리를 내는 등 장례 지내는 놀이를 즐기곤 했다. 이 광경을 목격한 맹자 어머니는 이사를 단행한다.

그런데 이사한 곳이 시장 근처였다. 이제는 공부에 매진하리라 여겼는데 이곳에 와서는 시장 상인들이 물건을 팔고 사는 장사꾼 흉내를 내면서 노는 것이 아닌가 ?

맹자 어머니는 안되겠다싶어 다시 이사하기로 결심하고 심사숙고한 끝에 글방(서당)근처로 이사하기로 한다. 이사를 하고나니 맹자는 제사 때 쓰는 기구를 늘어놓고 절하는 법이며, 나아가고 물러나는 법 등 예법에 관한 놀이를 즐기는 것이었다.

맹자어머니는 이곳이야말로 아들과 함께 살만한 곳이구나 여겨 그곳에 계속 머물며 살게 되었다.

맹자가 성장하면서 뛰어난 유학자가 되면서 맹자 어머니도 고금의 현모양처의 으뜸으로 꼽히게 되었고 맹자의 교육을 위해 세 차례 이사를 단행한 것에 대한 이야기가 세상에 널리 퍼지게 되었다.

맹모삼천지교 (孟母三遷之敎)라는 말은 자녀 교육에 있어 환경이 미치는 영향이 얼마나 큰 것인가를 말해주는 것이 되었다. “맹자집 개가 맹자왈한다.”라는 속담이 만들어 졌다. 즉, 무식한 사람도 오래보고 들으면 자연히 견문이 생긴다는 말이다.

어머니는 가정을 위해 자식들을 위해 지금 사는 집이 괜찮은 곳에 있고 괜찮은 집인지 생각 해 볼 필요는 없을까?

핑크족의 내일

핑크족하면 얼핏 핑크색의 종족을 생각할 수도 있다. 여기서 말하려는 것은 가난하여 아이를 안낳고 사는 젊은 부부들을 뜻하는 핑크족을 의미한다.

1970년대 말 미국의 젊은이들 가운데는 동거생활을 하는 수효가 늘어났다. 그러나 아이를 낳아 키우기엔 부담이 되어 아이 낳는 것을 자제하기 시작하면서 이 말이 만들어 졌다.

그렇다면 우리나라의 경우는 언제부터 이런 현상이 일어나기 시작했는가?

1960년대 까지만해도 우리나라의 젊은 부부들은 순리에 따라 많은 아이를 낳았다. 많은 아이를 낳다보니 그들의 먹거리도 문제였지만 차츰 성장하면서 교육이 문제가 되었다. 따라서 부부들은 매월 때맞추어 잠자리를 같이 하거나 아니면 좀 독한 약을 복용, 아이를 지우는 일이 많았다. 지우기에 고생들을 하여 약을 먹기보다는 그냥 낳는 쪽을 택하는 경우도 흔했다. 물론 이때도 피임약은 있었는데 크게 효과를 보지는 못했다.

1970년대 들어서는 "둘만 낳아 잘 기르자" "둘도 많다. 하나만 낳아 잘 키우자" "잘 키운 딸 하나 열 아들 안부럽다"등의 구호가 일기 시작했다. 이때는 피임약이 잘 들어 여성들이 사전에 예방하여 아이 낳는 것을 스스로 막게 되었다. 그리고 주부들도 직장을 갖는 사람들이 많아졌다. 그런데 이에 영향을 받아서인지 결혼은 하되 아이를 낳지 말자는 사람들의 수효가 늘기 시작했다. 그리고 젊은이들 가운데는 독립된 가정을 갖는 숫자가 많아져 핵가족 사회가 형성되어갔다.

1980년대 들어서면서는 산아제한이 본격적으로 시작되었다 "아들 딸 구별말고 하나만 낳아 잘 키우자"는 구호가 그것이다. 그리고 피임약에 의존하던 것에서 남자들이 하나만 낳으면 정관수술하도록 정부가 앞장서서 부추겼는데 예비군 중대나 동네 청년회는 모임이 있을 때면 하나만 낳도록 시키고 있었다. 또 이때는 여권산장이 어느때보다 가속화하였고 경제성장으로 생활여건이 좋아져 여성들의 사회진출도 활발하게 전개되었다.

이때 나는 대학에 재직하고 있었는데 1980년대 후반으로 가면서는 여학생이 1활정도에서 거의 3활정도로 늘어나고 있었다. 이때 미국에서는 핑크족과는 다른 개념의 딩크족이란 말이 유행하기 시작했다. 정상적인 부부생활은 하면서 의도적으로 자녀를 두지 않는 맞벌이 부부가 많아진 것이다. 즉 딩크족의 탄생이다.

1990년대 우리나라 경우는 이상한 풍조가 일기 시작한다. 30대가 훨씬 지났는데도 결혼을 포기하는 여성들이 많아졌다. 대학을 나오고 취업을 한 사람들과 기다리는 사람들이 대학원에 진학하려는 숫자가 늘어나 입학하기가 학부와 진배없는 어려움을 겪었다. 이 기회를 놓칠세라 대학들도 특수대학원을 창설하기에 바빴다.

고등교육을 받아보니 눈은 높아졌고 또 하고 싶은 일들을 하려는 쪽으로 시선이 옮겨지니 어머니, 아버지들의 생활처럼 살고 싶지는 않았다. 결국 1990년대에도 핑크족은 계속 늘어나면서 딩크족까지 합쳐져 결혼은 하되 아이를 안갖는 쪽으로 그 흐름은 옮겨지고 있었다. KBS일일드라마 〈당신뿐이야〉의 기씨댁 둘째부부가 딩크족의 전형이었다.

2000년대에 들어서는 고등교육을 받을수록 결혼을 기피하고 홀로 지내는 여성들이 많아졌다. 40세가 내일 모래인데도 결혼은 생각지 않는다. 또 결혼은 하되 자녀갖는 문제에 구애받지 않는 DCF로 산다.

도시나 농촌이나 아이들의 숫자는 확 줄어들고 홀로 사는 여자, 남자들 투성이가 되었다.오죽하면 부모들의 극성에 남자들은 중국,베트남, 필리핀,우주벡 등의 여인들을 아내로 맞게 되었나...

우리나라는 핑크족, 딩크족이란 말이 통용되기는 2000년대 중반에 들어서면서 부터였고 중국,일본도 마찬가지다. 중국은 '커주'란 말만 유행되었다.

이젠 남녀가 모두 이를 풍조처럼 받아들이고 있는데 받아들이는데 그쳐서는 안되겠다. 몇십년 후에는 다문화의 세계로 바뀌어 버리고 몇백년 후에는 민족의 정통성은 찾을 길이 없을지도 모를 위기에 직면하게 될것이다.

아무리 어려우면 1960년대 이전처럼 어려울수는 없을 것이다. "하나만 낳아서 잘 키우자"던 세대가 도화선이 된 것이다. 하나만 낳으니 애지중지 키운것이 심약한 세대를 만들었고 의존형의 성격을 만들게 된것이 큰 원인이었다.

1994년 산아제한 정책이 폐지되고 2005년부터는 출산장려정책이 시작되었다. 아이 낳는 재미, 키우는 재미를 붙이면 잘 풀리지 않던 일도 잘 풀려 어려운 일도 마다하지 않게 된다. 그리고 사회도 이제는 그 어려움을 그대로 내버려 두지는 않을 것이다.

직업도 귀천을 따지고 가리니까 그렇지 서양처럼 귀천을 따지지 말아야 한다. 앞으로는 사무보는 일보다 노동하는게 수입이 더 많아 질 수 있다고 봐야 한다.

이미 100세시대는 시작되었다. 한 직업으로 끝낼 수 없는 사람들은 두 세가지 직업을 전전하면서 이어 가야 할 시기가 되었다. 생각하던 것이 어려우면 지금 당장 새로 시작해도 충분한 시간이 남아있게 된다. 또 나이가 들면 앉아 일하는 것보다 근육을 쓰는 노동일을 해야 건강을 오래 지탱할 수 있다. 지금 공장은 거의 외국인 노동자들에게 의존하고 있다.

머지않은 장래에 고등학교까지 의무교육화되면 활동비와 먹거리 그리고 용돈외에 크게 들것이 없다. 지금처럼 진학공부에 매달릴 필요도 없게 된다. 대학입학정원보다 진학하려는 숫자가 줄어들 수 밖에 없다. 그런데다 생활은 지금보다 더 윤택해 지면 아마 정년제도 아주 없어지거나 아니면 연장될 것이다.

당장 어렵다고 회피하거나 좌절해서는 안된다. 젊을때 자신들의 욕심만 채우려고 의식적으로 삶을 왜곡해서는 나이가 중년을 거쳐 늙어지면서는 후회와 고통속에 보낼수도 있다.

이미 100세 시대는 시작되었다. 지금 젊은이들은 150에도 도전할 수 있다. 이미 152세를 살다간 분도 있으니 부정할 필요는 없다. 아버지 어머니가 살아왔듯 아이낳고 기르는 재미에 흥미를 가져보라. 핑크족이나 딩크족으로 살아가면 내일은 오직 절망만 있을 뿐이다.

니트족 100만 돌파의 충격

니트 (NEET = Not in Employment, Education or Trainning)란 말은 1999년 영국정부가 작성한 조사 보고서에서 유래한 말이다. 이 니트족의 정의는 "교육기관에 소속되거나 채용되지 않았으며 직업훈련에도 참가하지 않는 16~18세의 청소년"이라고 되어 있다.

니트족은 일본이나 한국은 무직자 문제를 가리키는 말로 이해되고 있는데 우리나라의 경우 니트족은 취업경쟁에서 밀려나 일하지도 않고 일할 의지도 없는 청년무직자를 일컫는 말이 되었고 연령층을 15~34세까지를 이르고 있다. (『한국어 위키백과』 참조) 곧,청년 무직자가 벌써 2011년 100만명을 돌파했다는 점이다.

공장은 일꾼이 없어 외국인들이 찾아와 기계를 돌리고 농어촌은 젊은 일꾼들이 없어 노인들이 일을 한다. 한국의 젊은이들은 도시로 집중되고 자기의 레벨에 맞지 않는다고 뛰어들길 거부하고 있다.

대학 나온 사람이 농사를 지으면 어떻고, 공장에서 일을 하면 누가 뭐라 할 사람 없다. 허나 우리는 아직도 직업에 귀천을 가리고 있다.

미국에서 세탁소를 하는 사람, 청소업체를 운영하는 사람이 한국에서 세탁소나 청소업체를 운영하면 손가락질 할 사람은 아무도 없을 것이다.

얼마 전 신문에서는 한국노동연구원이 발표한 내용을 소개하고 있었다. 2000년에 들어서면 부쩍 늘기 시작한 15~34세 청년 인구 가운데 일을 하지 않고 구직하려 들지도 않는 니트족 숫자가 50만 명을 넘더니 지난 해에는 무려 100만 8천명으로 늘어났다는 것이다.

"전체 청년인구가 2003년에 1,475만명에서 2011년 1,346만명으로 129만명이 줄었는데 청년 니트족은 같은 기간 75만 1천명에서 100만 8천명으로 25만 7천명이나 증가한 것이다. 청년 100명 가운데 7.5명이 니트족이라는 얘기다"라고 밝히고 " 특히 여성 니트족이 갈수록 늘어나고 있는 추세다. 니트족 가운데 남성은 2003년 50만 8천명에서 지난해 62만 6천명으로 11만 8천명 증가했지만 비율은 67.6%에서 62.1%로 떨어졌다. 반면 여성 니트족은 같은 기간 24만 3천명에서 38만 2천명으로 13만 9천명 늘었고 비율도 32.4%에서 37.9%로 뛰었다. 이는 여성의 고학력화와 연관이 있는 것으로 분석된다."고 하였다. 〈무위도식 '여성니트족 증가세'〉 -조선일보 2013년 4월 13일자 곽창렬 기자-

이러한 추세라면 니트족은 시간이 흐르면 흐를수록 점점 더 늘어날 것이다. 일종의 사회병리현상처럼 되어가고 있는 것이다. '하나 낳아 잘 카우자' 는 시대의 산물이다. 따라서 이 문제는 니트족에게 책임이 있는 것이 아니라 그들 어머니, 아버지에게 책임이 있는 것이다. 지나친 과보호와 기대 넘치는 교육열기가 그들을 이렇게 만든 것이다. 이러한 현상을 사전에 막으려면,

첫째, 부모는 아이들을 고등학교까지만 책임지고 그 이후는 스스로 개척해 나가도록 맡겨 두어야 할 것이다. 즉 세상살이는 서양화 되어가고 있는데 그 정신은 한국적 상황에 젖어있다는 점이다.

둘째, 어렵게 생활해야 한다. 성인이 되어서 계속 부모에게 의존하는 것을 차단해야 한다. 최소한의 용돈은 직접 벌어 쓰도록 하는 습관을 길러야 하고 되도록 대학등록금은 스스로 해결하도록 하면 어쩔까!

셋째, 자식은 자식의 삶이 있기 마련이다. 온갖 정성을 붓고 기대를

해서는 안된다. 자식은 자식의 삶이 있고 부모는 부모들의 삶이 있는 것이다. 자식보다는 부모로서 노년을 준비하는데 더 힘써야 할 것이다. 늙어서 자식에게 기대 사는 것을 과감히 차단하라.

이상 세 가지만 지켜진다면 직업의 귀천 현상도 없어질 것이다. 방구석에 틀어 박혀 컴퓨터와 온종일 씨름하는 일은 없어질 것이다. 니트족이 없어져야 이 나라의 장래가 밝아진다고 보았을 때 우리 기성세대들은 과감하고 냉정하게 자식들을 대해야 할 것이다.

일십백천만의 생활

얼마전부터 「남해안시대」에 '백세시대의 삶' 에 대해 쓰고 있는데 또래가 〈구구팔팔이삼〉을 보고 다음과 같은 말을 해주었다.

"여보게, 잘 읽었네. '구구팔팔이삼' 이 아니라 '구구팔팔이삼사' 이네 . 세월이 흐르니까 죽는 것도 자꾸 변하고 있어. 그것도 요즘은 또 변해서 '구구팔팔복상사' 라고 까지 발전하고 있다네. 아흔아홉살까지 팔팔하게 살다가 백살되면서 복상사로 죽는 게 행복한 삶이란 뜻이야. 또래는 1등급의 삶은 어렵겠지만..."

난 이야기를 듣자 또래의 말을 중단 시켰다. 1등급의 삶이 어렵다는데 화가났다

"여보게, 화가 난 게로군. 그러나 또래는 어쩔 수 없네. 내 얘길 들어보세."

또래는 그렇게 이야기 하고 복상사의 종류와 등급을 일러주었다.

● 기생(창녀)과 즐기다가 복상사하는 것을 '횡사' 라 한다. (5등급)
● 처음 만난 사람과 즐기다가 복상사하는 것을 '객사' 라 한다. (4등급)
● 과부와 즐기다가 복상사하는 것을 '과로사' 라 한다. (3등급)
● 애인과 즐기다가 복상사하는 것을 '안락사' 라 한다 (2등급)
● 조강지처와 즐기다가 복상사하는 것을 '순직' 이라 한다 (1등급)

난 이 이야기를 들으면서 어처구니 없음에 껄껄대며 웃을 수 밖에 없었다. 여기서 말하는 횡사,객사,과로사,안락사,순직은 그 의미는 다르다. 우스갯소리를 만들다 보니 죽음의 종류를 가져다 끼워넣은 것이다.

"또래 이제 화가 풀렸나? 이왕 죽는 마당에 죽어서도 좋은 말 듣고 뒷바라지를 받으려면 뭐니 뭐니해도 일등급이 아니겠는가?"

또래는 일등급의 죽음으로 삶을 끝내려면 '일십백천만의 생활' 을 해야 된다는 것이다.

일십백천만의 생활

일-하루에 한가지 이상 좋은 일을 한다. (일사,一事)

십-하루에 열 번 이상 웃는다 (십소,十笑)

백-하루에 백자 이상 글을 쓴다 (백문,百文)

천-하루에 천자 이상 글을 읽는다 (천독,千讀)

만-하루에 만보 이상 걷는다 (만보,萬步)

난 이 이야기를 듣고 깔깔 웃어 댈 수 밖에 없었다. 그러나 이 이야기는 우스갯소리지만 많이 생각하고 시간이 흐르면서 수정된 것이라는 생각에 미치자 100세시대를 사는 사람들에게 꼭 지켜야 할 생활규범으로 삼아도 좋겠다는 생각이 들었다.

이 다섯가지 속에는 일이 있고 웃음이 있고 쓰고 읽고 배우며 여가시간은 운동해야 된다는 것을 담고 있다.

첫째, 일이 없으면 자기가 할 수 있는 일을 만들어 내야 한다. 특히 남들에게 이바지 할 수 있는 일이면 더욱 좋을 것이다.

둘째, 웃음은 세상을 긍정적으로 바라볼 때 웃음이 나온다. 많이 웃으면 정신치료에도 도움이 되고 일과 공부 그리고 운동에도 그 효과를 누릴 수 있다. 사물을 볼때나 대상과 만날 때 부정적인 입장에서 보면 안된다.

셋째, 글 쓸 일이 없다면 매일 일기라도 써라. 아니면 그날 쓴 돈에 대해서라도 장부를 만들이 쓰는 습관을 들여라. 취미생활로 붓글씨를 배우는 것도 좋은 일이다.

넷째, 천자는 천자문을 매일 한번씩 읽으면 3개월이면 다 외울 수 있을 것이다. 외국어 단어를 천개씩 외워나가면 어떨까 티벳어,몽골어는 2 천 여 단어면 어떤 표현이건 가능하다고 한다. 큰 소리내면서 읽는 게 필요하다.

다섯째, 만보 걷기는 전신운동이다. 건강유지를 위해 40대 부터는 꼭 걷는게 필요하다. 다른 운동은 안하더라도 전신건강을 위해 지금부터 시행할 필요가 있다. 앞의 단어를 외운다든가 천자문을 외운다든가를 함께 하면서 걸으면 좋고 외딴 곳에서는 웃음을 계속 큰 소리로 웃는 것도 도움이 된다.

세계 최고령 쌍둥이는 영국 스코틀랜드에 사는 에디트리치와 에블린 미들턴 자매이다. 이들 자매는 1909년 태어나 현재 만 102세로 살아있는 최고령 쌍둥이다. 이들은 이란성 쌍둥이인데 현재 스코틀랜드 에버틴의 노인요양소에서 함께 살고 있다. 에블린은 4명의 자녀, 12명의 손자, 26명의 증손자에, 고손자도 3명이나 뒀다. 에디트는 4명의 자녀와 9명의 손자, 21명의 증손자, 3명의 고손자를 뒀다고 한다.

이들의 생활은 단순하지만 좋은 남편 만나 열심히 일하고 열심히 책 읽고 열심히 움직인 게 장수비결인데 이들 쌍둥이 자매들도 일십백천만의 생활로 일관했음을 알 수 있다.

구구팔팔이삼 (998823)

1990년대 들어서면서 술집에 드나든 사람들은 이런 풍경을 자주 목격했을 것이다. 맥주가 든 잔에 소주잔을 한 잔 넣어 부딪치면서 선임자가 "구구"하고 외치면 모두 함께 합창하듯 "팔팔"하는 소리를 들어 봤을 것이다.

선임자가 "우리 모두 99살까지 88하게 살다가 2.3일만에 죽는 거요"라고 하면 모두 깔깔대며 취해가는 모습. 당시 폭탄주의 실상이었다. 사실 1980년대부터 젊은이들에게는 노인도 잘 안걸리는 노인병이 걸리기 시작했다. 당뇨병,고혈압, 고지혈증 등이 많이 걸리기 시작했다. 1990년대 들어서는 늙은이들이 죽는 숫자보다 젊은이가 죽는 숫자가 더 많아서 이런 음주 풍속이 예방차원에서 만들어 졌을 것이다. 1990년에는 새로운 밀레니엄시대를 맞아서는 이런 병에 걸리지 말자는 의미에서 "구구팔팔이삼"이란 구호는 도처에 유행의 극치를 이루고 있었다.

2000년대에 들어서서도 아흔아홉살까지 팔팔하게 살다 2.3일만에 죽자는 소리를 들을 수 있었지만 이 예방구호와는 달라 내 또래들도 고혈압, 당뇨병, 우울증에 걸린 사람들도 많았다.

2008년 남해로 이사와서는 그 소릴 들을 수가 없었다. 술집 갈 틈이 없어서인지 술집에 있어도 이 소릴 외치는 건 보질 못했다. 그 사이 또래들은 모두 노인이 되어 버렸고 자꾸 명을 달리하는 숫자도 늘어났다. 또래들은 58세에 그만 둔 사람, 60세에 정년한 사람, 65세에 퇴임한 사람 가지각색이었다. 정년이 이렇게 다른 것과 같이 노령관계법이나 노인제도도 각양각색이다. 그래서 또래들이 모이면 노인들에 대한 그릇된 제도에 모두 말이 많았다. 조선일보 김동섭기자 조사로는

▷노인복지법 65세이상 ▷기초생활보장법 65세이상 ▷국민연금법 60세이상 ▷기초노령연금법 65세이상 ▷노인장기요양법 65세이상 ▷

고령자고용촉진법 55세이상 ▷노인복지회관 노인교실 출입 60세이상 ▷양로원 65세이상 ▷공공근로 64세이하 ▷노인 일자리 사업대상 65세 이상 ▷환갑잔치 60세 등으로 되어 있었다.

이를 보면 노인제도는 65세 이상에다 포커스를 맞추고 있는 곳이 많다. 현재 65세 이상 노인은 총 543만명이며 남해군은 60이상 노인인구가 1만8천여명으로 전체 인구의 38%가 넘는다고 한다. 정년이 58세, 60세, 65세처럼 되어 있듯 각 기관의 제도 및 각처의 노인관련법이 일정하지 않다. 이는 정부가 빨리 통일시켜야 올바른 100세시대를 내다보는 모든 중장년 및 노인층이 향방 정하는데 올바른 계획이 창출될 수 있을 것이다.

지금은 평균 수명이 80.8세로 되어 있고 2050년이 되면 남자가 85.1세, 여자가 89.3세까지 오를 것으로 보고 있다. 이렇게 인간의 수명이 길어짐으로써 세계 각국은 고심들을 하고 있다.

인간 수명의 최장수 기록은 122세가 공식적기록이고 100세 넘게 사는 사람들도 많이 늘었다. 그리고 사람이 늙어서 결국 생명을 멈추게 하는 원인도 밝혀졌다.

활성화 산소와 텔로미어의 발견이다. 과학 학습도서 저자 조염선은 활성산소와 텔로미어에 대해 다음과 같이 밝힌바 있다. 활성산소는 우리가 마신 산소가 음식물과 결합하는 과정에서 만들어지는 물질인데 음식물 분해역활도 하지만 세포와 세포속 유전자를 상하게 하기도 한다. 그렇다고 활성산소를 없앤다고 산소를 마시지 않거나 음식을 먹지 않을 수는 없는 것이라고 말한바 있다. 그리고 그는 염색체 끝에 모자처럼 붙어 있는 텔로미어는 유전자 손상을 막는 역할을 한다.세포가 분열 할 수 있도록 텔로미어는 점점 짧아지고 세포가 더 이상 분열 할 수 없을 정도의 노화 단계에 접어들면 텔로미어도 최대한 도로 짧아지고 결국 함께 없어지고 만다.

텔로미어 길이를 보면 세포가 어느 정도 나이가 들었는지를 가늠 할 수 있기에 과학자들은 텔로미어를 생체 타이머라고 부르고 있다.세포를 늙게 만드는 요소들을 보면 인간의 수명을 무작정 늘리기는 어렵다는 것이다.동물들이 성장기의 6배 이상 살지 못하는 점을 들어 20세 전후가 성장기인 사람도 그 6배인 120 이상은 살기 어렵다는 주장도 있다. 그러나 이런 한계는 조만간 극복하게 될것이란 전망도 있다.

장수유전자 연구와 줄기세포를 이용한 장기재생에 기대를 걸고 있는 것이다. 또 활성화산소를 제거하고 텔로미어 길이를 유지시켜 세포수명을 늘이는 연구도 진행중에 있다는 것이다.

인용이 좀 길어졌다. 그렇다면 영국의 토마스 파 처럼 150세를 넘게 살 수 있게 된다면 세상에는 어떤 변화가 일어날까? 6.70이라도 청년이라 부를 것이다. 그리고 100세 넘어서까지 직장다니는 이들이 많을 것이다. 문제는 100세를 살더라도 활달하게 살아야 하는데 중요한건 어떻게 사느냐는 삶의 내용과 질이 더 중요한 것이다. 우리 아버지와 할머니는 늙어서도 치아가 튼튼했고 눈이 좋았으며 귀가 멀지 않았다. 그러나 어머니는 소금을 이용치 않고 치약을 써 이빨이 일찍 상했다. 100세까지 살려면 눈과 귀가 밝아야 하고 이빨이 성해야 한다.

독일은 치과는 일주일에 한차례씩 가게 되어 있고 눈과 귀는 일년에 한번씩 꼭 체크한다고 한다. 눈과 귀와 이빨이 성해야함은 잘 듣고 잘 보고 잘 말하는 것이 중요하기 때문이다. 다음 생활리듬을 지켜야 한다. 잠은 남들보다 덜 자되 시간을 지켜자고 일어나는 습관을 가져야 한다. 적은시간 자면 숙면하게 되어 꿈을 꾸지않는다. 꿈을 많이 꾸는 사람은 무질서한 잠, 너무 많은 잠을 자는 사람이 대다수다. 젊어서부터 꿈이 없어야 된다.

공부에는 차를 즐기는 습관이 필요하다. 녹차를 계속 들면 나이들어 전립선염에 걸릴 우려도 없어지고 고지혈증 고혈압, 당뇨도 예방된다.

그리고 계절따라 대추차, 둥굴레차, 도라지차, 감잎차 등도 즐길 필요가 있다. 식사는 세끼를 다 먹되 시간을 꼭 지키는 습관이 필요하다. 그리고 즐기는 음식을 조금 모자란듯 먹는 데서 끝내야 한다. 건강을 위한 운동은 젊어서 죽을 때까지 계속해 나가야 한다. 이렇게 모두 지켜 나가면 큰 병에 걸리는 일이 거의 없다고 본다. 100세까지 살되 건강해야지 열심히 일할 수 있고 열심히 배울 수 있지 않겠는가? 99세까지 팔팔하게 살다가 2.3일만에 죽는 게 좋지 않나면 지키지 않아도 된다. 그러나 100세까지 살려면 지켜야 할 일들이 많다.

2 새로운 작물로서의 삼채

남해섬의 복수초

복수초(福壽草)는 겨울의 끝자락 땅에 봄기운이 돌기 시작하면 그 모습을 제일 먼저 드러내는 꽃이다. 입춘부터 우수사이에 피는 꽃.

추운 겨울 눈보라치는 모진 바람속에서도 추위를 이겨내고 눈이나 얼음이 채 녹기도 전에 눈과 얼음틈새로 헤집고 나온 복수초는 누가 보아도 그 강인함에 감탄하지 않을 수 없을 것이다.

복수초는 여러 그루가 함께 군락지를 이루어 노랗게 필 때는 탐스럽지만 한 그루에 여러개의 꽃대가 솟아 서너개의 꽃이 피었을 때가 더 아름답다. 아름답다기 보다 영롱한 느낌을 준다.

복수초는 가지 복수초, 애기 복수초, 은빛 복수초, 연노랑 복수초 등으로 나뉘는데 생김새와 그 놓임새에 따라 눈새기꽃, 눈꽃송이, 얼음새 또는 얼음새꽃, 얼음꽃, 원일초(元日草), 측금잔화(側金盞花), 설련화(雪蓮花) 등 많은 별명을 갖고 있기도 하다.

복수초는 산을 좋아하는 사람들만 일찍 볼 수 있는 꽃이기에 일반인들은 구경조차 하기 힘든 꽃이기도 했다. 서울근교 북한산, 도봉산, 용문산, 소요산, 관악산 등의 산자락 비탈진 계곡에 함초롬히 피는 이 꽃은 자기의 자태를 오랜 동안 드러내지 않으려는 듯 기껏 20여일 정도 피었다 지기에 굉장히 귀하게 느껴지는 꽃이다.

나는 일찍부터 산을 좋아해 북한산을 새벽등산으로 끝내는 경우가 많았는데 백운대 밑이나 도선사 뒤 계곡 등에서 본 복수초는 봄을 처음 나에게만 알리는 전령처럼 느껴지곤 했다. '봄을 제일 먼저 맞는 사나이' 하면 항상 또래들은 나를 지적할 만큼 복수초를 제일 먼저 보는 사나이였다.

매년 산에서 보아오던 복수초를 남해에 내려온 후론 만날 길이 없었다. 몇 년째 망운산 호구산 등과 해변가를 찾아 헤맸으나 복수초는 발견치 못했다. 그래서 작년 연초에는 시간을 내 서울 양재동 화훼단지를 둘러보게 되었다. 야생화 전문점에서 복수초를 만날 수 있었다. 나는 복수초와 함께 할미꽃까지 구해가지고 내려와 탈촌 양지바른 곳에 나란히 심어 작년엔 복수초꽃과 할미꽃을 볼 수 있었다.

그런데 복수초꽃을 보고 씨를 받고 나니 꽃대며 잎까지 모두 쓰러지듯 사라져 그 흔적을 찾기 어려웠다. 산에 있어야 할 꽃을 정원에 심어 화가 난 것일까? 아니면 내가 꽃들을 제대로 다루지 못해서일까? 아직도 그 궁금증은 사라지지 않고 있다.

중문학 전공의 임형석은 복수초의 학명은 아도니스 아무렌시스(Adonis Amorensis). 아무르의 아도니스란 뜻이다. 아무르(Amur)는 몽골 북쪽에서 발원하여 사할린 근처에서 바다와 만나는 아무르강을 일컫는다. 아무르는 강, 하류의 원주민 말 마무(Mamu)에서 나온 러시아 이름. 몽골에선 하라 무렌(Khara Muren), 중국에선 흑룡강(黑龍江)이라 부른다.

흑룡강은 만주족 말 사할리안 울라(Sahaliyan Ula)의 한자 말 – 모든 이름은 '검은 강' 이라는 한 가지 뜻이다. 복수초를 가리키는 아도니스(Adonis)는 본디 그리스 신화속의 미남 이름. 그의 아름다움에 반한 아프로디테는 젖먹이 아도니스를 지하 세계의 왕비 페르세포네에게 맡겼다. 페르세포네도 그에게 반해 붙잡아 두려했고 결국 제우스가 심판을 내렸다. 페르세포네와 3년, 아프로디테와 3년, 나머지 3년은 아도니스가 결정하라고.

페르세포네는 죽음, 아프로디테는 삶이다. 둘 사이를 오가는 아도니스는 죽음과 부활인 셈이다. 아도니스는 아돈(Adon)이란 페니키아 말에서 유래했다. 구약성서에서 야훼(Yahweh)를 뜻하는 아도나이(Adonai)와 아돈은 같은 말이다. 바로 주(主)라는 뜻이다.

일본에서는 복수초를 '복 받고 오래 살라' 는 뜻으로 정월 초하룻날이 꽃을 선물받으면 건강하게 1년을 보낼 수 있다 하며 윗사람에게 드리는 정초 선물로 인기 높은 꽃이다.

남해섬에 겨울 가뭄이 심하다. 양지바른 곳은 깡말라 있어 복수초가 피었던 언저리에 물까지 주었다. 그리고 여러 날을 지켜보아도 복수초의 모습은 아직도 캄캄하다. 눈이 오지 않는 곳이라서일까. 오랜 동안 얼어있지 않아서일까. 그렇다면 어름집에 가 얼음을 사다 덮어줄까. 아니면 냉장고에 얼린 얼음만이라도 뿌려볼까. 여러 생각을 하게 되었다.

작년 이 꽃이 피었을 때 묘령의 아가씨가 한 말이 기억난다. "예뻐요. 참말로 예쁘요. 어쩌면 이리도 예뿔꼬. 참말로 예쁘요."

기다려보자. 입춘(2월 4일)부터 우수(2월 19일)까지. 그때쯤이면 복수초의 꽃대는 내 밀겠지. 남해섬에도 뿌리를 내려 주겠지. 그래야 남해섬 사람들이 복 많이 받고 오래 오래 장수할 수 있을테니까.

남해 마늘 막걸리 유감

막걸리는 순수한 우리술이다. 막걸리를 생각나는 대로 밝히면 서울 장수 막걸리, 국순당 막걸리, 공주 알밤 막걸리, 부산 생탁과, 금정산성의 막걸리, 소백산 검은 콩 막걸리, 금산의 유탁(유자 막걸리), 양평의 지평 막걸리, 배다리 막걸리, 충북 덕산 막걸리, 포천 이동 막걸리, 원주 치악산 막걸리, 상주 은사골 막걸리, 문경 오미자 막걸리, 여수 검은 콩 막걸리, 남해 영지 막걸리 등이 있고 지역이 생각 안나는 보리 막걸리, 찰옥시기 막걸리 등등이다.

막걸리는 각 시군에 2,3종, 많은 곳은 5,6종까지 생산되는 것으로 알고 있다. 그렇다면 막걸리는 왜 날이 갈수록 많이 소모되고 계속 그 명맥을 유지하는 것일까? 전해지는 바에 따르면 여러 가지 이유가 있으나 몇가지를 들면 다음과 같다.

조선조 초기의 명상 정인지에 의하면 그는 막걸리를 젖과 그 생김새가 같다하여 아기들이 젖으로 생명을 키워나가듯이 막걸리는 노인의 젖줄이라고 여겼다. 이는 정인지 뿐만 아니라 문호 서거정, 명신 손순효 등은 만년에 막걸리로 밥을 대신했는데 병없이 장수했다. 막걸리가 노인의 젖줄이라 하는 것은 막걸리는 영양보급원일 뿐 아니라 이로하여 무병 장수할 수 있다는 것을 암시하는 것이다.

또 이런 이야기도 전한다. 조선조 중엽에 막걸리 좋아하는 이씨 성의 판서가 있었다. 언젠가 아들들이 "왜 아버님은 좋은 약주나 소주가 있는데 유독 막걸리만을 좋아하시나요?"라고 물었다. 이에 이 판서는 소쓸개 세 개를 구해오라고 시켰다. 그리고는 쓸개를 가져오자 쓸개즙을 모두 빼 버리고 한 쓸개주머니에는 소주를, 다른 쓸개에는 약주를, 나머지 쓸개주머니에는 막걸리를 가득 채우고 처마밑에 매달아 두었다.

며칠이 지난 후 이 쓸개주머니들을 열어보니 소주 담은 쓸개에는 구멍이 송송 나 있었고 약주 담은 쓸개는 상하여 얇아져 있었는데 막걸리 담은 쓸개는 오히려 이전보다 두꺼워져 있었다고 한다.

또 어떻게 전해졌고 누가 만든 얘기인줄은 몰라도 막걸리에는 5덕(五德)이 있다고 술좌석에서는 우스개 소리가 오간다.

막걸리는 취하되 인사불성일 만큼 취하지 않음이 제 1덕이요, 새참에 마시면 요기되는 것이 2덕이며, 힘 빠졌을 때 기운 돋우는 것이 3덕이다. 그리고 안 되던 일도 마시고 넌지시 웃으면 되는 것이 4덕, 더불어 마시면 응어리가 풀리는 것이 제 5덕이라고 보았다.

특히 주목할 일은 서민으로 살다가 임금에 오른 철종같은 임금은 궁안에서 드는 미주를 마다하고 토막집 토방에서 멍석말이 오지항아리에

삭혀 빚은 막걸리 만을 마셨을 만큼 막걸리 애주가였다. 이렇듯 일반 서민부터 왕까지 즐겼던 막걸리가 다시 요즘에 와서 국민의 술로 부상하는 이유는 무슨 까닭인가?

현대 과학적 분석에 의하면 막걸리의 성분은 물이 80%, 나머지20% 중에는 알코올이 6~7%, 단백질 2%, 탄수화물 0.8%, 지방 0.1%이며 나머지 10%는 식이섬유, 비타민 B,C및 유산균, 효모 등이라고 한다. 특히 막걸리 1병의 유산균과 요구르트 100병의 유산균에 맞먹는다. 페트병 한병에는 700~800억개의 유산균이 들어 있음이 밝혀졌다. 유산균은 장의 염증이나 암을 일으키는 유해 세균을 파괴시키고 면역력을 강화한다는 것이 알려졌다.

다음 막걸리에는 남성에게 좋은 비타민 B군이 풍부하다. 알코올 성분만 제외하면 200㎖(3/4사발)에는 비타민 B2, 콜린, 나마이신 등이 들어 있다는 것이다. 비타민 B군은 중년남성에게 도움을 주는 영양소로 피로완화와 피부재생, 시력증진 효과를 지니고 있다. 또 식이섬유가 풍부하게 들어있는데 이는 대장운동을 활발하게 해주어 변비 예방 및 심혈관 질환 예방에 큰 효과가 있으며 다이어트에도 효험이 있다.

전문가들의 견해로 막걸리는 과하지 않게 마신다면 어떤 술보다 건강에 유익하다고 하고 막걸리는 알코올 성분만 제외하면 영양제 먹는 결과와 같다고 말하기도 한다.

이런 여러가지 이유 때문인지 최근 들어서는 막걸리 열풍이 일어나 맥주나 와인을 위협하는 수준까지 오르고 있다. 어떤 탁주회사는 올해 막걸리 판매량이 작년에 비해 50%가 증가했다고 밝히고 있고 이제 수출량도 엄청나게 늘었다고 한다.

서울의 음식점이나 술집에서 막걸리를 달라고 하면, '서울 장수 막걸리' 나 '국순당 막걸리' 를 많이 내 놓는다. 그러나 경기도를 많이 드나들던 사람들은 '포천 이동막걸리' 를 요구하는 걸 종종 보게 된다.

남해섬 음식점에서 반주로 막걸리를 요구하면 대체로 '서울 장수 막걸리' 나 '국순당 막걸리' 가 나온다. 남해니까 '남해영지 막걸리' 나 '남해마늘 막걸리' 가 나와야 할텐데 서울에서 내려온 막걸리를 대하게 되니 기분이 썩 좋지 못하다. 남해섬 사람들은 막걸리가 어느 곳에서 나온 것에 관계없이 막걸리를 마시는 모양이다?

그런데 서울이나 다른 지방에서 나를 찾아 온 사람들은 남해의 유명한 막걸리나 아니면 어디서 들었는지 '마늘막걸리' 를 요구한다.

남해의 음식점에는 남해산 마늘막걸리는 고사하고 보통 막걸리도 갖춰놓지 않은 곳이 대부분이다. 이럴 때면 구멍가게 여러 곳을 들리거나 수퍼에서 사오는 경우가 많아 지인들에게 미안한 맘을 갖게 된다.

도시에서 나오는 막걸리는 다량생산으로 그 가격도 싸고 하여 이윤이 많이 남으니까 선호하는 것 같다. 그러나 남해섬은 관광지라는 점을 생각하면 멀리 내다 봐야 한다. 남해섬에서 나오는 막걸리 생산가가 비싸더라도 남해섬의 막걸리가 중심이 되어야 한다. 도시의 막걸리는 옛날 텁텁하던 그 탁주가 아니다. 맛과 향이 크게 달라졌고 색깔도 맑은 우유빛으로 바뀌었다. 그리고 영양성분이 더 보강되었다고 알려져 있다.

남해산 막걸리가 도시산을 능가하기란 어려울 것이다. 그렇다면 생산자는 예전 할머니, 할아버지가 빚던 그 막걸리 맛을 유지시켜야 하고 마늘막걸리를 특성화 해야 한다. 그리고 구멍가게부터 수퍼까지, 술집이나 음식점 모두 남해산 막걸리나 마늘막걸리를 놓고 판매하도록 하는 운동이 펼쳐져야 한다.

전주 비빔밥, 통영 굴밥, 남원 추어탕, 춘천 막국수처럼 전국 대도시, 중소도시까지 퍼져 있으면 안되듯이 그 고장 토산품이나 음식은 그 고장에 가야 구하고 식음할 수 있도록 해야 한다. 제주 돌하르방이 서울 남대문 도매상에서 살 수 있다면 제주에서 사 온 사람은 얼마나 기분 상할까? 소량판매하더라도 질적으로 우수한 막걸리 만들고 남해섬 사람들은 남해산 막걸리를 마셔야 한다.

이렇게 남해섬 사람들이 모두 합심하여 남해 막걸리 애주가가 되었을 때 남해막걸리는 점점 유명해지고 막걸리 맛에 끌려 남해섬 찾는 이가 늘지 않을까? 그렇게 되면 나의 마늘막걸리에 대한 유감도 사라지리라 믿는다.

이 글을 쓰다보니 불현듯 천상병(1930~1993)시인의 시 〈귀천〉이 생각난다. 서울 종로나 문협 사무실에서 만나면 "천원만 줘 김선생"하던 그의 모습이 떠오른다. 그는 끼니를 막걸리로 때우며 살다간 시인이었다. 그가 세상을 떠난지 10여년, 2002년 5월 12일 지리산 천왕봉 아래 산청군 중산리에는 그의 시비 〈귀천〉이 세워졌다.

귀 천

– 천상병–

나 하늘로 돌아가리라
새벽빛 와 닿으면 스러지는
이슬 더불어 손에 손잡고

나 하늘로 돌아가리라
노을 빛 함께 단 둘이서
기슭에서 놀다가 구름 손짓하며는

나 하늘로 돌아가리라
아름다운 이 세상 소풍 끝내는 날
가서 아름다웠노라고 말하리라

남해섬의 '가을전어'

남해섬에서는 대다수의 음식점이 전어구이를 밑반찬으로 내놓고 있어 섬 전체가 축제의 현장처럼 느껴진다. 남해섬 사람들의 가을전어축제는 가정에서부터 시작, 음식점까지 전군이 축제분위기다. 남해의 먹을거리를 두루 섭렵하기 위해 남해 보물섬을 돌아다닌 지 4년차. 남해의 해넘이, 해돋이를 맞기 위해 나간 상주해수욕장에서 맛 본 '물메기탕', 설천해변에서 숯불에 구워내는 굴의 새콤한 맛은 일품이었다.

남해읍과 삼동 해변에서 구워내는 장어(하모)구이와 장어탕은 유배객 김만중의 우울한 마음을 달래주기에 충분했을 것이다. 한 여름 미조나 삼동에서의 멸치무침과 멸치쌈밥은 남해섬을 다녀가는 관광객을 많이 잡아 당겼을 것이다. 이동이나 서면에서 굽는 작은 갈치구이는 뼈까지 오두둑 오두둑 깨물며 들면 그 고소함이 오랜 기억에 남을만한 식단이기도 했다.

그러나 나뭇잎이 물들기 시작하면 남해 들녘은 벼이삭도 노랗게 물들이는데 이 때 남해섬 사람들은 곡식을 거두어들이고 마늘심기에 여념이 없어진다. 이 때 남해섬 사람들이 땀 흘리고 논두렁에 앉아 씹어대는 음식은 뭐니 뭐니 해도 가을전어를 빼놓을 수 없을 것이다.

나는 9월 15일부터 10월 말까지는 가을전어의 유혹에 빠져 살아왔다. 이때면 충남 서천 홍원항이나 광양 망덕포구에 가서 전어를 즐겨왔다. 서천이나 광양은 이때 '전어축제'가 한창이었다. 그러나 남해에 내려오고는 그곳을 가는 일은 없어졌다. 남해섬 가을전어의 맛은 동서남해를 통해 으뜸으로 느꼈기 때문이다.

축제가 벌어지는 곳에 가면 특별히 정해진 곳에서만 전어를 맛볼 수 있는 반면, 남해섬에서는 대다수의 음식점이 전어구이를 밑반찬으로 내

놓고 있어 섬 전체가 축제의 현장처럼 느껴진다.

난 며칠 전 〈고봉실 아줌마 구하기〉 출연 차 남해에 내려온 권병길(64)이란 배우와 틈과 여유를 내 읍내 전통시장을 찾았다. 어물코너를 들리니 많은 어물판매대 아줌마들이 전어를 썰어놓고 팔고 있었다.

"여보게, 저 고기가 뭔지 아나?"

"아, 그건 가을전어죠. 가을전어 굽는 냄새에 집나간 며느리도 돌아온다고 하지 않아요"

"그런 고기를 보고 어찌 갈 수 있겠는가. 우리 금강산도 식후경이라고 좀 이르지만 저녁부터 들고 보세!"

우리는 어물전 옆 봉정식당에 들어가 정식을 시키고 전어 한 접시를 둘로 나누어 반은 무침, 반은 회로 먹게 해달라고 했다. 그리고 음식이 나오는 동안 전어이야기로 꽃을 피웠다.

전어는 한문으로 전어(錢魚), 전어(剪魚), 전어(箭魚), 전어(全魚)로 쓰는데 지방에 따라서는 '전어' 란 말 외에도 '새갈치', '대전어', '연사리', '전어사리' 라고 부르기도 하는데 동해에서는 '어설키' 라고도 부른다.

"'가을전어에는 깨가 서말이다' 라는 속담이 있지."

"그게 무슨 의미죠?"

"전어는 산란기인 봄에서 여름까지는 맛이 없지만 가을이 되면 체내에 지방이 차 맛이 좋다는 뜻이지."

"그래요. 뼈까지 꼭꼭 씹어 먹으면 그 맛이 깨처럼 고소하죠. 가을전어는"

"난 서울에 있을 때는 주말이면 종종 인천 연안부두에 가서 부근에서 해수탕을 즐기고 늘 밴댕이 무침을 밥에 곁들여 먹곤 했는데 그것도 일품이지만 아마 가을전어에 비할까?"

전어는 7년 동안 사는데 1살에 11cm, 2살에 16cm, 3살에 18cm, 4

살에 20cm 정도로 자라고 7살이면 최대 26cm까지 자란다. 가을전어는 2년생 이상으로 15cm이상을 골라야 한다. 전어는 머리부터 꼬리까지 버릴 부위가 없다. 머리는 구워서 뼈째 꼭꼭 씹으면 씹을수록 고소함이 더해져서 '머리는 깨가 서말' 이라고 까지 과장해 말하기도 한다.

전어 몸통은 뼈째 썰어 회로 들게 되거나 무쳐먹는데 겨울을 앞두고 몸에 기름이 잔뜩 배어서 고소하기 그지없다. 단 20cm이상 되는 큰 전어는 '떡전어' 라고 일컫는데 이 경우는 회로 즐기긴 하지만 뼈가 강해져 발라내고 회를 만든다. 전어의 내장은 젓갈을 담가먹는데 모양새가 밤톨 같아 '밤 젓' 이라고 부르고 있다.

이야기를 나누는 동안 식사가 나왔다. 시키지 않은 전어구이가 5마리씩이나 밑반찬으로 나와 우리는 전어구이의 맛에 푹 빠져버렸다.

전어는 가을철이 지나 겨울, 봄, 여름 3계절은 그 맛이 가을만 못하다. 그래서 선도 잃은 전어를 뜻하는 말로 선도가 떨어진 생선은 쓸모가 없다는 의미로 '물 넘은 전어' 라는 말로 표현하기도 한다. 그래서 남해섬 사람들은 가을전어를 말려 두었다가 때 아닌 철에 들기도 한다. 전어는 10월 말일은 그 맛이 절정기에 이른다. 그래서 남해섬 사람들은 집집마다 가을전어구이로 냄새를 피운다.

음식점을 나설 때 권병길 씨의 얼굴엔 기름기가 돌고 있었고 그의 입가는 기름이 번질번질하게 배어나고 있었다.

남해섬 사람들의 '가을전어축제' 는 가정에서부터 시작, 음식점까지 전군이 축제분위기다.

"남해섬에 '가을전어' 맛보러 오시다"

남해 물메기탕

남해섬 하면 봄 (5월 서대)서대, 여름 장어, 가을 전어, 겨울 물메기를 꼽는다. 서대는 5,6월에 구이나 찜, 회로 즐기고 장어는 회와 구이, 그리고 탕(7,8월)으로 즐긴다. 전어는 구이나 회로, 물메기는 탕과 찜으로 드는 사람이 많다.

내가 남해섬에서 물메기탕을 처음 맛본 것은 2006년 겨울, 바다와 시(詩)가 있는 펜션 '쪽빛바다'에서 기숙하고 지족으로 나오면서 우리식당에서 아침을 들었는데 그때 처음 물메기탕을 들게 되었다.

처음 든 물메기탕은 껍질이 많은 부분을 주어 퍽 좋은 느낌은 아니었다. 껍질이 미끄러운 데다 깔깔한 것이 붙어 있었고 잘려지지 않은 채 미끄러지듯 식도로 내려가 거의 불쾌감까지 들었다. 그런데다 후루룩 후루룩 빨면서 가시를 발라내기도 곤혹스러웠다.

그러나 껍질을 들고 난 다음 살코기를 대할 때 그 시원한 맛이란 껍질을 들 때와는 전혀 다른 기분이 되었다. 그런데 살코기를 들면서 그 맛은 이미 맛본 그 맛이었다. 내 머리에는 불현듯 삼척에서 묵은지 넣고 끓인 곰치국 먹던 추억이 떠올랐다. 그것과 같은 맛이었다.

남해 섬의 물메기 탕은 썰렁썰렁 썬 무와 대파, 그리고 마늘만 다져넣은 지리탕에 국간장으로 간을 맞추었으며 들기 전에 고춧가루를 적당히 타는 것이 타 지역과 다른 점이라는 걸 느낄 수 있었다.

물메기, 곰치 난 그 후 이들에 대해 관심을 기울이기 시작했다. 같은 해 겨울, 난 다시 남해섬에 내려왔다. 읍의 어느 모텔에서 묵고 아침을 먹으려고 읍 전체를 두루 다니며 아침식사 되는 식당을 찾았으나 없었다. 그러다 여행에서의 경험을 살려 터미널이나 시장을 찾아야겠다고 생각하고 우선 가까운 시장을 찾았다. 그러나 시장엔 봉정식당만 아침

식사가 되는 걸 알게 되었고 그곳에서 아침식사를 했다.

아침을 들고 나와 어물전을 두루 살피는데 팔뚝만한 크기의 물메기를 볼 수 있었다. 머리는 메기와 비슷한 데 반 투명하고 연한 푸른 갈색 바탕에 그물 모양의 얼룩무늬가 있었다. 배와 등이 지느러미로 둘려 있었는데 축 늘어진 몸체는 흐물흐물해 보여 흉물스럽기까지 했다.

그 후 서울에서 난 물메기 및 곰치에 대해 각종 서적을 찾아보기 시작했다. 그 결과 물메기는 한문으로는 '해점어(海鮎魚)' 라는 사실을 알게 되었다. '점어' 는 메기, 그대로 해석하면 '바다메기' 이다. 지역에 따라 이름이 달랐는데 정식 명칭은 '곰치' 가 아니고 '꼼치' 라는 사실이다.

동해에서는 '곰치' '물곰' 이나 '물메기' 로 불리고 서해에서는 '물잠뱅이' '잠뱅이' 라고 하며 남해에서는 '미거' 나 '미거지' 또는 '물미거지' 로 불린다. 간혹 남해안도 '곰치' 라고 부르는 곳도 있는데 '곰치' 는 전혀 다른 생선이다.

조선시대 정약전의 『자산어보』에는 물메기를 '해점어' 라고 기록하였고 속명으로 '미역어(迷役魚)' 라고 하였다. 그리고 이 생선은 "맛이 순하고 술병에 좋다" 라고 한 것을 보면 이 '물메기' 는 조선조에도 즐겨 먹었던 생선임엔 틀림없다. 그런데 남해사람들이 이 생선은 예전엔 먹지도 않았고 잡자마자 버렸던 생선인데 근래에 와서 먹게 되었다고 설명한다. 잘못된 견해인 것 같다. 그건 아마 물메기의 속명인 '미역어' 를 잘못 해석하여 전해진 까닭이 아닌가 사료된다.

그렇다면 이 생선은 어찌하여 겨울철에만 우리나라 동 · 서 · 남해 연안에서 잡히는 것일까? 물메기는 여름에는 동중국해에서 있다가 겨울로 접어들면 산란을 위해 우리나라 쪽으로 이동하여 산란(12월~3월)과 동시에 죽는 것으로 알려졌다. 수명은 1년.....

서해안 바닷가 선술집에도 '물메기탕' 이 많은데 그 맛은 단연 '남해 물메기탕' 이 으뜸. 그래서 국내 유일의 축제 제 5회 해넘이, 물메기, 해돋이 축제 현장인 상주해수욕장을 선달 말일 찾았다. 그러나 음식점마다 물메기탕을 파는 곳은 없었다. 오후 늦게 축제장 특정부스에서만 공급하고 있는데 겨우 얻어 맛볼 수 있었다. 나중에 들은 이야기지만 2006년 겨울엔 물메기가 흉년이었다고 했다.

그 다음 2007년도도 물메기는 많이 잡히지 않았다. 이에 경남 수자원연구소는 이에 대한 대책을 강구, 수정란 방류를 해오다가 2010년 2월 9일 오전 11시 30분 남해 미조항 앞바다에서 대구와 물메기를 100만마리를 방류했다. 물메기는 30만마리를 1월부터 부화시켜 5~7mm의 어린 고기를 방류, 수정란 방류보다 생존률이 높았다. 그 결과 2011년에는 물메기가 풍년이 될 조짐이다.

2011년 11월 중순, 나는 남해읍에 볼 일이 있어 나갔다. 점심을 들고 들어올 양으로 오랜만에 시장에 있는 단골 봉정식당엘 들렸다. 낮이고 하여 전어회나 좀 들까하고 이야기했더니 전어는 끝났다고 했다. 난 정식을 시켰는데 물메기탕이 나왔다. 이럴수가 11월 물메기탕을 맛보다니, 나는 한 그릇을 뚝딱해치웠다. 역시 물메기는 지방이 적고 아미노산 덩어리, 순한 감칠 맛은 따를 생선이 없다고 여겼다.

12월에 들어서면서 식당들은 거의 '물메기탕 개시' 라는 표어를 만들어 식당내외 벽에 붙인 집이 많이 생겨났다. 그리고 다른 해에 비해 말리는 집들이 많이 눈에 띄였다. 물메기를 말리면 미끄러운 질감이 사라지고 껍질까지 벗겨 말리면 살이 한결 부드러워져서 물메기탕으로 최고라고 한다. 그리고 반 건조하여 찜으로 해 먹으면 감칠 맛이 그만이란다.

찜은 말린 물메기에 양념을 발라 쪄서 식힌 후 다시 양념을 발라 쪄서 식혀서 들면 된다. 아기미와 메기알은 젓갈로 만들어 먹으면 별미중의 별미란다. 난 아직 들어보지 못했지만...

12월은 묵은 해를 보내는 달, 직장은 직장대로, 가족은 가족대로, 친구는 친구끼리 각 학교 동창회는 동창회대로 망년모임을 갖는다. 남해의 특산 마늘막걸리에 얼간히 취해 집에 들면 그 다음날 아침, 시원하고 감미로운 물메기탕이 제격이다. 생 물메기의 껍질을 까 회를 떠서 들거나 무쳐 들게 되면 별미중의 별미라는데 난 아직도 그걸 맛보지 못하였다. 2010년 새해엔 그 맛을 보아야겠다. 회 뜨는 집을 찾다 없으면 사다가 집에서라도 들어 볼 작정이다. 주산지인 남해섬은 언제쯤 물메기 전문 음식점이 생길까?

새로운 작물로서의 삼채

2012년 10월 4일 자정이 넘어 난 우연히 MBC 텔레비전을 보게 되었다. 그때 방송에서는 삼채에 대해 구체적으로 설명하고 있었다. 삼채가 건강에 좋다는 것을 지인에게 들어 온 나에게 이것을 좀 더 세밀하게 알 수 있게 해 준 것은 퍽 다행스러운 일이라 여겼다.

프로그램을 본 후, 난 틈만나면 인터넷을 검색, "하동삼채마을(www.//samchaenara.co.kr)"를 찾게 되고 빠른 시일내에 그곳을 방문하기로 마음을 다짐했다. 그 후, 탈촌 식구들과 하동읍 사무소 앞에 있는 '삼채나라' 를 방문했다. (여상규 국회의원 사무실 건너편) 연락없이 불쑥 찾은 탓일까 문은 꽉 잠겨 있었다.

입구에 적힌 전화번호를 확인하고 우리들은 온 김에 점심을 쌍계사 앞에서 삼채가 아닌 산채비빔밥을 들기로 하고 차를 돌렸다. 점심을 끝내고 전화를 걸어보니 농원의 위치와 가는 길을 안내해 주었다. 주유소 앞이라 해서 찾아갔더니 주인이 마중 나와 있었다. 인사를 나누고 따라가니 많은 비닐하우스 가운데 중앙열 첫째 비닐하우스로 우리를 안내했다. 그곳엔 파랗게 돋은 삼채가 거의 하우스 반을 차지하고 있었다.

정구지(부추)같이 생겼으며 어찌보면 맥문동 잎처럼 생긴 외형인데 삽으로 파보니 한무더기에 30~40여개의 잎과 1년생 인삼 같은 하얀 뿌리가 30~40여개 붙어있었다. 난 우선 잎과 뿌리를 먹어보고 탈촌 관사 뒤 텃밭에 심을 양으로 3kg을 구입(kg당 3만원), 직접 방문했다고 kg 당 2만 5천원에 구입 할 수 있었다.

돌아오는 차안에는 삼채의 향이 차안을 가득 메우는 것 같았다. 뒤 트렁크에 그것도 큰 봉투에 담았는데 차안까지 향이 스며들어 오는데 모두들 놀랄 수 밖에 없었다. 집에 돌아와 잎과 뿌리를 각각 2cm 정도 씩 남기고 잘라 잎은 잎대로 뿌리는 뿌리대로 구별하고 줄기를 잘라 4 개씩 나누어 밭에 심었다.

그리고는 잎은 늘 먹어오던 정구지 크기로 썰어 된장찌개를 만들고 잎 일부와 뿌리는 무침을 만들었다. 설레이는 마음으로 저녁 밥상을 삼채무침과 삼채된장찌개를 곁들였는데 된장찌개는 괜찮았는데 부침은 입안에 오래 머물고 잘 씹히질 않았지만 오래도록 씹으니 맛이 살아나고 있었다. 별미 중의 별미였다.

매운맛과 쓴맛이 입안에 퍼지니 생삼에서 느낄 수 있는 단맛이 돌면서 질기다는 느낌은 사라졌다. 삼채란 뿌리와 맛이 인삼을 닮아 삼채(蔘菜) 또는 쓰고 맵고 단맛 때문에 삼채(三菜)라고 부르기 시작한 모양이란 생각이 들었다.

이 채소는 인도, 미얀마, 부탄, 네팔 등 히말리야 산맥 언저리인 해발 1400~4200m 초고냉지에서 자라는 식물로 미얀마나 부탄에서는 쥬밋(juumyit, 뿌리 부추)이라 부른다. 영문명은 알리움 후커리(Allium hookeri)로 식용(뿌리, 잎, 꽃)과 약용으로 쓰이는 것으로 알려져 있다. 이들 나라에서는 생잎과 뿌리는 야채로 꽃은 샐러드로 분말이나 생즙으로 만들어 쓰는 조미료나 건강 약재로 사용하고 있다.

이것이 우리나라에 알려진 것은 2000년대 초반, 대개 분말로 여행객들에 의해 구입해 사용하다가 2005년 이후 허브작물로 재배되면서 식약청 연구보고서에 의해 그 성분과 효능이 발표되었다.

한국내의 농원에서 재배되기는 2010년, 확산된 것은 2011년부터이니 초기 단계라 할 수 있다.

식약청 연구보고서는 "구근(뿌리)은 식품원료로, 잎은 요리재료, 꽃은 샐러드용으로 사용한다"고 하였다.

원광대 배기상교수의 『삼채와 삼채의 성분이 인체의 질병에 미치는 영향』에 의하면 삼채는 마늘의 6배 이상 유황성분이 많이 들어있고 저자극성이라고 하며 천연식 유황은 사포닌의 주영양 성분인 인삼의 3000~6000배이며 산삼의 60배 이상이 함유되어 있다고 한다.

그리고 삼채에는 인체의 필수 8대 미네랄이 골고루 포함되어 있다. 국내 재배된 삼채의 유황함유량은 100g당 600mg으로 식약청의 하루 권장량 1,500mg을 채우려면 하루에 250g으로 충분히 해결된다고 보았다.

유황은 항산화, 항노화, 면역강화, 보양, 항우울, 지방분해, 혈관노폐물 해독기능을 하고 있다. 삼채에는 질소가 1.8% 포함되어 있는데 이는 협심증, 고혈압, 동맥경화, 변비, 숙취 해소 등에 유효하고 또 삼채에는 혈관 팽창기능도 있어 남성발기 촉진에도 효과가 있다고 보았다.

삼채에는 인산이 0.001%, 칼슘이 1.71%가 포함되어 있어 골격(뼈)이나 치아 형성, 갑상선호르몬 조절에 필수이다.

이것이 결핍되면 뇌기능 항진으로 호흡곤란, 부정맥, 저혈압 등을 유발 할 수 있다.

삼채에는 철이 125mg/kg 함유되어 있어 혈액생성 및 혈액을 맑게 유지시킨다.

아울러 철은 인체내 산소 운반을 하는데 결핍이 될 때는 빈혈, 두통,

탈모, 피로를 유발한다. 또 이외에도 망간이 11.8mg/kg함유되어 있어 신체 균형 조절 작용과 피로회복에 탁월한 기능을 한다. 그러나 결핍 시엔 고환수축, 심장질환, 근육수축 등이 일어난다. 삼채에는 아연이 13.6mg/kg 함유되어 있어 후각, 미각 기능에 좋은 효과를 보이는데 부족시 피부염, 탈모, 성장지연, 암 발생 가능성이 증가된다고 하였다.

좀 인용이 길어졌다. 하여간 이러한 성분과 좋은 효능을 가진 삼채는 마늘, 파, 양파, 인삼 대용으로 써도 좋을 만큼 천연식인 유황이 다량으로 함유되어 있다.

따라서 조미료 감미료로 으뜸이고 요리에도 폭 넓게 쓸 수 있다. 요리로서의 기능성은 삼채 된장찌개, 삼채나물무침, 삼채전, 삼채튀김, 삼채탕, 삼채삼계탕, 삼채감자탕, 삼채밥, 삼채피클, 꽃 샐러드, 삼채김치, 삼채주, 삼채즙, 삼채떡, 삼채빵, 삼채피자, 삼채꽃차 등 많은 것에 활용할 수 있다.

마늘과 달리 잎, 뿌리, 꽃 모두 먹을 수 있기 때문에 잘 활용해서 개발하면 무궁무진한 요리방법이 가능하다. 또 수량이 많아 요리하다 마르면 통째로 갈아서 분말로 만들어 보관하면 오랫동안 보관도 가능하며 버릴 것이 하나도 없는 것이 삼채이다. 그리고 재배방법도 쉽고 손이 덜 미쳐도 되기 때문에 노인들이 많은 남해의 작물로 이렇게 좋은 작물이 있을까?

씨는 심으면 2년이 되어야 하지만 성장한 것을 갈라 심으면 명년초부터 생산이 가능하고 잎만 수확하려면 연중 3~4회 수확이 가능하다. 다만 뿌리가 잘 내릴 땅, 조금 습한 땅을 좋아한다는 점만 유의하면 될 것이다.

탈촌에는 새로운 작물로서의 삼채가 자리를 잡기 시작했다. 탈촌 식구들은 내년부터 삼채 요리를 즐기게 되었다. 남해에 정구지 대신 삼채를 심으면 어떨까하는 생각과 함께 힘든 마늘 농사보다 미래의 특용작물로 삼채를 심어 볼 것을 제안해본다.

탈촌의 맥문동 멸치볶음

맥문동은 양지,음지 가리지 않고 잘 자라며 비료가 없어도, 가물어도 잘 견디는 습성을 가진 야생초이다. 난 남해에 내려오면서 이 맥문동을 키우기 위해 가을이면 꽃씨를 받아 탈촌(국제탈공연예술촌) 여기 저기 심기 시작했다.

남해대학 정문 들어서면서 길섶에 즐비하게 맥문동이 있었고 장평소류지 옆 벚꽃동산, 이동면사무소 출입문 옆 나무그늘에도 맥문동이 있어서 난 매년 그곳을 다니며 꽃씨를 받아다 심게 되었다. 몇 년동안 꽃씨를 받아다 심다보니 이젠 남해에서도 맥문동이 가장 많은 곳이 탈촌이 되었다.

맥문동(麥門冬, Broadieat Liriope)을 백과사전에 찾아보니 '백합과에 속하는 다년생초로 굵은 땅속 줄기에서 곧추서는 잎들이 나온다. 잎의 길이는 30~50cm, 너비는 0.8~1.2cm이며 잎끝은 밑으로 숙이고 있다. 겨울에도 잎이 지지 않고 푸른 색을 그대로 유지하기도 한다. 꽃은 연한 보라색이며 5, 6월(이젠 7, 8월로 바뀜) 잎사이에서 길게 만들어진 꽃자루 위에 무리지어 핀다. 꽃은 6장의 꽃잎이 조각으로 되어 있으며 수술은 6개이다.

열매는 푸른 색이 도는 흑색으로 익는다. 그늘에서 무리지어 자라기 때문에 뜰의 가장자리에 심고 있으며 겨울에도 잘 자라고 추위에도 잘 견딘다. 때때로 땅속 줄기가 흰색덩어리로 되기도 하는데, 봄 가을에 캐서 껍질을 벗긴 다음 햇볕에 말린 것을 맥문동이라고 하여 한방에서는 강장, 진해, 거담제, 강심제로 쓰고 있다고 하였다.

맥문동과 흡사한 개맥문동이 있는데 잎맥의 수가 7~11개로 11~15개의 맥이 있는 맥문동과 구별된다. 그리고 맥문동에는 크기가 반만한 것이 있어 작은 맥문동이라고도 부른다. 맥문동이나 개맥문동 모두 뿌리를 약으로 쓰고 있다.

맥문동은 뿌리가 보리와 비슷하고 잎이 겨울에도 시들지 않아 맥문동이라는 이름이 생겼다고 한다. 맥문동의 다른 이름으로는 계전초 불사약 인동 맥동등 많은 이름을 갖고 있다. 꽃말은 바람이 아무리 불어도 이리 기울고 저리 기울며 겸손과 인내를 보여준다.

그동안 맥문동은 차를 끓여 복용하거나 잘게 썰어 소주에 담궜다가 술로 마시기도 했으며 꿀과 함께 달여 음료로 대신하기도 했다. 최근에는 닭고기와 섞어 볶아먹는 등 많은 실험이 되고 있다. 탈촌에서는 땅콩이나 마늘대를 멸치와 함께 볶아 먹듯이 이들 대신 맥문동을 넣고 볶으니 그 맛이 희안하였다. 이름하여 '탈촌맥문동 멸치볶음' 이라고 붙여 보았다.

첫째, 맥문동을 흐르는 물에 맑게 씻어 준 후 적당량의 물을 넣고 끓여, 물은 모두 따라 버리고 다시 물을 넣고 끓여 물을 약간 남긴다.

둘째, 달구어진 팬에 멸치를 넣고 기름을 넣어 볶은 후 맥문동과 맥문동 물을 넣고 간장으로 간을 맞춰 볶는다.

셋째, 씨 뺀 청고추, 생강, 통깨를 넣고 국물이 자작자작할 때까지 볶으면 끝이다.

'맥문동 멸치볶음' 이 맛있다고 모두 즐겨 해서는 안된다. 비위가 허하며 찬데서 오는 설사, 위암에 담음습탁이 있을 때와 풍한에 상해 기침할 때, 기운이 약하고 위안이 찰 때는 먹지 않는 것이 좋다. 버섯과 함께 먹는 건 더욱 안된다.

3 유바쿼터스 시대의 공연예술

포스터의 유행과 그에 얽힌 사연들

1. 포스터의 유행

1908년 한국 신연극이 시작되면서 포스터는 쓰여졌고 거의 100여년을 거치는 동안 많은 발전을 가져왔다. 처음에는 조선지에다 먹을 갈아 굵은 붓으로 글씨를 썼는데 때와 장소, 그리고 작품명, 극단명, 배우명 정도만 기술하여 몇 장을 만들어 사람들의 왕래가 많은 몇 곳을 지정하여 붙인 것으로 전해 오고 있다.

그후 1930년대에 이르러 석판 인쇄가 들어와 포스터는 두세가지 색을 찍고 또 찍어 제작할 수 있었다. 이때만 하더라도 서울시 거주자 중 연극과 영화를 보려는 숫자가 적었기 때문에 2,3백여 장을 찍어 붙이는 게 고작이었다. 이러한 석판인쇄는 1960년대까지도 유행하였다.

1950년대 컬러 인쇄기가 나오면서 일부에서는 석판 인쇄와 병행 사용하였지만 컬러 인쇄는 가격이 비싸 영화나 연극 가운데도 제작비가 풍족한 경우에만 활용할 수 있었다. 이때는 캔트지에 글자를 도안해서 쓰고 사진은 오려 붙여서 크기를 4절, 장 3절 등으로 구별하여 포스터를 만들었는데 영화의 경우는 4절로 하나 만들고 8절 또는 10절로 만들어 이면에는 스탭, 캐스트 소개, 작품해설 등을 실어 영화관에 가면 접어서 팸플릿으로 팔기도 했다.

필자가 연극계에 처음 종사하던 1960년대 초반만하더라도 거의 대학극이나 아마츄어 극단에서는 석판인쇄를 하는 반면, 기성극단에서는 옵셋인쇄를 하였다. 그리고 그 숫자는 많아야 천여장, 그렇지 않으면 5백여장을 만들어 담벽이나 교내 게시판에 붙이고 있었다.

1960년대 후반에는 식자기가 보급되면서 도안으로 처리하던 글자를 사식으로 대신하기에 이르렀다. 방식은 식자를 크기에 맞추어 오려붙이는 식으로 바뀌어 졌다. 옵셋잉크도 질이 많이 향상되고 4,5도 천연색 인쇄가 손쉽게 이루어졌다. 3도면 사진필름을 제판하여 세벌을 만들어 한 색도씩 인쇄물을 3번 돌려야 하는 방식이었다. 그러나 1980년대 들어와서는 기계의 발달로 원색을 한번에 찍어내는 기계가 도입되어 더 빠른 제작이 가능하게 되었다.

1980년대 중반에는 시중에 컴퓨터가 도입되기에 이르렀고 1990년대에 이르러 맥킨토시가 인쇄업계에 널리 보급되어 그동안 보이던 식자, 청타는 자취를 감추고 모든 것을 컴퓨터에 의존하는 시대로 바뀌었다. 도안사 식자공도 모두 자취를 감추고 이제는 컴퓨터 그래픽이 모든 걸 해결하고 있는 최첨단시대에 이른 것이다.

2000년대에 들어서는 사진판 자체를 천에 직접 올리기도 하고 종이에다 올리기도 하여 포스터의 개념까지 바뀌어 갔다. 이로 인해 극장에서 전속으로 간판을 그리던 광고미술가들은 모두 직업을 전향하는 계기가 되었다.

뿐만 아니라 그동안 홍보효과를 크게 누리던 포스터는 컴퓨터의 보급확산으로 인해 점차 그 자리를 빼앗아 가기 시작해 지금은 예전에 비하면 그 효과가 60%정도 차지하고 있다고 보아야 할 것이다. 그러나 신문, 잡지 및 TV나 라디오에 컴퓨터 홍보까지 합세하게 되니 포스터 효과는 줄어들었지만 이들 홍보매체는 계속 유지될 것은 분명하다.

이와같이 포스터는 시대변천과 함께 유행이 계속 변해왔지만 앞으로도 계속 변할 것이다.

2. 그에 얽힌 사연들

1910년대는 포스터를 극장주변을 비롯해 시내 중요요소에만 한 두 장씩 붙여왔으나 1920년대에 이르러서는 간판과 함께 그 숫자를 많이 늘려갔다.

1930년대에 이르러 연극이 전문화되면서 포스터도 극장선전부에서 도맡아 부착하기에 이르렀다. 이때는 극장 선전부에 간판그리는 사람과 포스터 붙이는 사람들이 나누어져 있었다. 극장 간판그리는 이는 전속처럼 당극장 소속이 되어 있는 반면, 포스터 붙이는 사람은 대개 2,3개 극장포스터를 함께 가지고 나가 붙이는데 그 수효에 따라 수고비를 받을 수 있었다. 이러한 방법은 1970년대 중반까지 계속되었다.

포스터는 옥외에 붙이는 것이 보통이었는데 1950년대 부터는 음식점, 빵집, 다방, 학교 등 사람이 많이 드나드는 옥내에도 부착하게 된다. 그리고 1920년대부터 시작된 광고대 〈샌드위치맨〉에 의한 방법이 있었다. 이는 일본에서 시작된 '다찌마와리' 와는 달리 4절 크기의 포스터나 그림을 직접 그려 4면통을 만들어 멜방을 어깨에 메고 하루종일 거리를 돌아다니는 방식을 말한다.

이 광고인은 한 극장 선전부에 전속시켜 월급을 주거나 필요에 따라 불러쓰고 일당을 주는 방법을 쓰기도 했다. 요즘 서울에서 보이는 가슴팍과 등어리에 동영상이 흐르는 액정TV를 메고 다니며 제품을 선전하는 것과 같은 방식이다. 이를 메고 다니는 사람을 시체말로 '샌드위치맨' 이라고 부르고 있는데 연극, 영화의 경우는 앞뒤와 좌우측에 하나씩이 더해져 사방에서 볼 수 있게 되어 있었던 것이다.

1960년대 이후 극장 선전부에서 수행하던 일이 달라지기 시작했다. 영화의 경우는 영화관 선전부에서 계속 시행하고 있었고 연극은 극단이 많이 생기면서 대관하는 일이 많아져 국공립 극단이 아닌 사설극단에서는 극단 스스로 선전을 책임지게 되었다.

사설극단의 경우 단원들은 풀을 쑤어 깡통에 나누어 담고 한쪽에선 당일밤에 부착할 포스터를 만다. 그리고 자정이 가까워 오면 구역별로

2인 1조로 구성, 극단을 떠나 나선다. 이들은 밤을 지새우며 부착하게 된다. 그러나 포스터가 남발하기 시작하던 1970년대 부터는 전문으로 부착하는 사람들이 생겨 몇 개극단 또는 영화사의 포스터를 부착하기도 했다.

풀로 포스터를 부착하면 아트 180은 잘 부착하기도 어렵고 또 부착해도 오래 붙어있지 않기 때문에 120 또는 70파운드짜리에 인쇄를 했다. 그러나 이도 비가 오거나 하면 그날로 뜯기거나 청소부에 의해 그날로 없어져 고심하던 끝에 풀을 쑬 때, 양잿물을 섞었다. 이렇게 하면 비가 와도 그냥 붙어 있고 청소부들도 칼로 긁어내야 겨우 뜯어낼 수 있었따. 풀에 양잿물을 넣고 쑤는 유행은 급속히 각 단체에 전파되어 유행처럼 퍼졌다.

이렇게 되자 화가 치민 청소원들은 극단을 고발하거나 붙이는 현장에서 경찰에 체포되는 일이 빈번하게 되었다. 이때 붙이다 잡히면 파출소에 끌려가 밤새 기다리다 새벽에 즉결로 넘어가 벌금형을 받고 풀려나오고는 했다. 극단 대표가 고발되어 자진 출두하는 경우도 많았다.

벌금형으로 끝나던 일이 한때는 형사처벌로 치부되어 호적에 붉은 줄이 그어져 극단 대표들이 출국허가를 받을 때 어려움을 당하기도 했다. 그래서 당시 단체 대표들은 거의가 전과자가 되어 있었다. 그 후 이것이 즉결재판에 회부되는 벌금형으로 바뀌었고 붉은 줄도 호적에서 지워졌다. 극단 대표들의 노력으로 서울시내 게시판이 1000여 군데 만들어진 것이다.

그러나 이도 잠시 게시판에 붙이는 비용이 있는데다 눈에 잘 띄는 곳이 아닌 곳에 게시판이 있어 포스터의 효과가 잘 나타나지 않아 극단은 다시 예전처럼 마구 부착해 갔다. 극단이나 극장이 엄청나게 불어나자 포스터의 숫자가 불어난 것도 원인일 수 있다. 포스터위에 포스터를 붙이는 행위까지 생겨 극단 대 극단, 대표 대 대표 간에 싸우는 일도 종종 발생했다.

이런 일도 있었다. 전문포스터 붙이는 사람 외에 대학생 가운데도 아르바이트를 하는 팀도 여럿 있었다. 아르바이트로 포스터를 붙여 대학을 졸업하고 법관이 된 사람도 있었고, 어느 상사의 대표가 된 사람도 있다. 칼로 긁어내기 전에는 떨어지지 않아 한 때는 포스터 부착하다 걸린 대학생 아르바이트생은 다음 날 온종일 포스터를 뜯게 하는 일도 있었고 청소부 중에는 포스터만 전문으로 떼어내는 청소부까지 생겨나게 되었다.

1989년으로 기억된다. 당시 극단 신협 대표 전세권씨가 만나자고 해서 나갔더니 황정순여사가 '황정순 극장' 의 문을 닫아야 되겠다고 했다는 것. 1988년 필자와 셋이 만나 극단 신협에 소극장의 필연성을 말해 혜화동에 문을 열었는데 연지 1년도 채 안돼 돈을 되돌려 달라는 것이었다. 원인은 전기세 독촉에 경찰이나 구청에서 포스터 부착문제로 자꾸 전화가 와서 못 견디겠다는 것이다. 결국 황정순 극장은 문을 닫게 되었다.

지금 유명한 중년이나 노년의 배우치고 서울 명동이나 종로처럼 사람들이 많이 오가는 길목에서 전단을 뿌리거나 밤늦게 포스터를 붙여보지 않은 이가 있었던가? 극단의 연구생이나 신규로 입단하면 낮이나 저녁 무렵에는 전단을 나누어주고 밤중에는 포스터를 부착하러 나가는게 각 극단이 유행처럼 시행해 온 것이다.

요즘은 전문 용역사에게만 맡기고 있는가? 그렇지 않다. 요즘도 극단 기획자가 보기에는 전문용역사에게만 맡겨서는 만족할 수 없어 포스터 붙이는 일과 전단 뿌리는 일은 막둥이 단원들에게 시키고 있는 것이다.

모노드라마의 매력

2010년 남해국제탈공연예술촌에서는 두 편의 모노드라마를 공연하였다. 한 작품은 안톤 체홉의 〈담배의 해독〉이며 다른 한 작품은 막심 고리끼의 단편소설을 각색한 〈방파제〉이다.

러시아에 유학한 홍영준이 관사에 머물면서 여가를 이용해 혼자하는 작품이라도 만들어 공연하라는 필자의 권유에 의해 마련된 것이었다. 이 두편의 모노드라마가 공연되자 남해섬 사람들로부터 모노드라마는 무엇이며 언제, 어떻게 시작했느냐는 질문을 여러차례 받게 되었다.

모노드라마는 '독연극(獨演劇)', '독백극(獨白劇)', '일인극(一人劇)', '홀로하는 연극' 등의 이름을 가진 극이다. 최근 들어 관심을 모으고 있는 이 '홀로하는 연극'의 형태는 서양쪽에서 살펴보면 멀리 그리이스 최초의 배우인 데스피스에서 그 흔적이 발견된다. 즉 데스피스의 연극은 한 사람의 등장인물인 자신과 코러스의 대화로 이루어진 모노드라마였다고 볼 수 있다.

이후 그리이스 비극의 최초의 희곡작자인 아이스킬러스가 두 번째 등장인물을 무대에 출연시킴으로서 극적갈등을 시각화하여 그리이스 비극이 연극으로서 발달하게 된다. 이같이 모노드라마는 연극이 발달하기 이전의 한 형태라고 할 수 있다.

동양에서는 중국 송나라 시대에 유행하던 강창(講唱, 또는 설창)이나 나희(儺戲)를 들 수 있고, 일본은 원악(猿樂)에서 모노드라마적인 형태가 발견된다. 우리나라의 경우도 백제의 기악(伎樂)이나 조선조의 판소리, 그리고 각종 '굿놀이'에 그 흔적이 엿보인다.

현대에 와서는 1775년부터 1880년까지 유행했다. 독일의 배우 브란데스가 정통연극의 막간 여흥으로서 모노드라마를 삽입하여 인기를 끌었는데 그는 장막극의 한 장면을 발췌하여 대사없는 인물이나 코러스와 대화하는 형식의 모노드라마 형태를 개발, 유행시켰다. 그러나 모노드라마가 요즘에 와서 중요한 연극의 한 종류로 새롭게 평가받은 것은 러시아의 니콜라이 에우라예노프에 이르러서이다. 그는 모노드라마라는 명칭을 처음으로 사용, 한 인간의 내면세계를 깊이 있게 파헤쳐 보이기 위해 의도적으로 한 인물의 내면세계에 초점을 맞추어 나간다는 뜻에서 모노드라마는 희곡의 형식으로서도 적극적인 가치를 인정받게 되있던 것이다.

스트린드 베리, 버나드 쇼우, 안톤 체홉, 유진 오닐, 장 꼭또 등의 한두편의 모노드라마가 성공하므로 모노드라마는 그 가능성을 보여준 것이다.

우리나라에서 최초로 본격적인 모노드라마가 상연된 것은 1963년 최현민(후에 영화감독으로 전향)이 대표였던 극단 칠일회(七日會)에 의해서이다. 안톤 체홉작 박근영 출연, 이효영 연출로 〈담배의 해독〉과 장 꼭또 작 김금지 출연, 정일성 연출로 〈목소리〉를 서울 명동 청산다방과 동국대 소극장에서 연이어 공연한 것이다. 그 후 1966년 송성한이 대표인 극단 문예극장에서 송성한 작, 연출의 〈말하는 심장〉공연이 두 번째이다. 이 공연에서는 시인겸 소설가인 호영송이 출연하여 관심을 모았다.

이어서 오태석 작 〈육교상의 유모차〉와 〈약장수〉〈에미〉, 김일부 작〈침묵의 소리〉, 이길재 주연의 〈햄릿〉과 〈열두개의 얼굴을 가진 여자〉(시조시인 정시운 작) 등이 공연되었다. 〈육교상의 유모차〉는 김동훈이, 〈약장수〉는 이호재가, 〈침묵의 소리〉는 정진이 각각 출연, 주목을 끌었다. 그러나 우리나라에서의 모노드라마는 추송웅 주연의 〈빨간 파이터의 고백〉(1977), 〈우리들의 광대〉(1979)등이 센세이션을 일으키게 된다.

이후 〈목소리〉는 최선자, 〈육교상의 유모차〉는 장희용의 출연으로 재연되었고, 〈빌라드의 고백〉의 이진수, 〈69번째의 자살〉에 원로배우 강계식 등도 무대에 올라 각광을 받게 되었다. 그리고 1980년대부터 계속 전국을 누비며 공연해 온 김시라의 〈품바〉는 한국연극사상 최장수 공연기록까지 세우는 한편, 전용극장까지 탄생시켰고, 이 작품하나로 여러명의 배우를 유명하게 만들기도 하였다.

이러한 모노드라마의 관심사는 1989년에 이르러 공주민속극 박물관에서 심우성에 의해「아시아 일인극제」를 열게까지 한다. 1990년대에 이르러서는 심우성의 〈남도들노래〉, 배우 김지숙의 〈로젤〉, 윤석화의 〈딸에게 보내는 편지〉, 이영란의 〈자기만의 방〉 등이 공연되어 주목을 받게 된다. 1980년대 까지 남배우들이 모노드라마에 주류를 이루었다면 1990년대부터는 여배우의 점유물처럼 되어 버렸다.

특히 1990년대는 여배우 중에도 젊은 층이 많은 발표를 갖더니 2000년대 부터는 연륜이 쌓인 원로배우 손숙, 박정자, 강부자까지도 관심을 갖게 되었다는 점이다.

모노드라마의 매력은 두명이상 출연하는 일반 연극과는 달리 홀로 극을 이끌고 간다는데 관심을 모은다. 우선 내용면에서 살펴보면 모노드라마는 주인공이 홀로 상황을 평가하고 가상적인 대화상대에게 말을 하거나, 의식의 논쟁을 외재화할 때가 많다. 즉 주인공인 나와 청자인 나는 이의제기, 질문, 의혹, 모욕등을 통해 개입하므로 극적갈등을 유발한다는 점이다.

모노드라마는 과거에 일어났거나 직접적으로 제시될 수 없는 속내 이야기를 털어놓기, 대화는 한 사람만이 무응답으로 일관하는 타인에게 말하기 위해 지껄이는, 그래서 그가 듣고 있는지 조차 명확하지 않은 역설적인 대화 등이다. 모노드라마는 상대방이 없기에 관객이 그 대상일 때가 많다는 점이 모노드라마의 매력이다.

다음 형식면에서 보면 모노드라마는 작은 공간, 큰 공간까지, 많은 관중이나 몇 안되는 관객앞에서 공연할 수 있다는 것, 그리고 적은 제작비로 연극기획이 가능하다는 점이다. 모노드라마는 관객의 시선을 독차지하는 만큼 곧 실증을 느낄 수 있기 때문에 의상의 변화 소도구나 대도구의 이채로움을 주어야 하고, 기폭있는 연기를 보여주는 것이 그 매력이다.

세계의 인형극

1. 들어가며

인형극이란 배우의 살아있는 신체를 통해 연기를 표현하는 '인간의 연극'에 대립되는 개념이다. 즉, 조형적 물체인 인형을 조작, 조정하면서 그 움직임으로 연기를 표현하게 하는 연극을 총칭하는 말이다.

넓은 뜻으로는 살아 움직이는 연기자를 활용하지 않는 그림자극, 장난감 연극, 자동인형 조작의 기술적인 극 등을 두루 포함하지만 좁은 뜻으로 보면 조작 조정하는 인형의 형태에 따라 '줄 인형극', '손가락 인형극, '그림자 인형극' 등의 세가지로 구별하는게 보통이다.

중국에서는 2천년 전부터 인형극이 있어 왔는데, 인형극을 '괴뢰희(傀儡戱)라고 불러오고 있다. 동양에서는 중국을 비롯하여 일본, 인도, 미얀마, 베트남, 타이완, 태국, 인도네시아, 우리나라까지 거의 모든 나라가 일찍부터 인형극의 발달을 보였다.

2. 동양의 인형극

동양의 인형극을 형태별로 가름해 보면 끈으로 조작하는 '줄 인형극'이 많이 보인다. '마리오네트'라고 불리는 '줄 인형극'은 일찍부터 이태리에서 유행했던 모양이다. 이태리 말로 '마리오네트' 란 마리오(marieo)로부터 유래된 것인데 그것은 성모마리아(Maria)에서 옮겨진 말이라고 한다.

이태리의 베네치아 사람들은 성극을 연기하는 인형에 대한 존칭으로 '마리테스(marittes)' 또는 '마리오네티(marionetti)' 라고 불렀다고 하니 '마리오네트' 란 말은 바로 이태리에서 만들어져 변형, 전파되어 동양쪽에 전달, 사용하고 있는 듯 싶다.

이 '줄 인형극' 은 중국이나 인도 등은 이태리보다 먼저 발전한 듯 보이며 티벳이나 우리나라의 〈꼭두각시 놀음〉도 줄 인형극에 포함된다. 그런데 이상한 점은 많은 아시아 국가에서 다양한 인형극이 발전해 왔는데 유독 미얀마에서는 유일하게 줄 인형극 '요데이(yokthay)' 만이 발달되었다는 사실이다.

'그림자 인형극' 은 중국도 일찍 발달하여 '영희(影戲)' 라는 이름으로 불리어 오고 있지만 인도를 비롯, 인도네시아도 기원전 4세기에 쓰여진 「마하바라타」에 보면 인형에 대한 중요한 내용을 담고 있어 중국과 거의 버금가는 역사를 지니고 있다고 보아야 겠다. 그리고 중국의 '그림자 인형극' 은 종류에 따라 '수영희(手影戲)', '지영희(紙影戲), '피영희(皮影戲)로 구분한다. 그 조작되는 인형의 모습이나 조종방법이 거의 인도나 인도네시아의 것과 흡사한 것으로 보아 오히려 중국이 남방의 영향을 받은 것 같다. 인도에서는 '그림자 연극' 을 '챠야나타카(chayanataka)' 라고 부르고 있는데 '차야(chaya)' 는 그림자 '나타카(nataka)는 극을 뜻하니까 '차야나타카' 는 이들이 모아진 합성어인 것이다.

인도의 '그림자 극' 은 주로 안드라 프라디시, 타밀나두, 케라라, 마이솔 주와 동쪽 벵갈만 지방에서 각각 발전하였다.

인도네시아의 '그림자 극' 은 와양쿨릿(wayang kulit), 와양플로와

(wayang purwa), 와양 콜렉(wayang colek), 와양게독(wayang gedog)등 많은 종류가 있어 왔고 현재도 공연되고 있다.

말레이시아도 와양게독, 와양샴(wayang siam), 와양자바(wayangjawa), 와양 쿨릿 자바(wayang kulit jawa)등의 그림자 연극이 전해지고 있다. 그 공연 형식이나 내용 등이 인도 내지 인도네시아 발리섬의 영향을 듬뿍 받은 것 같다.

우리나라에서도 고려시대에 이미 〈방석 중놀이〉란 그림자 인형극이 있었던 걸보면 이 그림자 연극도 줄인형처럼 아시아 전역에 퍼져 있었던 것 같다.

3. 동양의 또다른 인형극

이외에도 조작과 조종 형태에 따라 앞의 세 가지와는 전혀 다른 인형극도 있다. 베트남의 '로이 누옥(Roi Nuoc)' 과 일본의 ' 문락(文樂) '같은 것이다. 즉, 베트남에서는 인형을 물위에 띄워서 원격 조종하는 ' 수상인형극(로이 누옥) '이 오래 전부터 상연되어 왔다.

이런 '수상인형극' 은 일찍이 중국 송나라 시대부터 명나라 시대에 이르기 까지 '수괴뢰(水傀儡)' 또는 '수식(水飾)' 이라 하여, 당시에 성행했음이 문헌에 보이는데 현재 중국에는 이것이 행해지지 않고 오직 베트남에만 전해지고 있다. 베트남에서는 인형을 '콘 로이(Con Loi)' 라고 부르는데 ' 콘 '은 살아있는 것을 뜻하며 ' 로이 '는 인형의 일상어이다.

지방에 따라서는 '옹 로이(Ong Loi)', '오이 로이(Oi Loi)', '코이 로이(Khoi Loi)' 라고도 하는데 이 중 '오이 로이' 와 '코이 로이' 는 중국말에서 온 사투리라고 하니 이 인형극은 중국에서 전해진 듯 싶다.

공연 전에 연못 한가운데 작은 집이 만들어 진다. 베트남 농가와 같이 붉은 기와지붕에 난간이 있는 발코니가 붙어 있다. 그런데 양쪽 옆면을 넓게 하여 이곳을 무대로 사용하며, 정면에는 대나무로 엮어 만든 병풍을 세워 막으로 사용한다. 북, 징등의 요란스런 장단에 폭죽이 터지고 연기가 피어 오르면 무대 한 쪽 물 속에서 공연을 알리는 깃발 막대가 나타난다.

그러면 베트남인의 생활풍습을 묘사한 인형들이 대나무 판에 실려서 물 위에 등장, 연극이 시작되는 것이다. 공연 현장에서의 수상인형극을 자세히 살펴보면 물 속에 막대와 실, 그리고 기계장치가 감춰져 있고 막 뒤에서 조종하는 걸 볼 수 있다. 인형은 대나무판이나 대나무 끝에 연결되어 있으며, 큰 인형은 다리 부분에 가벼운 나무를 둥글게 만들어 붙여 안정감을 준다.

특히 시소놀이 같은 것은 물 속에 말뚝을 세우고 그 사이에 연결시킨 끈으로 조종을 하며 막 뒤에 서라면 용수철을 이용한다. 조종자는 대나무 막의 틈새로 앞쪽 무대가 되는 물 위의 인형을 조종하여 때로는 물 속을 잠수하듯이 하여 인형을 밀어내는 것이다. 늪지대가 많은 나라의 환경에 잘 어울리게 발전한 연극이다.

일본의 '문락(文樂)' 은 무대에 직접 조종자가 전신 인형을 들고 들어와 두 팔을 모두 활용하여 인형을 움직인다. 따라서 자세히 보면 조작자의 몸이 무대 벽처럼 둔갑하고 뒤의 조종하는 인물은 또 다른 인형처럼 느껴지기도 한다. 이 인형극은 의태부절(義太芙節)이 창시한 것으로 15세기 말에 구체화되어 상연되기 시작한 일본색이 짙은 그들의 전통인형극이다.

4. 서양의 인형극

그럼 이와같은 여러 형태의 인형극이 아시아 전역에만 널리 퍼져 있었던가? 그렇지 않다.

중앙아시아 쪽에 있는 터키만 하더라도 우리가 인도나 말레이시아,

인도네시아 등에서 본 것과 거의 흡사한 그들 전통 그림자 연극 '카라괴즈(Karagez)' 가 있는 걸 보면 인형극은 아시아에서 서양쪽으로 건너가고 또 일찍이 문명이 발전한 곳에서 자연발생된 것 두가지가 상존함을 알 수 있다. 그러니까 고대 그리스나 이집트에도 존재했었고 중근동까지도 멀리 퍼져 있었던 게 아닌가 상상할 수 있다.

그리스 유랑 연예인들은 상자에 인형을 넣고 시장이나 시골마을을 순회하였는데 그들은 인형극을 통해 인간성의 약점이나 세상의 폐습 등을 예리하게 풍자한 글들을 보여주었다. 따라서 그리스의 풍자인형극은 민중들만이 아니고 교양있는 사람들에게도 환영을 받았다. 그래서 소크라테스도 자기의 연구소로 가는 도중 걸음을 멈추고 인형극을 즐겼다고 전한다.

그 후 로마에서도 이것을 이어 받아 인형극이 민중의 호응을 받았고 번성할 수 있었다. 그러나 인형극은 중세에 이르러 처음엔 교회에서 환영을 받았는데 후에 가서는 신앙을 모독한다는 이유로 교회안에서 상연금지령까지 내려지게 되었다.

특히 1086년 성직자 휴그스나 1210년 법왕 인노센트는 인형극을 강력히 탄압한 인물들로 알려지고 있다. 그 후, 인형극들은 교회에서 쫓겨나면서 방랑생활을 하며 민중속을 파고 들어 호응을 다시 받기 시작하고 이러한 유랑은 유럽 각지로 연결되어 유럽전역에서 대중의 환영을 받게 된다. 이때의 인형극은 줄인형극임에도 이름도 여러 가지로 불리게 되었다. '푸파조(Pupazzo)' , '푸파지(Pupazzi)' ,판초치니(Fantoccini)' , '부랏티니(Burattini)' 등이 모두 인형극을 뜻하는 말이 되었다.

17세기 초엽에 이르러서는 '풀치넬라(Pulcinella)' 라는 이름이 널리 퍼져 있었다. 그러나 이런 모든 이름은 16세기 말엽부터 유행되던 유랑인 극단 ' 코메디아 델아르테(Commedia dellarte)' 와 연관을 갖고 있다. 즉 '풀치넬라' 는 '코메디아 델아르테' 의 조역이었던 부랏티노는 인형극에서 인형자체를 일컫는 이름이었다. 그러니까 원래의 '부랏티노'는 인형극 '부랏티니' 로부터 '코메디아 델아르테' 로 옮겨진 것이다.

이태리에서 등장한 '풀치넬라' 는 그 후 영국에서는 '펀치와 쥬디(Punch and Judy)' 로, 프랑스에서는 ' 기뇰(Guignol)' , 독일에서는 '카스파(Kaspar)로 불리게 되면서 인형극은 전성기를 맞게 된다.

빅토리오 포드렉카(Vittorio Podrecca)는 이태리 인형극 연출가로서 인형극의 차원을 한껏 높인 대가이다. 그는 픽코리(Piccoli)극장을 통해 이태리의 모든 인형극의 전통을 이어 받았고 인형극을 세계 제일로 끌어올렸다.

영국에서의 '펀치와 쥬디' 는 광대의 극으로 또는 오페라로도 많이 올려졌고 인형극으로서는 항상 열풍을 일으킬 정도였다. 펀치가 그만큼 유명해진 것은 펀치가 어느 한 인형 조종가에 의해 만들어진 게 아니고 늘 그 시대에 민감하게 반응할 수 있도록 민중들의 의지가 극중에 들어 있었기 때문이다. 펀치는 돌발적이며 비인간적이며 해학과 풍자가 풍부했으며 얼굴에는 코키리 코에 튀어 나온 눈, 드러난 이빨로 어찌보면 추악하기 까지 했지만 그것이 인상적이어서 세인의 관심을 끌게 된 것이다.

러시아의 인형극은 1600년대에 들어서면서 세계에 알려지기 시작했다. 가장 알려진 인형극은 '페트루쉬카(Petroushica)' 의 코메디이다. 이는 그 인형극 전통이 그대로 이어져 지금도 그 이름이 그대로 불려지고 있다. '페트루쉬카' 는 그들 손 인형극의 주인공 이름이었다.

러시아 인형극도 17세기에는 가장 민중의 사랑을 받았지만 18세기에 들어서면서 외면 당하기 시작한다. 그러나 혁명 이후 페트루쉬카는 '붉은 페트루쉬카' 가 되어 이데올로기 선전과 사상보급, 민중교화엔 인형극이 최적이라고 여겨 정치선전 도구로 되어버렸다.

그러나 이런 조건아래서도 에휘모와 여사는 그의 남편과 함께 인형극의 질적향상을 위한 노력을 기울여 인형극을 세계적인 위치에 올려놓게 되었다. 즉, 인형 조종술의 혁신을 비롯, 대본을 민화, 동화는 물론, 유럽 각지를 다니며 작품의 소재를 확대, 발전하는 데 심혈을 기울였다.

그 결과 손인형이던 '페트루쉬카'에 막대 인형을 종합하여 하나의 장면에 여러 인형을 보여주는 다채로운 무대를 개발했다. 그리고 그녀는 겨울에는 모스크바 근교에, 여름엔 중앙아시아의 대초원을 가는 등 인형극을 전국에 확산시키는 일에도 앞장섰다.

5. 나가며

20세기 초부터는 각국에서 인형극을 진지한 예술양식으로 부흥시키려는 많은 노력이 기울어졌다. 모스크바 중앙인형극장을 이끄는 오브라스쵸프는 전기 에휘모와 여사의 뒤를 이어 받은 듯 극의 구성은 물론, 양식, 인형의 구조, 크기, 흥행 등 다양한 방면에 까지 시선을 기울여 러시아 인형극을 한껏 발전시킨 현대의 인형 조종가 중의 한 사람이다.

이로하여 인형극은 연극의 부속 예술이 아닌 독자적 체계를 갖추게 되면서 러시아 각처에 100여개 이상의 전문 인형극장을 만들게 했다.

오브라스쵸프 이후 콘자로바, 클레, 아르프, 칼더, 베이드 등 많은 인형극예술가들이 나와 인형극 발전에 이바지 하게 된다.

2차대전 이후의 인형극은 유럽의 경우 대체로 동유럽 여러나라에서 급속한 발전을 보게 된다. 특히 인형극에 있어서 새로운 연출기법을 구사한 체코의 '검은 극장(Black Theatre)'은 세계적인 명성을 얻게 된다.

그뿐 아니라 러시아는 그 후 1937년에 창설된 중앙인형극장 부속으로 인형박물관을 개설한 뒤 세계 각처의 인형들을 모두 모아 놓았고 수

십차례에 걸친 전국 규모의 인형극 경연, 그리고 대학에 전문학과까지 갖고 있을 정도가 되었다.

중국, 일본, 인도, 인도네시아, 독일, 영국 등도 제나름의 인형극장을 형성하였다. 전통인형극이라야 〈꼭두각시 놀음〉, 〈망석 중놀이〉 밖에 없는 우리로서는 그 전승이 문제이다.

반면 1980년대에 급격히 일기 시작한 '아동극운동'은 인형극에 관심도 많아져 많은 인형극 단체가 만들어졌다. 우리나라 인형극 발전도 그 가능성을 다분히 보여주게 된 것이다.

<아, 부처님 도와주세요>
-알마아타의 재소국립조선극장 회상

〈아, 부처님 도와주세요〉 이 말은 재소 한국인들의 소리다. 이 말이 퍼지게 된 것은 1979년 한진씨의 작품 〈산부처〉가 공연된 후에 유행처럼 번졌던 것이다. 그래서 같은 해 앵콜 공연할 때는 아예 그 제목을 〈아, 부처님 도와주세요〉로 바꾸어 버렸다. 그 후부터 그들은 어려움이 닥치면 "아, 부처님 도와주세요"를 자연스럽게 말했다고 한다. 바로 이 유행어를 만들어 낸 곳이 재소 국립 조선극장이다. 내가 재소 국립 조선극장(당시 단장: 김블라지미르)을 방문한 것은 1991년 여름, 단장과 3일간 함께 보내며 재소 국립 조선극장에 대해 이야기를 들을 수 있었다. 재소 국립 조선극장은 1932년 9월 연해주 블리지보스토크시(市) 신한촌에서 창립되었다.

내가 방문했던 다음 해가 창립 60주년이었으니 이 극장은 우리민족이 얼마나 전통과 끈기를 좋아하는가를 잘 보여주고 있다. 남북한을 통털어 보아도, 그리고 중국 연변이나 하와이 교민사회를 보아도 이렇게 오랜 역사를 지닌 극장이 없음을 볼 때 그들의 의지와 동포애를 가히 짐작게 해준다.

이 극장에서는 1935년 연극 〈춘향전〉을 이종림 각색으로 공연하였고, 1936년엔 〈심청전〉(채영 각색)을 공연하여 명실공히 직업인 민족극장으로 재소동포들의 사랑과 믿음을 받게 되었다.

배우들은 공연과 연습 외에도 제 손으로 무대장치와 소도구를 만들고 자기들의 등에 장치를 실어 날랐으며 제 힘으로 무대를 세웠다. 그들은 희망에 벅차 이러한 난관을 극복하였으나 1937년 재소동포들의 강제 이주 명령이 떨어졌다. 그래서 그들은 홀홀단신 카자흐스탄의 크슐오르다란 도시로 오게 되었다.

그곳에 정착하여서도 그들은 태장춘의 〈종들〉(37), 〈홍범도〉(42) 등을 공연하였으나 다시 이주명령이 떨어져 카자흐스탄의 동부지방 우스오베로 이주하여 활동을 하게 된다.

여기서 김기청의 〈홍길동〉(43), 태장춘의 〈흥부전〉(46), 오스트롭스키의 〈죄 없는 죄인들〉(48), 태장춘의 〈38선 이남에서〉(50), 고골리의 〈검찰관〉(52), 셰익스피어의 〈오델로〉(53), 쉴러의 〈간계와 사랑〉(54) 등을 공연하고 생활고와 극장운영의 어려움이 겹쳐 다시 코슬오르다로 되돌아 오게 된다.

이곳에 되돌아온 그들은 신입단원을 모집하고 체제를 확고히 하여 중국작가 곽말약의 〈굴원〉(58), 골도니의〈두 주인의 하인〉(59), 송영의 〈애국자〉(61), 한진의 〈의부 어머니〉(65), 맹동욱의 〈북쪽 길〉(66)등을 상연, 주 정부의 주목을 받게 되고 아울러 1968년 카자흐스탄의 알마아타시(市)로 이주, 정착하면서 국립극장으로 승격하기에 이른다.

국립극장으로 승격하자 그들은 무용하는 사람, 노래하는 사람들을 묶어 '아리랑 가무단' 을 창단, 전속시키며 공연에 박차를 가해 나가게 된다. 따라서, 1970년대엔 알마아타('사과의 아버지' 란 뜻)는 소련에서 가장 살기 좋은 곳이 되도록 고려족들은 노력했다. 그 결과 연극도 훨씬 성하게 되고 3세들이 거의 고등교육까지 받게 되었다.

따라서 1970년대 말부터 그들의 관심은 조국으로 기울기 시작했다. 전동혁의 〈온달전〉(72), 한진의 〈양반전〉(73), 연성용의 〈자식들〉(74), 한진의 〈김선달〉(75), 채영의 〈금강산 팔선녀〉(78), 한진의 〈산 부처〉 등이 올려졌다. 모두 조국의 향수에 젖어 쓰여진 작품과 북의 정치를 풍자한 그런 역사극들이다.

그 후 1980년대에 이르러 그들은 1982년 극장 창건 50주년을 맞았고, 이를 기념하여 모스크바에까지 진출, 연성용의 〈춘향전〉, 태장춘의 〈38선 이남에서〉, 한진의 〈산 부처〉와 〈토끼의 모험〉등을 상연, 대 절찬을 받고 국가에서 주는 명예표석 훈장을 수여 받았다. 그러나 80년대 후반에 경제사정이 말이 아니게 되었으나 '86아시안 게임' 과 '88올림픽' 으로 부쩍 한국 붐이 일게 되면서 기대와 희망에 부풀게 되었다.

내가 1991년 극작가 한진씨의 안내로 그곳을 방문할 시기에는 재소동포들은 카자흐스탄과 우즈벡에 가장 많고 사할린, 러시아 전역, 까브까즈, 발트해에 이르기까지 없는 데가 없었다.

국립조선극장은 매년 순회공연을 했다. 봄에 순회공연에 오르면 가을에 돌아와 본거지인 알마아타에서 겨우내 새 연극을 준비하여 그 이듬해 또 떠나 5,6개월을 순회하였다. 1988년에는 실내악단 '메아리' 까지 창단, 단원은 모두 1백 20여명이었다.

그러나 1990년대 부터는 폭등하는 물가에 비해 배우들의 월급이 말이 아니고 극장건물마저 없어져 연습할 장소도 없다. 그들의 일부가 한민족체전에 참석차 한국에 왔었다. 그리고 블라지미르는 KBS에서 세계

교포단체나 개인에게 주는 한민족상을 타기 위해 한국에 왔다 갔다.

2000년의 문턱에서 극작가 한진과 김블라지미르는 저 세상사람이 되었다.

이 즈음 그곳의 젊은 단원들이 매년 두 명씩 국립극장에 일년간 파견되어 우리말을 익히고 한국무대의 기교도 연수받고 돌아갔으나 재소 소수민족이 독립을 주장, 리투아니아, 카자흐스탄, 우주벡스탄 등이 독립국가가 되었다. 그렇게 되면서 재소 국립 소선극장은 좌초에 부딪치게 되었다. 재소고려인들은 그동안 불모지를 닦아놓은 알마아타를 모두 버리고 러시아령으로 쫓겨났다.

사람이 살 수 없는 버려진 땅 거기에 한국인 본연의 열정으로 비옥한 땅을 만들었는데 그들이 모두 쫓겨난 것이다. 그들은 그 곳을 떠나면서 "부처님 도와주세요!"를 연신 외쳐댔지만 소용이 없었다.

재소 국립 조선극장 단원들도 뿔뿔이 흐터지고 만 것이다. 재소 국립 조선극장은 소수민족 독립과 함께 산산이 부서지고 만 것이다.

나는 남해국제탈공연예술촌 2층 기획전시실에 전시된 〈아, 부처님 도와주세요〉 포스터 앞에 서서 그들의 지난 날 사연을 회상해 보았다.

세계의 탈

가면은 우리말로 '탈'이라 하고 중국에서는 면구(面具), 일본이나 한국은 한문으로 가면(假面)이라 쓰고 있다.

내가 가면에 대해 관심을 갖기 시작한 것은 1950년 6.25사변이 원인이 되었다. 이때 나는 서울 우이동에 살고 있었다. 우리집은 육당 최남선 선생댁과 머지 않은 곳, 최남선 선생댁에는 많은 책과 악기, 그리고 가면들이 있었는데 전쟁중이라 한때 빈집이 된 이곳은 동리 친구들의 놀이터처럼 쓰였다. 난 동리 친구들과 탈과 악기를 가지고 나와 쓰고 두들기면서 놀게 되었는데 이런 일이 여러 날 계속 되면서 가면과 악기는 부서져 버렸다.

그 후 고등학교를 나오고 교회에서 연극하면서 가면이랑 악기들의 귀중함을 느끼게 되었고 대학에 들어가 연극을 전공하게 되면서 부서져 버린 가면들의 귀중함을 더욱 느끼게 되었다.

대학때는 안동 하회의 양반탈과 내 얼굴 모양이 같다고 하여 '탈' 이란 별명까지 갖게 되었다. 이때부터 사죄하는 마음으로 종이 가면을 만들어 선물도 하고 가면을 모으기 시작했는데 평생 모은 것이 700여 개를 모았다. 국내는 물론 외국에 드나들면서 탈을 모으기 시작한 가면은 100여개가 되고 1980년대 출국이 자유로워지면서 그 숫자는 늘어났다.

남들은 외국에 나가면 금붙이나 생활용품들을 사오는데 나는 가면이나 비디오 테이프 등을 사가지고 왔다. 이렇게 40여개국 나들이에서 얻어진 것이 400여점이 되었다. 그 다음부터는 외국 나가는 사람한테 부탁도 했고 또 내가 가면을 수집하는걸 아는 이들로부터 선물로 받기도 해서 1990년대부터는 많은 숫자가 늘어났다.

2천년대에 들어서는 국내에서 최고 많은 세계의 탈을 수집한 사람이 되었고 수원 화성 연극제 때는 '세계 탈 전시회' 도 열었다. 남해국제탈공연예술촌이 마련된 것도 탈에 대한 관심 때문에 이룩된 것이다. 가면이 공연예술과 연관이 있으나 다른 자료들 보다 관심을 끄는 것은 그것이 사람이나 동물의 얼굴형상을 하고 있는 까닭이다. 사람들은 얼굴이나 동물의 얼굴에 많은 신경을 쓴다. 그래서 가면의 종류도 여러 가지로 만들어 졌을 것이다.

영혼가면, 수렵가면, 토템가면, 벽사가면, 의술가면, 예술가면 등 그 용도도 많이 늘어났을 것이다. 그리고 그 재료도 다양하게 시도된 것을 볼 수 있다. 커다란 조개껍질 한쪽을 눈, 코, 입의 모양으로 구멍을 뚫는 경우도 있었고 거북등 껍질을 장식하여 가면을 만들기도 했다. 나무, 뿌리, 풀, 가죽, 종이, 바가지 등을 활용 탈을 만들기도 했으며 구리나 쇠를 녹여 만든 것도 종종 눈에 띄며 대나무 뿌리나 또는 대를 꺽어 가늘고 얇게 다듬어 짜서 만든 것도 여러 나라의 가면에서 볼 수 있다.

크기로 보면 손안에 드는 작은 탈부터 사람의 크기만한 것이 있고 색채 또한 가지각색이어서 세계탈을 보면 세계 여러나라를 여행하는 느낌을 갖게 된다. 그리고 가면은 쓰는 가면, 거는 가면, 모시는 가면이 있는가 하면 잡귀를 퇴치하는 가면, 나례의식가면, 재앙을 몰아내는 가면, 영혼을 기리기 위한 가면, 상대방을 위협하기 위한 가면, 죽은 이를 본떠 만든 가면등 다양하다.

얼굴 생김새도 국가에 따라, 지역에 따라 다르기 때문에 세계가면을 보게 되면 여러국가의 다양한 인물과 소통한 듯한 느낌을 갖게 된다. 가면은 눈이나 코, 입부분이 뚫린 것이 있는가 하면 이들이 막혀 있는 것도 있다. 대다수의 가면이 뚫린 것은 얼굴에 쓰는 가면이고 막힌 것은 모셔놓는 가면으로 보면 된다. 그리고 어떤 가면은 버드 아이스 뷰(BEV)식으로 새가 밑을 보고 있는 것처럼 눈이 뚫려 있는데 이 가면은 얼굴에 쓰는게 아니고 이마위에 얹어 쓰고 탈보에 작은 구멍을 뚫어 보는 가면이다.

가면은 집에 보관하면서 벽의 여기저기에 걸어 놓는데 어린아이가 방문하면 무서워 울음보를 터트리는 경우도 있고 재미있게 바라보는 아이들도 있다. 하여간 가면을 벽마다 걸고 생활하다 보니까 잠도 잘 오고 병이 없었다. 뿐만 아니라 외국에서 탈을 구해 가지고 오면서는 여러 차례 공항 검색대에서 까다롭게 검색하는 바람에 한 나절 기다리기는 했어도 압수당한 일은 없었다.

탈은 구한 사람에게 손해 끼치게 하는 일이 없었다. 서울 미아동에 살고 있을때 도둑이 동리 집집마다 털어갔다. 그러나 내가 살던 집도 전에는 여러 차례 도둑이 들었다고 하는데 몇 년 동안 있어도 도둑은 한번도 들지 않았다. 이게 모두 탈이 날 지켜준 까닭이 아닐까 생각하고 있다.

탈은 예로부터 장수를 기리고 병을 퇴치하고 가정에 부를 가져다 주기 때문에 동남아에서는 요즘도 요소요소에 탈을 걸어 놓고 있으며 우리나라도 그러한 풍속은 남아있는 것이다.

내가 그동안 모은 탈은 중국, 인도네시아, 네팔 가면이 제일 많았다. 중국, 인도네시아는 탈이 싼 편이었고 그 숫자도 많아 가는 곳 마다 가면을 구할 수 있는 장점이 있었던 까닭이다. 네팔 가면은 그 이웃나라를 가도 구할 수 있었기 때문에 많이 구할 수 있었다. 그 외 나라가면은 값이 너무 비싸 선듯 사가지고 오지 못한 경우도 있고 빠진 나라들은 내 발길이 미치지 못한 까닭도 있다.

남해국제탈공연예술촌 전시대에는 200여개의 탈이 걸려 있는데 40여개국의 탈이다. 앞으로 제몫을 다하려면 탈을 계속 구해 소장품화 시켜야 한다. 그렇지 않으면 언젠가는 다른 곳에 명성을 빼앗길 우려도 있다고 본다.

최초의 한국 뮤지컬 전시

뮤지컬(musical)하면 서양에서는 일찍 영국 런던에서 1928년 공연된 죤게이의 〈거지 오페라〉와 1935년 미국 남캐롤라이나 찰스톤의 한

법정에서 상연한 빌라드 오페라 〈플로라〉에서 그 시원을 찾는다.

그러나 19세기 중엽 유럽의 오페라나 오페레타, 미국의 보드 빌 쇼나 벌레스크 등이 결합된 뮤지컬 코메디가 20세기 이후 미국인의 기호에 맞추어 발전한 대중 음악극이 뮤지컬이다.

우리나라에서는 창극과 가극(악극)이 뮤지컬 요소를 품고 있던 것으로 여긴다. 창극은 1903년 판소리를 분창 내지 가창으로 작곡화하기 시작했고 본격적인 창극은 1935년 창립된 조선성악 연구회의 전속극단 창극좌가 창립되면서 부터이다. 그후 화랑창극단, 동일창극단 등 많은 창극단들이 생기므로 한 장르로 형상화, 발전해 오늘날 극립 창극단으로 발전해 왔다.

그리고 가극은 1928년 극단 취성좌가 처음 〈극락조〉를 상연한 후 1929년 삼천가극단. 1930년 배구자 악단을 비롯한 1930년대에는 연극단체인 연극시장, 태양극장, 협동무대, 낙랑좌 등도 상연했다. 가극이나 악극단은 해방 후까지 계속 번성했고 1956년 자유가극단의 해체와 함께 공연기록은 보이지 않는다.

그러다가 1990년대 극단 가교의 악극 〈번지없는 주막〉 〈울고 넘는 박달재〉〈홍도야 울지마라〉 〈군세어라 금순아〉를, 극단 신시가 악극 마당놀이 〈이수일과 심순애〉 서울 뮤지컬 컴퍼니의 〈그때 그 쇼를 아십니까〉 극단 예맥의 〈과거를 묻지 마세요〉, 극단 세령의 〈여로〉등을 공연하면서 창극과 같이 악극의 한 장르를 형성해 왔다.

그러나 주목해야 할 것은 1948년 극예술협회(약칭 극협, 극단 신협 전신)가 헤이워드 부처 작 〈포기와 베스〉를 〈검둥이는 서러워〉로 개명하여 허석 연출로 상연한 것이 뮤지컬 작품 최초의 공연이다. 공연 형식이야 어찌되었든 미국의 본격 뮤지컬 작품을 국내 처음 공연했다는데 큰 의미를 가진다.

1950년대 말 한국전쟁이 휴전되고 사회가 안정되면서 미국은 한국

주둔 미군들을 위로하기 위해 위문공연단을 보내기 시작하였다. 그 공연 가운데는 대학 뮤지컬단이 내한하여 미군 위문 공연도 하고 한국의 대학생들과 연극인들에게도 볼 수 있는 기회를 마련했다. 〈뎀 양키스〉〈벨스아 링깅〉등이 그것이다. 이는 1964년까지 이루어졌는데 연극인들에게는 뮤지컬에 대한 관심을 높이는 계기가 되었다. 그리고 뮤지컬 영화 〈사운드 오브 뮤직〉등의 한국 상륙도 이바지되었다고 봐야 한다.

이광래는 1962년 서라벌 예대에서 자작 〈고도 있는 인간 광장〉을 '심포닉 드라마' 라는 이름의 뮤지컬로 처음 시도하였고 이어 1964년엔 〈여명기〉, 1965년엔 〈남모랑과 준정랑〉을 보이고 1966년 극단 실연극장에서 〈연화세계〉를 심포닉 드라마로 연출하기도 했다.

한편 같은 시기 유치진은 1962년 극단 드라마 센타에서 〈포기와 베스〉를 연출, 상연하였고 1966년엔 미국유학에서 돌아온 유인형이 다시 본격 뮤지컬로 재연했다.

그후 전세권은 1965년 극단 제3극장을 창립, 창작 뮤지컬 〈새우잡이〉로 첫선 보인 후 1966년엔 황유철의 〈카니발 수첩〉을 다시 뮤지컬화해서 주목을 끌었다.

같은 시기인 1962년 김종필 후원으로 예그린악단이 창설되었다. 단장 김생려, 운영위원으로 오화섭, 이원경, 박용구등이 가담, 남녀합창단, 관혁악단, 무용단 등 300여명으로 구성되었다. 〈삼천만의 향연〉〈봄잔치〉〈여름밤의 꿈〉〈추석놀이〉등을 공연하고 1963년 〈흥부와 놀부〉를 공연하고 해산되었다. 그후 예그린 악단은 1966년 재창립되면서 본격적인 뮤지컬을 시도하게 된다. 〈살짜기 옵소예〉를 시작으로 1967년 〈꽃님이 꽃님이 꽃님이〉, 1968년 〈대춘향전〉, 1969년 〈정이 흐르네〉등을 보이면서 뮤지컬 단체로서의 면모를 갖추게 되어 국내 유일의 전문 뮤지컬단으로 부상하게 된다.

그러나 1972년 창단 10주년 기념공연 〈종이여 울려라〉를 끝으로 그

진용 대부분이 국립가무단으로 옮겨가게 된다.

국립극장 소속이 된 국립가무단은 1974년 〈시집가는 날〉을 시작으로 〈이 화창한 아침에〉(75), 〈상록수〉(75), 〈태양처럼〉(76)을 끝으로 11월 국립 예그린 예술단으로 명칭 변경, 〈돈키호테〉(76), 〈이런 사람〉(77)에 이어 〈시집가는 날〉을 재공연하고 1978년 세종문화회관 준공과 함께 서울시 세종문화회관 전속단체로 옮겨 서울시립가무단으로 명칭을 또 변경한다.

세종문화회관 개관공연으로 〈위대한 전진〉을 공연하고 이어 〈달빛 나그네〉〈돈키호테〉〈환타스틱스〉등을 공연, 서울 시립뮤지컬단으로 바꾼 뒤 매년 두 세편의 공연을 하며 오늘에 이르게 된다.

한편 민간극단으로서는 극단 가교가 톰 존스의 〈판타스틱스〉를 〈철부지들〉로 개제, 1973년 공연한 후 뮤지컬 사상 가장 오랜동안 공연해 주목을 받게 된다. 이 작품은 뮤지컬에 관심이 있는 극단 떼아트루 추, 뿌리, 대중, 현대극장, 서울시립 뮤지컬단, 서울 예술단 등 10여 단체에서 재 상연된 작품으로 손꼽힌다.

1976년 김의경은 극단 현대극장을 창단하고 민간단체로는 처음 뮤지컬 전문인력의 확충을 위해 '현대연극 아카데미' 를 열어 신인, 기성 관계없이 훈련을 받도록 하였고 1977년 〈빠담 빠담 빠담〉을 창단 공연으로 시작, 〈보물섬〉 (77), 〈백설공주〉(78), 〈프란다스의 개〉(78), 〈피터팬〉(79), 〈실수 연발〉(79), 〈지저스 크라이스트 슈퍼스타〉(80) 등의 대형 뮤지컬 가족 뮤지컬 등의 성공으로 본격적인 뮤지컬 시대를 열었다.

현대극장이 대형 뮤지컬, 가족 뮤지컬로 1970년대 말에서 1980년대 중반까지 왕성한 활동으로 뮤지컬의 토양을 다졌다면 중형무대 뮤지컬로 대중화라는 바람을 일으킨 것은 극단 광장(문석봉) 대중(조민) 민중(정진수) 세 극단이 1983년에 합동 공연한 〈아가씨와 건달들〉이었다.

이 공연은 초연부터 큰 호응을 일구어 한국인이 가장 많이 본 미국

뮤지컬이 되었다. 리바이벌 공연은 세 극단이 때로는 두 극단, 세 극단 모두 독자적으로 공연을 하기에 이른다. 〈아가씨와 건달들〉의 대성공은 세 극단으로 하여금 계속 제작 공연 할 수 있는 밑거름이 되기에 충분했다.

극단 민중은 1984년 〈카바레〉를 광장과 합동 공연을 폈고 1992년 〈노력하지 않고 출세하는 법〉을 공연했다. 극단 대중은 1989년 〈쉘부르의 우산〉, 1990년 〈캐츠〉, 1991〈넌센스〉를 공연하였다. 〈넌센스〉는 그 후 20여년간 계속 상연되었고 대표 조민이 작고하고도 연속 공연된 레퍼토리가 되었다.

극단 광장은 민중과 합동으로 〈카바레〉를 공연한 후 1987년 〈피핀〉, 1992년 〈코러스 라인〉,1993년 〈레미제라블〉을 공연했다.

〈아가씨와 건달들〉 이 붐을 형성할 때 88서울예술단이 뮤지컬 전문 단체로 변신, 창작 뮤지컬을 공연하기 시작하면서 뮤지컬시대에 불을 당겼다.

1987년 〈새불〉, 〈한강은 흐른다〉로 출범 1988년 〈지하철 연가〉, 〈아리랑 아리랑〉, 1989년〈아리송 하네요〉,〈주목 받고 싶은 인생〉, 1990년 〈백두산 신곡〉, 1993년 〈뜬쇠가 되어 돌아오다〉, 1994년〈성춘향〉, 1995년〈아틀란타스 2045〉, 1997년〈심청전〉 등 매년 두 세편의 공연을 해왔다.

1988년 뮤지컬 전용극장으로 출발한 롯데월드 예술극장도 전속단원을 확보하고 〈신비의 거울 속으로〉, 〈가스펠〉, 〈아가씨와 건달들〉, 〈웨스트 사이드 스토리〉, 〈돈키호테〉, 〈레미제라블〉 등 번역 뮤지컬을 꾸준히 공연해오다 재정적 이해타산으로 해체되고 말았다.

또한 1990년대에는 이종훈의 극단 맥토가 〈동숭동 연가〉〈번데기〉 등 우리 창작 뮤지컬을 만들어 관심을 모았고 극단 모시는 사람들도 〈블루 사이공〉등의 뮤지컬을 내 놓아 주목을 끌었다. 그리고 극단 학전은

1994년 락 뮤지컬 〈지하철 1호선〉 그리고 〈96, 지하철 1호선〉 〈99, 지하철 1호선〉으로 바꿔가면서 지금까지 공연하고 있다.

또 극단 신시는 극단 신시 뮤지컬 컴퍼니로 이름을 바꿔 1995년 〈웨스트 사이드 스토리〉,〈7인의 신부〉,〈그리스〉,〈사운드 오브 뮤직〉 등의 번역 뮤지컬로 많은 관중을 모았고 뮤지컬 프로덕션 에이콤은 윤호진 중심의 뮤지컬 전문단체로 출발 〈아가씨와 건달들〉에 이어 〈나도 스타가 될거야〉, 〈명성황후〉, 〈겨울 나그네〉 등을 공연하면서 국내 최고의 민간 뮤지컬 단체로 발돋움했다.

특히 1997년 8월 15일부터 24일까지 뉴욕 링컨센타에서는 국내 뮤지컬 사상 처음 〈명성황후〉로 본격 흥행을 한 공연 기록을 세웠다.

여기에 서울 뮤지컬 컴퍼니는 〈사랑은 비를 타고〉,〈쇼 코메디〉 등을 선보여 1990년대 뮤지컬 대중화에 한축을 담당했다.

뮤지컬단이 확대되면서 1991년에는 한국뮤지컬협회(회장 최창권)가 생기고 1993년에는 〈살짜기 옵서예〉가 공연되었고 10월 26일을 기념으로 '뮤지컬의 날'로 정하고 1995년부터는 한국 뮤지컬 대상을 만들어 시상하고 있다.

올해가 남해국제탈공연예술촌 개관 5주년이 된다. 이에 2층 전시관을 5주년 기념으로 한국에서는 처음으로 뮤지컬 특별전시실도 한국 연극전시대 옆에 만들게 되었다. 디자인은 최상태가 맡았으며 제5회 남해섬 공연 예술제(2012.7.7.~2012. 8.19)시작부터 계속 볼 수 있게 되었다.

영화는 감독예술이다

옛날에 아주 유명한 강도가 있었다. 그 강도가 어느 잘 산다고 생각되는 집엘 들어갔는데 안에서는 밤늦도록 잠을 못 이룬채 기막힌 얘기를 나누고 있었다. 강도가 자세히 들어보니 내일 아침 끼니가 없고 아이들 줄 여비도 없는데다 집은 곧 팔려버릴텐데 어디로 가야 되는 걸 걱정하고 있었다. 그러나 강도는 이왕 들어왔으니 집안을 모두 살펴보자고 잠들 때를 기다렸다. 모두 잠이 들자 강도는 뒤지기 시작했으나 하나도 가져갈 것이 없었다. 강도는 모두 살펴본 후 집을 나서려다 가만히 생각하니 어처구니가 없었다. 강도는 딴 곳에서 훔쳐온 돈뭉치를 다락 속에 밀어 넣고는 후다닥 밖으로 나왔다.

이튿날 아침 이 집 사람들이 다락을 열어보니 보지 못한 보따리가 있었다. 보따리를 푸는 순간 모두들 놀랠 수 밖에 없었다. 그것은 돈 보따리였다. 이 집 사람들은 하도 이상해 밖으로 나가보니 다락으로 통하는 창문이 깨져 있었다. 강도가 들었음을 의식하게 된 이 집 사람들은 강도도 강도짓만 하는 게 아니라 때에 따라서는 좋은 일도 하는구나 여기고 보따리를 놓고 간 강도를 은인으로 여기게 되었다.

이 이야기는 어느 영화나 소설의 줄거리가 아니다. 지금부터 40여년 전에 있었던 실화의 한 토막이다. 그 때의 그 집은 유명한 배우가 살던 집이고 그 집에 세든 사람은 전에 이 배우를 영화에 배우로 데뷔시킨 당시 이름이 있던 감독이다.

예전에는 영화를 하기도 어려웠지만 영화를 하는 사람의 생활이 얼마나 윤택하지 못했는가를 단적으로 증명하는 하나의 실례이다. 그러나 이즈음의 영화는 전에 비해 많은 변모를 가져왔고 또 생활도 그때처럼 어려운 생활을 하는 사람들이 많이 없어졌다. 이제 영화는 예술 가운데 가장 각광받는 직업으로까지 부상하게 되었다.

영화감독이 되는 길은 그리 평탄치가 않다. 옛날 현장교육으로 영화감독이 될 때보다 지금은 더 어려워진 감이 있다. 1960년대 이후에는 감독이 되는 길은 크게 두가지 길이 있었다. 하나는 대학 전공학과에 입학하여 지도교수나 선배들의 지도로 단편영화부터 차근히 배워가는 길이고 또 하나는 영화사에 들어가 허드레 일부터 시작해 스크립터(촬영기록자)를 거쳐 세컨드, 퍼스트 조감독까지 오르도록 훈련을 현장에서 터득해 나가는 방법이다.

1960년대 대학내 영상관련학과가 있는 곳은 서라벌예대, 중앙대, 동국대, 한양대 등 단 4곳뿐. 1980년대부터 부쩍 늘어 현재는 60여 대학으로 늘어났다. 한과에 30여명으로만 잡아도 1800여명, 그 중 10%가 감독지망생으로 보면 180명이 매년 나오고 있다. 여기에 감독 밑에서 조감독으로 수학하고 있는 숫자는 300여명인데 대학에서 전공한 사람도 요즘은 1/3을 차지한다. 대학에서 전공했거나 감독조수로 생활했거나 5년부터 10년을 견뎌내야 기회를 잡을 수 있는 것이다. 기회는 가르쳐 준 사람이 해결해 주는 것이 아니고 스스로 찾아 만들어야 한다. 따라서 광고영화나 텔레비전 PD로 방향을 전환하는 경우도 있다.

1990년대 후반엔 영화진흥공사에 영화아카데미가 만들어져 주로 감독과 촬영지망생을 선발, 현장실습 위주로 교육 데뷔의 폭이 넓어졌다.

그리고 1930년대 처음 유현목 위주로 동국대 내 영화동아리 활동은 제작비 감당의 어려움으로 확산되지 않았다. 그러나 1970년대 8mm, 16mm 단편영화 제작 붐이 형성되면서 1990년대엔 전국대학으로 확산되었다.

이와 같이 감독의 길은 넓어졌는데 감독에 대한 대우는 예나 지금이나 말이 아니다. 주연배우가 받는 액수에 비해 감독은 대략 그 1/5 정도에 그치고 있다는 점이다. 이중에서 조감독 수고료까지 담당하는 경우도 많다. 이에 제작기간이 길면 길수록 생활비에 못 미치는 경우로 변하기 일쑤이다. 그래서 최근엔 감독이 직접 제작사를 만드는 경우가 확산되었다. 감독의 길이 그만큼 더 확대되면서 어려움은 더욱 가중되었다. 영화가 발전하려면 주체인 감독을 대우해야 할 것이다. 영화는 감독주체의 예술이 아닌가?

유비쿼터스 시대의 공연예술

2010년대에 들어서 급격히 시공(時空)을 초월한 시대로 변하고 있다. 지하철이 서울에서 천안, 동두천, 이천 등에 까지 연결되거나 연결돼 가고 있고, 고속철은 전국을 일일권으로 만들었다. 구불구불한 도로는 직선으로 바뀌고, 4차선 도로는 8차선으로 바뀌어 가고 있다. 따라서 사람들은 도시집중에서 차츰 산 밑이나 바닷가로 옮겨가고 있다.

각종 정보 시스템도 정보화시대, 사이버시대, 속도화시대, 유비쿼터스(ubiquitous)시대에 발맞춰 급속히 변해 가고 있다. 이젠 어디서나 일할 수 있게 됐고, 거리나 지역에 관계없이 각종 예술도 즐길 수 있게 됐다.

이제 의사는 미국에 앉아있고 수술은 한국에서 행하는 경우도 있고 무인 정찰기가 수시로 변화하는 지구상의 모습을 촬영하고 있다. 서울이나 부산의 연극이나 무용, 음악, 뮤지컬을 자기 희망에 따라 광주, 대전, 목포, 경주, 한라산, 백두산에 앉아서도 영상을 통해 볼 수 있게 될 조짐이다.

영화는 영화관에서 보기보다 가정에서 보는 확률이 더 빠르게 확산되고 있다. 필름매체가 없어지고 전국은 물론, 지구촌 구석구석 어디서나 같은 시간대에 같은 영화를 볼 날도 머지않았다.

공연예술의 경우도 마찬가지가 된다. 극장공간에 앉아 보기보다는 각 가정이나 잔디밭이나 해변 등 어디서나 보고 감상할 수 있게 된다. 올해 일본에서 행해지는 음악회를 두 개의 서울극장에서 같은 시간에 영상으로 감상했다. 반값에 보는데 몇 시간 내에 표가 다 매진되는 진풍경이었다. 그러나 머지않은 장래에 관람료는 작품을 선정하고 나면 자동으로 자기 통장에서 빠져나가게 되고 작품은 수상기에 떠오르게 된다. 수상기도 아주 큰 것부터 손 안에 드는 작은 종류가 있어 선호에 따라 구하면 된다.

작품 감상도 혼자 할 수도 있지만, 동시에 많은 사람이 함께 볼 수도 있다. 수상기는 실제 공연보다 더 선명한 입체화면을 볼 수 있는 단계에 이르고 있으나, 앞으로는 공연장 좌석에 앉은 기분까지 만들어 주어 더 효과를 볼 수 있게 된다.

따라서 이런 세상이 오면 서울이나 부산에서 공연하는 셰익스피어극보다 런던에서 공연하는 로열 셰익스피어극단의 연극을 더 선호하게 된다. 유럽의 묵직한 공연물이나 미국의 가볍고 호화스런 무대공연이 우리에게 직접 전달되는데, 우리는 계속 유럽공연물이나 서양 뮤지컬만 선호해서야 되겠는가?

그것도 저작권법에 저촉받지 않으려고 유럽공연물은 대개 고전을 뻥튀기기식으로 변형, 상연하며 뮤지컬은 작품료, 작곡료 등을 모두 계산하고 사들여 공연하고 있다. 한국에 살면서 한국이야기를 잘 만들어 한국관객은 물론, 외국에서도 관람할 수 있도록 해야 할 때가 된 것이다.

중국이나 일본의 경우는 그들 나름의 전통공연물이 있어 그 자체만으로도 사이버시대, 유비쿼터스시대에 대응할 조건을 갖추고 있어 하루 빨리 오기만을 기다리고 있다. 그런데다 그네들은 현대물마저 고전양식을 도입한다든가 그들만의 독창적인 공연예술 만들기에 고심하고 있다. 전통물도 시대에 따라 점차 변해야하기 때문에 시대에 어울리게 자꾸 변혁시켜 왔고, 앞으로도 계속 수정해 갈 것으로 보인다.

그러나 우리의 경우는 어떠한가? 전통물의 변혁은 자체 내에서 절대 금기처럼 되어 있다. 과거부터 익혀온 그대로에서 변화시키는 것을 막고 있다. 특히 대다수의 전통극을 보면 극적인 요소가 미약, 볼거리의 부족임에도 변혁은 시키지 않고 있다. 예를 들어 창극의 경우, 극적요소는 거의 도창의 설명에 그치고 있다. 도창 부분의 내용을 극으로 만들어 넣으면 극이 살아날텐데 그것을 모두 그대로 창으로만 불러버린다. 전통무용이나 음악의 경우도 마찬가지다. 무용은 손가락 하나 고치지 않고 따라하게 하며, 소리는 보유자와 똑같이 부르기를 강요하고 있다.

우리나라는 크기에 비해 훌륭한 전통연희를 많이 보유하고 있다. 중국이나 일본은 현대물에서마저 고전양식을 도입한다든가 그들만이 해낼 수 있는 독특한 작품 만들기에 골몰하고 있다. 그러나 우리는 그것을 접목시켜보려거나 응용하려고 하는 층이 많지가 않다.

연극을 예로 들면 우리의 연극은 한국적인 연극, 전통의식이 배인 우리의 연극을 개발, 공연할 수 밖에 없는 것이 앞으로 우리의 과제인 것이다. '한국적', '전통적' 인 것을 연극이 받아들이게 될 때 앞으로 서양개념의 르네상스가 우리에게 불어 닥치게 되며 그 생명력을 부지할 수 있게 된다.

그럼 한국적인 공연예술의 개발은 어디에다 포커스를 맞추어야 할까? 그것은 불교, 유교, 도교, 무속 등과 전국에서 행해지고 있는 2천여의 축제에서 소재를 구하는 일도 중요하지만 이들 종교의례나 민속예능의 양식 등을 공연예술에 활용할 밖에 다른 길은 없는 것이다. 여기에 덧붙여 홀로그램의 기술을 적용한 공연예술을 만든다면 그 효과는 더욱 크리라고 본다.

남해국제탈공연예술촌과 극단신협전시관(금석마을회관), 원방각무대미술전시관은 유비쿼터스시대를 겨냥한 산물이 될 것이다.

4 도토리 나무는 참나무다

먹거리로서의 공기

우리들의 지혜로운 삶을 영위하기 위해서는 먹거리, 볼거리, 놀거리의 균형과 조화가 필요하다. 먹거리, 볼거리, 놀거리를 '삼거리' 라고 부른다. '삼거리' 라고 하니까 '천안삼거리', '남해삼거리' 를 상상할 수도 있으나 이 거리는 '인생삼거리' 를 말하는 것이다. 이쪽으로 할까, 저쪽으로 할까가 아니라 인생살이를 어떤 것부터 시작할까 이다.

전 세계의 기아가 5억인데 앞으로 13억으로 증가할 추세라고 한다. 생물의 삶의 기본은 먹이가 기본이며, 세계인구의 반수 이상이 '먹기 위해 산다' 고 생각하니 자연 '먹거리' 부터 시작해야 될 것 같다.

먹거리에는 많은 종류가 있으나 크게 나누면 '마실거리' 로 공기와 물이 있고 '들거리' 로서 식품이 있다. 공기, 물, 식품 가운데 어떤 것이 우리들과 더 밀접한가? 식사는 5일 먹지 않아도 살 수 있으나 물은 5일 안 마시면 살 수가 없고 공기는 5분만 안 마시면 살 수가 없다. 그러니 공기, 물, 그리고 식품의 순서로 먹거리를 살펴보기로 한다.

사람은 한 사람이 하루에 10~13입방미터(㎥)의 공기가 필요하다. 산림 1헥타(ha)에서 연간 16톤(t)의 탄산가스를 흡수하고 연간 44명의 사람이 필요한 12t의 산소를 배출한다.

공기는 이렇게 흔하기 때문에 귀한 줄 모른다. 공기는 우리에게 있어서 필수 불가결한 먹거리임에도 사람들은 알지 못하고 있는 실정이다. 그런데 이 먹거리에 비상이 걸렸다. 오래전 견해이지만 1992년 유엔발표로는 서울이 멕시코 다음으로 대기오염이 심각하다는 것이다. 말하자면 먼지구덩이에서 살고 있다고 해도 과언이 아니다.

난 서울에서 생활할 때 직업이 직업인만큼 흰 와이셔츠에 넥타이를 매고 다녔다. 아침에 깨끗한 와이셔츠를 입고 학교에 갔다 오후에 집에 돌아오면 와이셔츠 소매와 부리에 까맣게 먼지가 올라 있었다. 뿐만 아니라 머리가 멍하고 코가 시큰한 걸 느끼면서 출·퇴근하였다. 저녁에 샤워를 할 때 코를 풀면 까만 콧물이 나오곤 하였다. 그런데서 어떻게 살겠는가?

며칠이 되어도 해와 달, 그리고 별조차 보기 힘든 게 서울이다. 물론 세계의 큰 도시를 가보면 이런 현상은 한국만의 문제만은 아닌 것이다. 베이징이나 모스크바도 그렇다. 차와 공장에서 나오는 매연이 그렇게 만든 것이다. 우리는 한 사람이 하루에 1만 내지 1.3만 리터의 공기가 필요한데 탁한 공기를 안 마실 수 없는 현실이 안타깝기만 하다.

이를 탈피하려면 자동차나 공장에서 나오는 가스를 최대한 줄여야 하고 산림과 녹지의 보존이 필요하다. 계속 산이나 들에 나무를 심고 가꾸어야 하고 도시조경에 총력을 기울여야 한다. 아파트를 짓기 위해 울창한 나무 숲을 모두 베어 버리고 골프장 만든다고 야산이 깎이고 길을 넓힌다고 길섶의 나무를 모두 잘라 버린다. 이래서야 되겠는가?

복지국가일수록 50년 이상 된 나무는 자르지 않는다. 집을 짓거나 길을 낼 때도 나무를 피해서 나무에 지장이 없도록 한다. 그렇게 하므로 그네들 도시는 우리나라 도시처럼 오염되지 않았다.

먹거리에 비상이 걸려 오염이야기가 길어졌다. 공기가 귀중함을 알려면 공기가 부족한 곳을 상상해 볼 필요가 있다. 3,000미터 이상으로 올라가면 공기가 희박해지기 시작한다. 3,500, 4,000, 5,000 미터, 자꾸 오를수록 공기는 더욱 희박하고 인간은 참기 어려운 지경에 이른다. 머리가 아파오고 다리를 옮길 수 없을 정도로 바뀐다. 점차 머리는 도저히 견딜 수 없을 정도가 된다. 참을 수 없을 지경에 공기통을 빨아 마시면 그렇게 아프던 머리는 원상복귀되고 공기가 얼마나 중요한가를 스스로 깨우치게 된다.

이렇게 귀중한 공기, 이 공기를 어떻게 마셔야 효과적일까? 우리 몸은 지(地), 수(水), 화(火), 풍(風)의 4대 기본요소로 구성되어 있으며 색(色), 수(受), 상(相), 행(行), 식(識)의 오온이 임시로 결합되어 있어 영원불멸한 것이 아니다.

호흡을 어떻게 하여야 공기를 마시는 데 효과적인가? 가장 공기가 맑은 곳은 아무래도 나무 옆이다. 특히 남해의 경우는 편백나무 숲이 좋을 것이다. 그 곳에서 쉬는 것이 효과적이다. 쉴 휴(休)자는 글자 그대로 나무 옆에 섰거나 앉거나이다.

앉을 경우는 바르게 가부좌를 하고 앉아 매일 30분씩 숨쉬기만 하여도 정신과 오장육부가 튼튼해 진다. 호흡은 짧게 코로 들여 마시고 깊이 배꼽 밑 5센티 지점까지 내린 다음 잠깐 멈췄다가 입으로 내뱉되 반만 내 뱉으면 더욱 좋다. 이것을 '단전호흡법'이라고 하는데 가장 좋은 호흡법으로 알려져 있다.

단, 내뱉을 때 아래 표와 같이 소리를 자기 귀로 듣지 못하도록 그때그때 각 장의 부위에 주의를 집중하고 소리를 내면 그 장이 튼튼해진다.

1. 혜 = 폐장의 소리
2. 하 = 심장의 소리
3. 허 = 간장의 소리
4. 호 = 비장의 소리
5. 취 = 신장의 소리
6. 히 = 삼초의 소리

※ 평상시 이 소리를 큰 소리로 내어 웃으면 각 장의 건강에 더욱 효과를 본다.(김흥우의 『배우술 핸드북』참조)

어느 정도 훈련이 되면 어딜 걷거나 앉아 있거나 할 때도 같은 호흡법으로 발전, 일반호흡법으로 화하게 된다. 맑은 공기에 깨끗한 음료수를 이용하고 좋은 음식을 든다면 공기를 효과적으로 마신 덕분에 빨리 노쇄하지 않고 온갖 병마에서 벗어날 수 있는 것이다.

물을 기도의 정신으로 가꾸자

먹거리의 삼거리 공기, 물, 식품 중 두 번째 이야기는 물이다. 물은 우리에게 있어서 금보다 더 값진 것이다. 우리 몸의 70%가 물로 구성되어 있고 마을, 도시, 도계, 국경이 물로 인해 구획되었으며 세계문명도 강을 중심으로 발전된 것을 보면 물처럼 우리들과 관련이 깊은 게 없다.

이렇게 귀히 여겨야 할 물, 그 물은 인간이 어떻게 하던 잘 견디고 따라 적응한다. 예를 들어 물을 세모꼴에 넣으면 세모꼴로 들어 앉고 둥근 곳에 쏟으면 둥근꼴이 되며 쏟으면 쏟아지고 넣으면 어느 곳이던 들어간다. 그래서 사람들은 "물처럼 살라"고 말하는 이도 있다.

무엇이나 적응 잘하는 게 물인 까닭에 인간은 물을 귀히 여기지 않고 학대하여 물을 망치고 있다. 6.25전만 해도 서울 청계천은 글자 그대로 맑은 물이 흐르던 곳이다. 그곳에서 아이들은 송사리를 잡고 부녀자들은 빨래를 하던 곳이다. 그러나 그후 청계천은 똥개천이 되었다.

2002년 서울시장 선거에서 이명박이 서울시장이 되었다. 그때 서울의 젖줄기인 청계천을 복원시키겠다는 것이 이 후보의 선거공약이었는데 많은 사람이 이에 호응한 것이다. 물을 잘 다스리겠다는 것이 그의 꿈이었는데 물에게 정성을 들여 서울시장이 된 것이다. 그후 시장은 여세를 몰아 대통령에 출마했는데 다시 대통령에도 당선되었다.

나무는 정성들여 가꾸면 보답을 주듯이 정성들여 물길을 열어주니 사람들의 마음을 움직인 것이다. 우리 어머님께서 정안수를 떠놓고 비는 집안에 그릇된 아이가 나온 집안이 있던가? 부처님 전에 올리는 물도 기독교에서 성수로서 세례를 내리는 것도, 물의 선택과 올리는 정성이 깃든 것이다.

약사여래를 모신 절에는 반드시 약수가 있어 그 약수를 마신다. 이 물로 병치료가 되었다는 것을 종종 듣는다. 돌틈에서 나오는 물(석간수)이 감로수인 것이다. 감로수는 병의 치료와 예방에 효능이 있다고 알려져 있다.

물 한잔 먹는 데도 남에게 주는 데도 정성이 들어가야만 한다. 장수하는 집은 좋은 물이 있는 곳이다. 예전엔 머리맡에 물한그릇을 놓고 자면 좋은 기를 받는다며 사람들은 정성들여 매일 시행했다. 그런데 머지않아 인류는 비가 너무 많이 오거나 너무 안 와서 어렵게 될 징조가 세계 도처에 보이기 시작했다.

흔하다고 정성들이지 않아 좋지 않은 물이 되었다. 좋지 않은 물은 사람 몸에 해를 끼칠 뿐만 아니라 기형아를 출산하고 암에 걸리는 경우가 발생 할 수 있다. 물은 우리의 일상생활은 물론 식량, 농업, 공업, 전력생산 및 교통에 까지 필수조건이다. 쌀 1톤(t)생산에 물 14만톤이 요구된다. 하루 1인당 2리터(ℓ)내지 2.4ℓ 의 물을 마셔야 하는데, 반드시 깨끗한 물이나 육각수를 이용해야 좋다. 그런데 지구는 인구증가와 산업발전으로 현재의 1.4배의 물이 요구될 것으로 예측된다.

앞으로 물 전쟁이 발생할 가능성도 높아졌다. 원인은 흔하다고 흥청망청 사용하고 제멋대로의 생활이 그렇게 만들었다. 기도의 정신을 잃어가는 것도 원인 중 하나일 수도 있다.

연극인들은 연극공연 전, 영화인들은 촬영에 들기 전 반드시 고사를 빼놓지 않았다. 이는 다른 직종도 매한가지였다. 1960년대 까지만 해도 흔히 볼 수 있는 풍경이었다. 아니, 고사를 안 지낼 때라도 꼭 맑은 물

한 그릇을 떠 놓는 걸 잊지 않았다. 그런데 요즘은 그런 풍속도 없어지다 싶이 되었다. 독(술)도 적당하면 약이 된다고 했다. 연극, 영화인들은 독물을 적당히 절제 흡수해야 되는데 예전보다 더 드는 것 같다. 독보다 물에 신경을 써야 한다. 그리고 물의 원리를 세상살이에 응용해야 한다.

물은 목이 쉬는 것을 막기도 하고 우리들의 에너지를 강화시키는데 효능이 있다. 무대 위에 올라서는 배우나 무용수, 가수가 꽉 차 보이는 경우가 있다. 물을 즐겨 드는 사람의 경우 그렇게 나타난다. 연출가나 안무가는 물 담을 그릇을 잘 선택해야 한다.

청계천이 복원되고 물은 비가 많이 오나 적게 오나 관계없이 줄기차게 흐르고 있다. 똥개천이던 곳이 그 이름 그대로 청계천이 되어 흐르고 있다. 밤낮없이 흐르는 물가에는 사랑하는 사람들이 산책하고 인적이 드물 때는 두루미, 물총새등도 모여들어 매무새를 자랑하고 있다. 붕어들도 무리지어 활보하게 된 것이다.

청계천 언저리엔 극장도 만들어지고 놀이와 축제공간도 조성되었다. 결국 인간은 물 때문에 모여들기 시작했고 물에 정성들여야 성공할 수 있다는 모범을 보여준 것이다. 기도의 정신으로 매일 새벽공부에 감로수나 육각수를 한 대접씩 마시자. 그럼 일이 잘 풀리고 건강한 몸이 될 테니까.

공기와 물의 질이 식품의 척도가 된다.

먹거리를 이야기 하자니 옛날이 생각난다. 1950년대 후반 봄학기 초 · 중 · 고등학교뿐 아니라 각 가정마다 '쥐잡기 운동'이 펼쳐지고 있을 때다. 학교에서 쥐를 잡아오라는 과제가 떨어졌다. 그리고 국어시간에 '쥐' 에 대해 글짓기 숙제도 부가되었다. 그때는 먹고 살기도 어려운 때라 모두들 고양이나 개를 키우는 일은 생각지도 못할 때이니 쥐가 많을 수 밖에...

한 학기동안 쥐 10마리이상 잡아오기였다. 쥐꼬리를 잘라 제출하기였다. 시간이 흐르면서 한두마리 꼬리를 내는 친구가 있는가 하면 어떤 친구는 무 꼬리에 검정색을 발라 내다 회초리를 맞기도 하고 돈을 주고 사다가 내기도 하는 등 별별 일이 다 많을 때 였다.

나는 쥐틀과 쥐창을 사서 북어대가리를 잘라 매달아 놓으니 한 마리를 잡은 후 잡히질 않았다. 생각던 끝에 냇가에 가서 개구리를 잡아다 구어서 매달았는데 냄새 때문인지 매일 밤 한두 마리씩 잡게 되었다. 잡은 쥐꼬리를 자르고 죽이기는 참 어려웠다. 고심 끝에 난 독을 하나 비워서 꼬리만 자르고 그곳에 넣기로 했다. 한 마리, 두 마리, 자꾸 넣었다. 그런데 10여 마리 넣었을까 쥐가 쥐를 잡아먹는 광경을 목격하게 되었다. 잡아먹고 또 잡아먹고 하더니 나중에는 한 마리만 남았다. 그 사이 그 쥐 한 마리는 살이 진 강한 쥐가 되었다.

그 쥐를 내 놓으니 집 안팎에 있는 쥐는 모두 잡아 먹었다. 그리고 옆집으로, 마을로 다니며 계속 쥐를 잡아먹어 마을에 쥐가 없어지고 말았다.

난 글짓기 숙제를 이 '쥐잡는 쥐' 에 대해 써냈다. 교장선생으로부터 표창장을 받았고 그 후 교지에도 실는 영광을 차지했다. 워낙 어려운 시절이었기에 난 짐승잡는 일, 버섯따는 일, 나물뜯는 일에는 도가 터가고 있었다. 짐승들은 먹이가 사슬이라고 생각하고 개구리를 잡아 여러개의 통에 놋끈으로 묶어 통안에 매달았다. 그리고 냇가 아래쪽부터 위로 오르면서 웅덩이에 하나씩 놓고 30여분이 지나 다시 아래에서부터 위로 오르면서 통을 드니 가재들이 잔뜩 매달려 있었다. 주변 바위 속에 있던

가재들까지 모두 나와 개구리밥에 매달려 있었다.

그렇게 하여 냇가에 있는 가재들을 일주일에 한 자루씩 잡게 되니 고기라야 몇 달에 한 점정도 먹을 때 얼마나 기뻤겠는가. 가재탕에, 구워 먹기도 하고 집안 식구들은 모두 기뻐 어쩔 바를 몰라했다.

이렇게 동물은 먹이를 이용하면 무엇이든 낚을 수 있다는 걸 터득할 수 있었다. 뱀은 막걸리, 다람쥐는 사과 등, 짐승들의 기호식품을 활용하면 기대치 이상의 수확이 가능하다.

식량은 현재 100여개국이 수입에 의존하고 있다. 선진국에서는 과식으로 질병이 만연되어 있다. 일종 문화병인 심장병, 당뇨병, 고혈압 및 충치가 급증하고 후진국에서는 비타민 결핍으로 약 10만명의 10세 이하 어린이가 실명위기에 있다. 특히 이디오피아, 소말리아, 폴란드, 우간다, 잠비아, 인도, 방글라데시등의 나라는 기상이변과 흉작으로 기아상태에 있다. 기아 인구 5억이 앞으로 13억으로 증가 될 추세다.

인구억제에 투자하는 5달러는 경제성장에 투자하는 100달러에 해당한다고 학자들은 주장한다. 식량증산은 산수급수적이나 인구증가는 기하급수적이라고 말한 말더스의 이론이 적중한 셈이다. 아놀드 토인비는 세계인류의 목표는 최대인구가 아니라 최대 복지에 있다고 했다.

미국 국립 과학원의 「식품과 암 관련성 규명에 관한 보고」로는 식생활 개선을 촉구하면서 암세포가 좋아하는 식품으로 지방분이 많은 고기류, 버터, 밀크, 햄, 소시지, 베이컨, 염장육, 훈증육, 술, 정제된 설탕, 적색육류 및 탄고기 등을 든다. 반면 암세포가 싫어하는 식품으로는 비타민 C, 베타카로틴, 비타민 A가 많은 신선한 채소류, 과실류, 곡식 및 대두와 생선, 닭, 식물성 기름, 자연산 향료등과 특히 컬리플라워, 꽃양배추, 밀감류, 토마토, 후추, 당근, 시금치 및 부로콜리 등이라 했다.

우리나라도 먹고 살만 하니까 먹거리를 기르고 수확하는 일을 포기하거나 이득이 될만한 것에만 몰두하는데 별안간 닥칠 재앙도 고려해야 한다. 예를 들어 비가 3년 동안 오지 않는다든가. 비가 너무 와서 논과 밭이 물논,밭이 되는 경우도 생각해 둬야 한다.

물은 유한한 자원이며 삼림은 우리의 삶을 영위하기 위한 공기를 만들어 내는 것이다. 산을 잘 가꾸고 물을 잘 다스렸을 때 우리들의 먹거리 식량도 부족함이 없게 되는 것이다. 1950년대로 돌아가지 않도록 할 때가 바로 지금이라고 생각한다.

가을 단풍과 문화의 꽃

가을이 되면 매년 나뭇잎이 물들거나 떨어지기 시작한다. 이때만 되면 도시나 농어촌 사람들은 모두 그해에 이루지 못한 것을 조금이라도 더 채워 한 해의 성과를 올리려고 안간힘을 쓰게 된다.

나이 어린 초등학생부터 대학생들 까지도 한 해의 총결산을 하기 위해 그 어느때 보다도 분주하다.

내가 대학에 재직할 때가 생각난다. 가을철이면 분주하던 졸업반 학생들의 모습이다. 그들은 나뭇가지 끝에 매달린 나무잎새처럼 물들어 가는 모습이었다. 빨갛게 달아오른 녀석이 있는가 하면 노랗게 뜬 녀석도 있고 파랗게 질린 녀석이 있는가하면 음팍 상한 갈색의 떡잎도 눈에 띄곤 했다. 나무들이 월동준비로 몸부림 칠 때 이들은 눈코 뜰새없이 에너지를 발산한 까닭이리라.

나뭇잎이 물들어 떨어지는 까닭은 나뭇잎과 가지 사이의 잎이 바람에 쉽게 떨어질 수 있도록 하는 떨거층이 형성되기 때문이다. 떨거층이 형성되면 나뭇잎은 햇볕을 받아 만들어 낸 녹말(탄수화물)을 떨켜층 때문에 줄기로 보내지 못하고 나뭇잎 안에 계속 갖고 있게 된다는 것이다.

이것이 계속되면 잎안에 녹말이 쌓이게 되고 결국 이로 인하여 엽록소는 파괴되고 대신 엽록소 때문에 보이지 않던 카로틴 크산토필과 같은 색소가 나타나 나뭇잎이 노랗게 보이게 되거나 혹은 안토시아닌이라는 색소가 형성되어 색이 붉게 보이는 것이다.

졸업반 학생들의 색깔도 마찬가지여서 사람에 따라 다르게 나타나지만 붉은색, 노란색, 파란색이 가장 많고 이 세가지 색깔이 섞인 색깔도 더러 있어 아주 많은 색깔이 있는 것 처럼 보인다. 단풍의 아름다움을 결정하는 환경적인 인자는 온도, 햇빛, 그리고 수분의 공급이다.

우선 낮과 밤의 온도차가 커야 하나 영하로 내려가면 안되고 하늘은 청명하고 일사량이 많아야 한다. 특히 붉은 색의 안토시아닌은 영하로 내려가지 않는 범위에서 온도가 서서히 내려가면서 햇빛이 좋을 때 가장 색채가 좋다.

너무 건조하지도 않은 알맞은 습도를 유지해야 아름다운 단풍을 볼 수 있는 것이다. 추워져서 비가 오는 날씨에는 잎새가 충분히 물들기 전에 떨어지고 너무 건조한 경우 단풍을 보기 어렵다. 이때쯤이면 남해의 보물섬 들녘에는 벼를 베는 손길이 바빠지고 겨울 시금치와 마늘을 심느라고 온갖 식구들이 동원되고 있다.

한편 대학의 졸업반 학생들도 바쁘기 그지 없다. 문예창작과 학생들은 일주일에 며칠씩 밤을 새며 작품창작에 몰두하고 미술학과생들은 캔파스위에 도색하기에 밤을 지새운다. 연극학과 무용학과 음악과 학생들은 그동안 익혀 온 다양한 분야를 총체적으로 연습하기에 밤늦도록 매진한다. 영화나 영상전공 학생들은 시나리오, 콘티, 촬영을 끝내고 밤을 지새며 편집에 열심이다.

이들을 대낮에 볼라치면 꼭 가을철과 초겨울의 잎새와 같아서 졸업 환경의 인자들이 서로 어찌 작용하느냐에 따라 결과가 달라지는 것 처럼 보인다. 우리나라는 조건에 맞는 날씨를 가지고 있어 단풍이 아름답다. 우리의 대학들도 좋은 환경과 훌륭한 조건이 갖추어져 있다. 전통에 빛나는 발표회라야 관심을 모으고 졸업발표 결과가 좋아야 유명한 학과, 유명한 예술가의 길이 열리는 것이다.

그렇게 아름답고 빛나던 단풍은 언젠가는 스러져 없어지지만 졸업작품은 날이 갈수록 찬연한 빛을 발할 수도 있다. 나무가 온도, 햇빛, 수분의 3대 공급을 적절히 배분하여 아름다운 꽃을 피우고 곱게 단장, 물들어 찬연한 단풍을 만들듯 우리들의 농사나 졸업발표회도 소재와 재질, 그리고 솜씨가 필요한 것이다.

아름다운 단풍에는 많은 구경꾼들이 모여든다. 훌륭한 작품에도 관람객이 찾아든다. 찬연한 단풍은 시간이 흐르면 스러져 이듬해 새싹을 솟게 하는 비료로 화하고 아름다운 꽃을 피운다. 올가을 어떤 졸업 발표회라도 좋으니 한번씩만 찾아준다면 2000년대는 분명 문화강국이 될 수 있을 것이다.

104년만의 가뭄 충격

경기도 양주에서 밭농사를 짓고 있는 K씨는 요즘 감자, 고구마 줄기가 말라들어 조금이라도 건지려고 흙을 헤치니 감자, 고구마가 자라질 않아 울상이다. 충청도 청양에 사는 L씨는 고추농사에 작년부터 맥문동을 키우기 시작했는데 고춧대는 자라다 말라 비틀어졌고 맥문동도 잎의 색이 변하더니 땅바닥에 늘어져 버렸다는 것. 그리고 조금 있는 논은 바닥이 쩍쩍 갈라져 자라지도 못한 채 벼는 죽어가고 있다고 걱정이다.

경기도 화성에 사는 H씨는 정년퇴임하고 귀농, 배나무와 사과나무를 가꾸어왔는데 열매는 맺었으나 자라지 않고 병들기 시작, 복숭아부터 떨어지기 시작하더니 배, 사과도 떨어지고, 이젠 잎마저 말라간다고 끌탕이다.

104년만에 중부지방에 몰아닥친 가뭄이란다. 1978년 석달 넘게 비가 안와 모내기도 못하고 일궈놓은 보리는 이삭이 피자 마자 말라 비틀어져 고충을 겪었는데 그것은 새발에 피. 그때는 곧 비가 와서 수확이 늦어지긴 했으나 올해처럼 걱정들은 덜했다.

저수지는 바닥이 갈라지고 높은 지역은 물이 없어 소방차가 식수를 날라다 주고 군용트럭까지 동원, 밭과 논에 물을 뿌려주지만 기온이 높아 물을 주어도 주어도 한이 없는 사태이다.

중국의 경우, 은나라 탕왕 때 7년이나 가뭄이 이어지자 신하들이 나서서 생사람을 잡아 제물로 바쳐서라도 기우제를 지내야 되겠다고 왕에게 간청하니 왕은 "백성을 위한 일인데 백성을 희생시킬 수는 없다"고 하고 자신이 목욕재계하고 논두렁에 나가서서 하늘을 향해 제사하니 제가 끝나기도 전에 탕왕의 절실한 기도정신과 마음을 이해라도 한 듯, 비가 오기 시작했다고 한다.

우리나라에도 그런 풍속은 있다. 하지가 지나서도 비가 안오면 모내기를 할 수 없게 되고 밭곡식이 메마르면 비를 내려달라고 하늘에 제사를 지냈다. 이름하여 '기우제' 가 그것이다.

이는 나라에서나 각 고을, 또는 각 마을에서 행해졌는데 그때마다 제주는 왕이나 지방 관원, 마을 이장이 맡았다. 이런 '기우제' 는 농경생활을 하던 고대로부터 유래되었다. 농경은 자연현상의 영향을 받는 것으로 상대 인들은 가뭄이 오면 그러한 자연의 재앙을 모면하기 위하여 자연의 신에게 기원하는 풍습을 가지게 되었다.

성연(成硯,1439~1504)의 『용재총화』에는 그 거행장소에 따라 12차의 순서로 되어 있다. 요즘도 비가 오지 않아 가뭄이 시작되면 각 농촌에서는 '기우제'를 지내거나 '굿'을 하게 된다.

'기우제'는 각 지역에 따라 좀 다르지만 부락민이 모여 각 부락별로 농악두레를 조직하고 번갈아가며 농악을 울리며 놀면서 못의 물을 퍼내는 경우도 있고 제 치르기 3일전 부락의 각 집마다 대문에 금줄을 내리고 금줄에 솔잎을 매단다. 그리고 대문 앞에는 양측으로 한쪽에 세 무더기 황토를 놓고 부정한 사람의 접근을 막았다. 그리고 때에 따라서는 가장 높은 산, 용이 승천한 개울에서 물을 병에 담아와 솔잎으로 마개를 하여 거꾸로 대문 기둥에 매어다는 경우도 있다.

또 지역에 따라서는 생닭이나 개를 잡아 그 피를 뿌리는 때도 있었다. 제사는 형태에 따라 산상에서 봉화불을 밝히고 하거나 냇가 큰 바위 밑에서 하는 경우, 또는 선산의 묘를 파헤쳐놓고 하는 형태까지 다양하였다.

오죽 답답하고 절실하면 '기우제'를 지낼까 생각하면 '하지 말기'보다는 '하는 게 낫다'고 본다. 지금 우리나라 중부지방엔 장마전선이 6월말에나 밀고 올라간다고 한다. 단오날 남해안에는 5미리가 왔다. 104년만의 가뭄이라는 사실이 남의 얘기가 아니라 우리의 얘기다. 전라남도, 경상도, 제주도에 극심한 가뭄이 안 왔다고 남몰라라 해서는 안된다.

북쪽에서는 몽골의 사막화가 중국을 거쳐 북한을 향해 남쪽으로 내려오고 있다. 남북극의 빙벽이 자꾸 녹아내리고 있어 우리나라의 4계절은 2계절로 변해 겨울과 여름만 분명해지고 있다.

비는 왔다 하면 집중호우에 산사태, 도시를 물바다로 만들고 있다. 가뭄 없는 남해섬 사람들이라고 물을 물쓰듯 쓰면 안된다. 역사적으로 물을 잘 다스린 민족이 일찍 문명이 발전했다. 물을 아껴쓰는 습관을 기르고 가둬둘 장소를 마련해야 한다. 우물을 바다보다 깊이 파 놓아야 하며 남해섬 둘레에 해저터널을 빵 돌려 파서 흐르는 냇물을 가둘 탱크터

널을 만들면 어떨까?

바닷물을 희석시켜 식수와 농업용수로 사용하는 것은 너무 앞질러가는 생각일까? 104년만의 가뭄은 예고하고 왔나? 군민 모두 아름다운 남해섬을 연구해야 할 과제이다.

악질 지서주임

오래된 이야기다. 9 · 28서울수복이 되고 사회가 혼란할 즈음이었다고 기억된다. 내가 살던 서울 우이동에는 지 · 파출소가 없었고 지금 수유리(화계사 입구, 무네미라 칭함)3거리에 하나가 있어서 수유리 일대와 우이동 전체를 모두 관장하고 있을 때였다. 이때는 우이동에서 서울 시내를 통학하자면 의정부에서 종로 5가까지 다니는 시외버스 밖에 이용할 차가 없을 그런 시기였다.

따라서 버스를 타자면 우이동 골짜기 손병희 선생 묘소 옆에서 수유리 버스정류장까지 걸어야만 되었었다. 이렇게 넓은 지역을 관장할 경위계급의 젊은 지서주임이 새로 부임해 왔던 것이다. 이때만 해도 우이동 골짜기엔 아직 공비들이 있어서 우리 집의 경우만 해도 낮에는 집에서 살다가 날이 어둑어둑해지기 시작하면 집을 비워둔 채 아랫마을에서 잠을 자는 일을 반복하던 그런 때였던 것이다.

지서주임이 부임한지 얼마 안 돼 서너 명의 무장공비가 나타났다는 소식이 전해지자 온 동네사람들은 모두 숨기에 바빴다. 그런데 언제, 어디서 나타났는지 이 지서주임이 순경 한 명을 대동하고 와서 그들을 일격에 격퇴, 사살하였다. 그 후 이 지서주임은 오랫동안 주민들에게 용맹스럽고 정의로운 주임으로 여겨졌다.

그러나 그런 어느 날 부터, 그는 동리에서 악질 지서주임이라는 소문이 꼬리에 꼬리를 물고 나기 시작했다. 공비들의 등쌀과 위협에 밥을 지어줘야 했던 이들도 있었고 낱알을 제공하는가 하면 날라다 주는 일도 있었다. 암암리에 이런 사실들을 수소문해 두었던 지서주임은 어느 해인가 한명씩 불러다가 문초와 고문을 하였다. 그 통에 선량한 동민들은 공비에 당해 몸살을 앓은 것만으로도 분개할 일인데도 지서주임한테 당하여야 하는 이중의 고통을 겪어야만 했다. 또 다시 마을에는 다른 이야기가 나돌고 있었다. 지서에만 갔다 오면 입을 닫아서 말이 없는 듯 보였으나 귓속말로 수근 대는 통에 우이동 전체가 소문으로 무성했다.

지서에 가서 두발로 나오려거든 지서주임의 주머니에 돈을 넣어주어야 한다는 것이다. 그래서 어떤 사람들은 집이니 땅을 팔아 그에게 갖다 바치거나 이왕 판 김에 동리를 떠나는 경우도 있었다. 돈이면 다 통하는 세상이 돼 버린 것이다. 그래서 그때는 지서에서 부르게 되면 으레 돈을 마련해 가지고 가는 게 습관화 되었고 만약 그냥 갔을 땐 정강이라도 얻어맞고 나오는 일이 만연돼 있었다.

그런데 어찌된 일일까? 내가 강북 별동에 친구들과 미꾸라지 잡으러 갔던 추운 겨울, 집에 당도하니 아버지께서 불려 가시게 되었다고 어머니께서는 부들부들 떨고 계셨다. 나는 그 얘길 듣는 순간 문을 박차고 나가 5리나 되는 길을 한 번도 쉬지 않고 내달았다. 막 지서에 도착하니 안에서 왁자지껄 떠드는 소리가 들렸다. 나는 주저 없이 문을 확 열었다. 문을 여는 순간, 자지러질 뻔했다. 초등학교 3학년 담임선생이 얼굴에 피가 난자한 채 고문을 당하고 있었던 것이다.

내가 막 문을 들어서려는데 한 순경이 앞으로 나서며 귀띔해 줬다. "너희 아버지는 집으로 가셨다"라고. 난 더 보고 있을 수도 물어 볼 수도 없었다. 그 곳을 빠져나와 집을 향해 다시 오던 길을 달리고 있었다.

나중에 들은 얘기지만 그 선생님은 그날 밤, 북의 군대앞잡이 노릇을 했다는 이유로 총살을 당했다는 소문이 돌았다. 그 후 난 오늘날까지 남북문제가 나오면 수유파출소 악질지서주임과 마지막 본 그 자상하던 선생님의 모습을 그리게 된다.

도토리나무는 참나무다.

원로목수가 큰 재목을 구하기 위해 제자들을 거느리고 제나라에 도착했다. 그런데 그곳에 당도하자 큰 도토리나무 한그루를 발견했다. 둘레가 두어 아름, 높이가 80여척으로 하늘을 가릴 정도였다. 원로목수는 본체도 않고 지나치는 거였다. 이에 제자들이 생전 처음 보는 좋은 재목인데 더구나 배하나를 만들 가지만도 수십개가 되는데 왜 거들떠 보시지 않느냐고 물었다. 그러자 노목수는 거침없이 대답했다. "저 나무는 재목으로는 쓸모가 없네. 배를 만들면 물을 먹어 갈아 앉고, 기둥을 만들면 약해서 휘어진다. 관을 만들면 쉽게 썩고, 자루를 만들면 부러진다네. 쓸모가 없기에 저렇게 거목이 되도록 장수할 수 있었던 것이라네."

중국의 장자(莊子)는 이 이야기를 들어 사람들을 가르치고 있었다. 즉 "사람도 도토리나무처럼 적당한 쓸모가 있어야 크고 또 장수할 수 있는 법이다. 재기가 넘쳐 쓸모가 많으면 일찍 잘림을 당한다네."라고 가르쳤던 것이다.

예나 지금이나 우리나라 사람들은 '빨리 빨리' 서두른다. 그 바람에 빼어난 사람은 일찍 뽑혀 간다. 그러나 뽑혀간 젊은 이가 오래가지 못하고 퇴출당하기 일수다.

도토리나무는 예전 태평성대 때는 돌보지 않았고 가물거나 난리가 있을 때면 이것에 매달렸다. 도토리로 끼니를 채울 수 있었기 때문이다. 예전엔 고을수령이 부임하면 도토리나무를 심어 굶주림에 대비하는 관습이 마련되었다. 우리나라 산야에 가장 많은 수종이 도토리나무인 것도 그 때문이다. 이 시대엔 도토리나무에 관심이 없다. 땔감도 먹을 것도 풍족하기 때문이다.

도토리나무는 떡갈나무, 상수리나무, 참나무, 신갈나무, 갈참나무, 졸참나무 등 많은 이름을 가지고 있다. 이중 떡갈나무, 참나무로 가장 많이 불리운다. 떡갈이란 잎이 두텁기 때문에 생긴 이름이고 참나무란 속명의 퀘르쿠스란 켈트말의 '좋은 목재' 란 뜻에서 시체말로 '진짜 나무' → '참나무' 가 된 것이다.

도토리나무는 이름이 여럿이듯 그 종류도 250여종이나 된다. 북반구의 온대 · 난대 · 아열대에 걸쳐 퍼져 있는데 우리나라에는 13종의 나무 중 신갈나무가 주종을 이루고 있다.

도토리나무는 버릴 것이 없다. 나무껍질은 타닌함량이 많아 바닷가에서는 어망을 물들이는데 쓰고 나무는 매우 단단해 쓸모가 많아 곧은 것은 재목과 술통을 만드는데 쓰며 2미터씩 껍질까지 잘라 버섯재배에도 사용한다. 특히 떡갈나무잎은 크고 두껍고 향기가 있어 떡을 찔 때 사용해 왔으나 일본에서는 떡을 싸는데 쓰고 있어 수출종목이 되고 있다.

도토리는 멧돼지, 곰 같은 산짐승의 좋은 먹이감이지만 사람들이 채취하여 다양한 음식을 만들어 낸다. 도토리 껍질을 벗겨 말린 다음 절구에 빻아 물에 오래 담가 떫은 맛을 뺀다. 이때 떫은 맛이 빠지면 윗물은 따라내고 가라앉은 앙금을 걷어내 말린다. 도토리가루와 물을 1:3 비율로 섞어 끓이면 엉키게 되는데 이를 식히면 '도토리묵' 이 된다. 도토리가루로 죽을 쑤면 '도토리죽' , 그 가루로 떡을 만들면 '도토리떡' , 밀가루와 섞으면 ' 도토리국수 ', 꿀에 재면 ' 도토리다식 '이 되는 것이다.

6.25때는 너나 할 것 없이 모두 어려웠다. 더구나 전쟁 중이라 쌀을 구할 수도 없었다. 그렇다고 굶을 수도 없고 모두들 산으로 올라가 도토리를 줍거나 따오는 것이 유일한 생활수단이었다. 들에 있는 쑥, 아카시아 잎까지 훑어 죽을 쑤어 먹었고 산에서 따온 도토리는 껍질을 깨서 찧어서 보리쌀이나 밀가루를 조금 섞어 먹는 떡버무리로 끼니를 때웠다. 땔감이 없어 산에는 가랑잎은 고사하고 산가지까지 잘라 땔 수밖에 없는 지경이었다.

속담엔 "마음이 맞으면 도토리 한 알을 가지고도 시장을 멈춘다."라는 말이 있었다. 이는 아무리 가난해도 서로 마음이 맞으면 모든 역경을 잘 극복할 수 있다는 말이다. 여기서 도토리는 아주 조그마한 것이라는 뜻이다. "개밥에 도토리"라는 속담은 서로 떨어져서 어울리지 못하는 사람을 이른다. 개는 도토리를 먹지 않기 때문에 밥 속에 도토리가 들어가도 남기므로 생긴 속담이다.

"도토리 키재기"라는 속담도 있다. 하잘 것 없는 재주를 가지고 서로 낫다고 다투는 것을 비유한 것이다. 도토리와 관계가 없으면서 그 나무에 자생하는 '겨우살이'란 것이 있다. 도토리나무의 낙엽이 지고 겨울이 되면서 가지사이에서 움솟는 '겨우살이'는 도토리나무가 새순이 돋을 때까지 크는데 이를 잘라서 말렸다가 마디마다 끊어서 끓이면 차가 되고 약이 된다. 각종 병을 예방하고 치료하는데 효험이 있다.

'겨우살이'는 오염되지 않은 산, 그것도 높은 곳에서 많이 발견되는데 멀리서는 까치둥우리 초기단계처럼 보이나 가까이서 보면 줄기는 고동색, 잎은 짙은 녹색이다. 겨울에만 싹이 터 자라기 때문에 '겨우살이'라고 부르게 된 것이다. 이는 중국에서는 금전초(金錢草)라고 하여 차와 약으로 사용하고 있다.

이상 도토리나무와 도토리에 대해 보아왔듯이 이는 일찍부터 사람이나 짐승들에게 가장 유용하게 사용되어 온 나무이며 열매라는 걸 알 수 있다.

도토리나무를 '나무중의 나무', '진짜 나무', '좋은 목재'로 보았듯이 우리는 도토리나무를 다시 한번 어릴 때부터 고목까지를 살펴볼 필요가 있다. 도토리나무는 하나라도 싹이 튼 도토리는 아무리 나무들이 우거지더라도 틈을 비집고 큰다는 것과 뿌리가 내리기 시작하면 어떠한 악조건에서도 뿌리를 자꾸 뻗어 나간다는 점이다. 그것은 도토리나무 자체가 강한 육질을 지녔다는 점으로 비바람, 눈보라 속에서도 굳게 생명을 유지한다는 끈덕짐을 가지고 있기 때문이다.

필자는 등산을 좋아해 젊을 때부터 나이가 들어서까지 산을 올랐는데 산에 오를 때마다 느끼는 점은 참나무의 강력한 힘이다. 아무리 작은 가지를 붙잡아도 부러지거나 꺾이지 않는다는 점이다.

태풍이 휩쓸고 가면 많은 나무들이 뿌리채 빠지거나 꺾기거나 온통 산은 뒤죽박죽이 된다. 오리나무, 소나무, 단풍나무 등 많은 나무들이 상처를 입었는데 오직 도토리나무와 물푸레나무는 꺼떡않고 서 있다. 이런 강인한 나무들이 서 있기에 약한 나무들이 의존해 생명을 유지하는 것이다. 뿐만 아니라 산사태를 끝까지 버텨주는 것은 도토리나무인 것을 잊어서는 안된다!

다음, 나이가 든 도토리나무를 보아도 그 서있는 모습은 다른 나무들에 비해 강해 보이고 실제로도 강하다. 그래서 고목은 땔감으로도 으뜸으로 치고 있다. 간간히 숯구이를 하는 곳을 가보거나 각종 찜질방과 도자기 굽는 곳을 가보아도 불꽃이 가장 강하고 오래 타는 것은 도토리나무가 으뜸이다.

이런 강인한 재질과 강력한 화력 때문에 경상도에서는 꿈에 도토리나무를 보면 행운이 온다고 믿고 있으며 서울에서는 임신 중 도토리묵을 먹으면 유산한다는 소식이 전해지고 있는지도 모른다.

따라서 도토리나무는 노목수의 말처럼 제멋대로 크게 내버려두고 꼭 필요한 것만 많은 도토리나무중에서 솎아 쓰도록 해야겠다. 사람도 마찬가지다. 능력과 재주가 있다고 보여 일찍 뽑혀가기보다 대기만성, 스스로 심사숙고한 결과 스스로 찾아들게 해야 실망하지 않는다는 것이다. 일찍 뽑히면 일찍 좌절하거나 실망하는 경우가 많은 까닭이다. 도토리나무처럼 필요한 참나무가 되어야 겠다.

5 신비의 약초 비단풀

남해 차전차 듭시다.

남해차전차(車前茶)라 하니까 좀 생소하게 들린다. 옛 중국 한나라 때 마무(馬武)라는 장사가 있었다. 그는 임금의 명에 의해 군사를 이끌고 전쟁터로 나갔다. 마무장사는 군사들과 함께 산 넘고 물 건너 풀 한 포기 나지 않는 사막을 지나게 되었다.

그들은 사막에서 여러 날을 지내다 보니, 말이나 사람이나 모두 지친데다 식량과 물이 바닥이 났다. 군사들이 말과 함께 굶주림과 갈증으로 죽어갔다.

"장사님, 군사들이 죽어가고 있습니다."

"그렇지? 안되겠지?"

"이러다간 몰살하겠습니다."

장사는 한참을 생각한 끝에

"이대로 죽을 수는 없다. 회군하자."

마무장사는 군사들을 이끌고 돌아가기로 했다. 사막을 지나기에는 너무 많은 시일이 걸렸고 굶주림과 갈증으로 쓰러지는 숫자가 더 늘었다. 군사들은 수분 부족으로 아랫배가 부어오르고 눈이 움푹 들어가고 피오줌을 싸는 '습열병' 에 시달리게 되었다.

이러한 증상은 사람뿐만 아니라 말도 같은 증세가 나타났다. 마무장사 곁에서 말 세 마리를 돌보는 군사가

"말도 기진해 사람들과 같은 증세이니 이러다간 말도 모두 죽겠군"

이 병사는 사람보다 말이 더 걱정이 되었던 모양이다. 마무장사에게 보고하고 말고삐를 풀어주어 마음대로 뛰어 다니게 했다. 그런데 이틀이 지나 생기를 되찾은 말이 되돌아 왔다. 병사는 말주변을 살핀 결과 마차 앞에 있는 돼지 귀처럼 생긴 풀을 뜯고 있는 게 아닌가?

"맞아, 이 풀이 혈뇨를 멎게 한 것이 틀림없어."

군사는 이 풀을 뜯어 죽을 끓여 먹였다. 계속 며칠을 먹였더니 소변이 맑아지고 퉁퉁 부운 아랫배도 회복되었다. 군사는 곧 마무장사에게 달려가 보고했다.

"장사님, 군사들과 말의 병을 고칠 수 있는 풀을 발견했습니다."

마무장사는 모든 군사들과 말에게 그 풀을 뜯어 먹게 하였다. 며칠 뒤 군사와 말들 모두 회복되었다. 장사는 하도 기뻐 군사를 불렀다.

"과연 신통한 약초로군. 그런데 그 풀 이름이 뭔가?"

"처음 보는 풀이라 이름은 모릅니다."

"그래? 그렇다면 그 풀이 마차 앞에서 처음 발견되었으니 차전초라 부르지."

그 뒤로 이 풀은 '차전초(車前草)' 란 이름으로 불리게 되었다. 마차 앞에 나는 풀 '차전초' 는 '차전' 외에도 '부이' '마석' '당도' '우설초' '하마의' '오근초' '길짱구' '빼부쟁이' '배합조개' '질경이' 등 많은 이름으로 불린다. 곧 질경이 (plantago asiatica)로 만든 차를 차전차라 부른다.

남해에 내려와 정착하면서 여기 저기 다니다보면 길섶에 질경이가 많이 보였다. 이 질경이는 인삼, 녹용을 능가하는 야생초이면서 우마차가 지나가는 많은 사람들이 짓밟아도 , 그리고 뙤약볕과 가뭄에도 견뎌내는 생명력이 질긴 풀이다. 그런데다 이 풀은 잎과 뿌리 씨(차전자 車前子) 모두 쓸 수 있는 귀한 식용재이며 약재인데 사람들의 머리에서 멀어져만 가고 있다.

내가 이 질경이를 알게 된 건 한국 전쟁 중이었다. 1951년 1.4후퇴에 피난 갔다 집에 돌아오니 먹을 것이 없었다. 당시는 어찌나 도토리가 많이 열렸던지 서울 강북구 일대 사람들은 거의 도토리를 식사대용으로 이용해야만 했다. 도토리를 까서 묵을 쑤는 게 아니고 이것을 쑥, 아카시아 잎에 보리쌀 조금 넣어 버무려 쪄서 먹는 게 고작이었다. 그러다보니 하루 이틀도 아니고 계속 한두달 들다보니 사람들은 몸이 퉁퉁 붓고, 피오줌을 싸는 사람등 가지가지 형태의 병이 생겼다.

다행히 우리 아버지(김봉용)는 질경이를 뜯어다 씻어 말려놓고 음식에 이것을 한 웅큼씩 넣어 먹게 했다. 우리집안 사람들은 붓거나 병에 시달리는 사람은 없었다. 질경이는 어려울 때 요긴하게 쓸 수 있는 풀이어서 난 그 고마움을 아직도 잊지 못하고 있다.

말하자면 질경이는 예로부터 "차전초"라 하여 거담작용, 진해작용, 항종양작용, 억균작용, 위액분비조절작용, 소염작용을 비롯한 피오줌(혈뇨), 코피 나는 걸 막고, 각종 종기, 소변누기 어려울 때 (전립선염)와 만성기관지염, 후두염, 천식, 해소 등의 예방과 치료에 좋다. 뿐만 아니라 만성위염, 위궤양, 설사, 이질과 황달, 여기에 흐려져 가는 눈병과 피부궤양에도 효험이 있는 만병통치약으로 알려져 왔다.

질경이의 성분에는 무기질과 단백질 그리고 비타민 성분이 많이 들어 있고 특히, 질경이 100g중에는 비타민 A가 7.9mg나 들었다고 한다. 그리고 비타민 B가 풍부해 눈병 특히 쉽게 충혈 된 눈을 맑게 해 준다. 또 질경이 씨는 차전자(車前子)라고 앞에서 밝혔는데 씨 5g정도 하루 분량 물 3컵을 넣고 약한 불에 달여서 마시면 가래, 기침을 제거하고 콜레스테롤을 저하시키며 고혈압, 만성위염, 시력 회복 등에 특효가 있다. 뿐만 아니라 씨는 방광염, 요도염, 설사, 고혈압 치료 약으로 쓰이고 잎은 감기, 기침, 인후염, 간염, 황달 등에 좋으며 전체를 함께 들면 플란타기닌, 아우쿠린 등의 성분이 많아 위장, 간장, 심장질환의 예방과 치료에 쓰이고 갱년기 장애 개선이나 강장, 위암 방지, 혈압안정 등에 효과가 있다.

씨인 차전자에는 이뇨작용과 습열을 내리므로 몸이 부은 것과 소변의 양이 적고 잘 나오지 않는 것을 조절해 준다. 신우염과 요도염, 방광염에 널리 쓰인다. 뿐만 아니라 설사를 멈추게 하고 간 기능의 활성화로 눈의 충혈과 흐린 현상, 그리고 어지럼증과 두통 방지와 치료에 좋다. 그럼 질경이 채취에 대해 살펴보자

질경이는 다년생 풀이기 때문에, 그리고 씨앗은 2~3년 후에도 발아하기 때문에 채취할 때 송두리째 사라진다고 주저할 필요가 없다. 여름에 잎이 가장 싱싱하고 실할 때 뽑아서 깨끗이 닦아 그늘에 10 여 일간 말린다. 그러나 씨를 약으로 쓸 때는 가을(10월)에 영그니까 채취를 가을로 미루는 것이 좋다.

채취할 때 주의해야 할 점은 질경이를 풀밭이나 길가 또는 빈터에서 잘 자라 보기에 더러워 보이는 경우가 많다. 질경이는 잎이 뿌리에서 뭉쳐 나오는 대표적 로제트형 식물이다. 길가에 이것이 많이 자라는 것은 사람들이나 동물들이 발로 밟으면 질경이 씨에서 점액이 나와 다른 것에 잘 달라 붙어 움직여 발길이 미치는 곳에 많이 난다.

입모양은 타원형에 길이는 4~5cm, 폭은 3~8cm로 자란다. 질경이 발아는 16~20도가 적정 온도, 햇빛이 잘 들고 배수가 잘 되는 곳이면 발아한다. 발아율은 80%이다.

우리나라에는 질경이, 갯질경, 털질경이, 창질경이, 왕질경이, 얼룩질경이 등이 자라고 있다. 논뚝이나 밭뚝에 자생하는 질경이는 농약 성분이, 차가 다니는 길섶의 질경이는 중금속에 오염되었을 가능성이 있다. 따라서 채취 할 때 농약이나 중금속에 오염되지 않은 곳에 자생하는 것만 채취해야 한다. 구입할 때도 이 점에 유념, 믿을 수 있는 곳의 물품을 골라야 할 것이다. 청결한 것일수록 진딧물과 잡벌레가 많이 붙는다는 점, 유의 할 필요가 있다. 채취한 것은 용도와 종류에 따라 달라질 수 있다.

첫째, 장아찌 둘째, 나물무침 셋째, 질경이국 넷째, 질경이 밥, 다섯째, 질경이 죽 여섯째, 질경이 떡 일곱째, 질경이차(차전차)이다.

이밖에도 다른 야채와 섞어 샐러드나 겉절이, 생것을 갈아 질경이즙, 즙을 설탕이나 꿀에 섞어 숙성시켜 차로 마셔도 된다. 장아찌는 굵은 잎만 골라 할 수 있고 작은 잎은 차로 활용해도 된다. 약재로 활용할 재료는 전체 (뿌리, 씨, 잎)를 깨끗이 말렸다가 필요에 따라 유리 주전자나 사기 주전자, 도자기 주전자에 손으로 뜯어 넣고 물을 잔뜩 넣어 물이 반이 되도록 끓인다. 그리고 그 약을 하루 2,3차례 한 잔씩 복용하면 된다.

모든 한약재는 쇠붙이에는 닿지 않도록 해야 한다. 그리고 최근엔 물을 끓여 대야에 붓거나 욕탕에 넣어 여성청결제로도 활용하고 있다. 불순물 제거에 악취제거까지 한다고 알려져 있다. 약재는 겨울엔 청결한 종이봉투에 담아 보관해도 좋으며, 봄, 여름, 가을엔 냉장이나 냉동실에 보관하면 오랫동안 활용할 수 있다.

병이 없는데 약으로 들 필요는 없다. 오히려 차로 만들어 병을 예방하는 지혜가 필요하다.

차전차의 종류와 만드는 법

① 차전발효차 = 싱싱한 차전초를 갈든가 또는 잘게 잘라 단자에 넣고 설탕이나 꿀을 넣고 밀봉해 두었다가 3.4개 월 후 발효된 다음 잔에 넣고 끓는 물에 섞어 저어서 마신다. 오래 둘수록 더욱 효과적임.

② 차전차 = 뿌리 ,잎, 씨까지 달린 것을 가을에 채취 깨끗이 말려두었다가 주전자에 잘라 넣어 끓인 차, 계속 물을 부어 우려내어 드는 차이다. 우러나지 않으면 건더기는 건져 양념하고 무쳐 반찬으로 쓸 것.

③ 차전엽차 = 4.5월에 장아찌로 만들어 반찬으로 활용하고 부드러운 잎만 골라 잘 씻어 물기를 뺀다. 두꺼운 팬에 볶아 면 보자기를 옆에 깔고 그 곳에 쏟아 면장갑 위에 일회용 장갑을 끼고 비벼준다. 이렇게 하길 서너 차례하고 나면 녹차 말린 것처럼 된다. 이것을 식기 건조기에

잠깐 넣어두면 남았던 물기가 모두 마르고 차가 완성된다. 그럼 일반 녹차처럼 물을 부어 우려서 먹으면 된다.

④ 차전자차(車前子茶) = 질경이 씨차이다. 가을에 씨만 채취 말렸다가 탕으로 끓이거나 볶아 두었다가 끓는 물에 타서 마시면 된다. 약효도 가장 많은 만큼 채취하기도 많은 시간이 걸린다. 씨는 1mm 밖에 안되기 때문이다.

남해 차전차는 이렇게 흔한 것이며 이렇게 값진 차이다. 내일의 건강을 위해 당장 차전초를 채취, 매일 한두 잔씩 듭시다.

신비의 약초 비단풀

비단풀을 백과사전에 찾아보면 땅에서 나는 것과 바다에서 나는 것 두 가지가 있다. 필자가 말하려는 것은 땅에서 나는 비단풀이다. 땅에서 나는 비단 풀은 대극과에 딸린 한해살이 풀이다. 언뜻 보아 쇠비름과 비슷하지만 쇠비름보다는 훨씬 작은 입과 줄기를 가졌다. 이것은 풀밭이나 마당, 길섶에 많이 보이지만 작아서 얼핏 눈에 띠지 않는다. 줄기는 가늘고 약해 위로 치솟지 못하고 땅바닥을 기면서 자란다. 줄기나 잎에 점이 있으며 상처를 내면 하얀 즙이 마치 인삼이나 도라지, 양귀비, 상추처럼 나온다. 일명 내금초, 점박이풀로 불리는데 '지금' '지면' '초혈갈' '혈견 '' 오공초 ' '선도초' 등 많은 이름을 가지고 있다.

브리태니커 사전에는 대극과에 속하는 1년생 풀로 소개하고 '애기땅빈대(Euphorbiaceae)라고 부르고 있다.

"원줄기가 땅 표면에 따라 퍼지며 길이가 10~25cm이고 털이 약간 있다. 마주 나온 잎은 긴 타원형 또는 도란상의 긴 타원형으로 잎 밑과 잎 끝이 둥글며 길이가 5~10mm, 너비가 2~4mm이다. 잎 가장 자리에 둔한 잔톱니가 있으며 잎의 가운데에 붉은 빛을 띠는 갈색 반점이 있다.

꽃은 6~8월 잎 겨드랑이에 배상 꽃차례로 달리는데 술잔 모양의 총포 속에 1개의 수술로 된 수꽃과 1 개의 암술로 된 암꽃이 있다. 식과는 지름이 1.8mm 정도이고 꽃차례 밖으로 길게 나와 옆으로 처지며 겉에 털이 있다. 씨는 사각 모양의 타원형이며 3개의 능선이 있다. 밭이나 들에서 자란다. 쌍떡잎 식물과에 속한다."라고 되어 있다.

탈촌(남해국제탈공연예술촌)에는 초봄의 잡풀이 한차례 거치고 나면 탈촌 마당 곳곳에는 비단풀이 움솟기 시작한다, 6,7,8월이 되면 마당은 비단풀을 깔아 놓은 듯 오묘한 느낌을 준다. 비단풀은 2008년 남해에 정착하면서 초봄의 제비꽃과 함께 아끼는 풀이 되었다. 이 비단풀을 애지중지 아끼는 것은 차와 함께 신비의 묘약으로 알려진 풀이기 때문이다.

내가 이 비단풀에 관심을 가진 것은 1950년대 부터이다. 이때는 전쟁직후라 약을 구하기 어려운 때여서 우리 아버지께서는 매년 약초를 뜯고 캐다 말려 두었다가 그때 그때 이용하였다. 그중 아버지께서 가장 귀히 여기고 가장 많이 이용하시던 풀이 비단풀이었다.

동생들이 뛰어놀다 머리를 상하거나 몸에 상처가 나면 발라주는 것이 이 비단풀즙이었고 머리가 아프거나 소변색이 변하여도 이 비단풀을 달여 먹이셨다. 그런가하면 막내꽁이는 몸은 건강하였는데 손잔등에 사마귀가 여러 개 생겨 고민하던 중 아버지께서 비단풀을 짓이겨 묶어 두었더니 점차 사마귀가 사라져 버렸다. 그런가하면 아버지께서는 식구 중 누가 머리가 아프면 비단풀을 다려놓고 차처럼 계속 마시게 했고 치통이 있으면 끓인 물을 삼키지 않고 입에 넣었다 한참 후에 마시도록하여 치통을 가라앉히게 했다.

작년 여름 50대 남해읍에 사는 사람이 탈촌에 와서 마당에 있는 비단풀을 뜯고 있었다. 그래 "그걸 어디 쓰실려고 뜯으십니까?" 했더니 "애 엄마가 생리통으로 고생해서 뜯는다"고 했다.

올해 여름 거제〈영등 오광대〉공연차 방문한 분 가운데 한 분이 내가 지저분해 뽑아버린 민들레를 모두 모아 말리고 마당에 있는 비단풀을 뽑아 말리기에 "무엇에 쓸려고 그렇게 말리느냐?"고 물었더니 그분 말씀이 "민들레는 간과 장에 좋으며 비단풀은 만병통치약"이라고 하였다.

최근의 조사 결과로는 이 비단풀은 항암작용을 비롯 해독작용, 그리고 항균작용, 지정작용 등에 뛰어난 약풀로 인정되었다. 특히 말기 취장암이나 손쓰기 어려운 뇌종양 치료에 특효가 있다고 한다. 암이나 각종 염증, 천식, 당뇨병, 심장병, 신장질환, 악성두통, 정신불안 등에 두루 쓸 수 있는 독성이 없는 풀이 비단풀이라는 것이다.

특히 서양인들은 남미 아마존 밀림에 사는 인디오들이 신장 결석과 당낭 결석. 방광 결석 등과 신장염에 이 풀을 다려먹고 낫는 걸 보고는 신비의 약초로 여겨 민간요법으로 이 풀을 말려서 갈아 놓고 약으로 사용하고 있다고 한다.

중국사람들은 이 비단풀은 사람의 열을 내리게 하고 독을 풀어주며 혈액순환을 원활하게 해주고 피 나는 것을 멈추게하여 젖이나 소변이 잘 안 나온데 이 풀을 이용한다고 알려져 있다.

일본의 농촌에서는 민간요법으로 설사를 하거나 장염이 있을 때 이 풀을 이용하여 기침으로 피가 나올 때는 물론 혈변, 자궁출혈 등 각종 출혈에도 사용하고 있다.

옛문헌에서도 비단풀은 만병통치에 신비가 곁들인 풀로 여기고 있다. 『본초강목』에는 옹종과 악창, 그리고 칼에 베인 상처나 타박상에 의한 출혈, 피가 섞여 나오는 설사, 하혈과 부인병에 효험이 있다고 여기고 있고 『절강민간초약』에는 위를 튼튼하게 하고 설사를 멎게하며 어린이의 감적(영양실조로 몸이 붓고 누렇게 뜸)을 치료한다고 하였다. 또 『민간상용중약품편』 에는 위통이 있고 헛배가 부른데 그리고 생골통, 비염, 지칠의 치료, 젖을 잘 나오게 하는데 특효가 있다고 하였다.

『상해상용중초약』에는 피를 멎게 하며 소변을 잘 나오게 하고 위를 튼튼하게 하며 혈액순환이 잘 되게 한다고 하였다.

그럼 이렇게 다양한 곳에 쓰이는 비단풀은 어떤 성분으로 구성되어 있는 걸까 ? 비단풀에는 플라브노이드와 인삼, 도라지 등에 함유된 사포닌이 주성분이라고 한다. 특히 비단풀잎에는 타닌이 10% 이상 들어 있고 놀시자산, 메틸에스테르, 마쿨라톨, 시토스테롤, 알칼로이드 등이 함유되어 있다고 한다.

그러나 아무리 독성이 없고 치료에 좋다고 많은 양을 복용하면 안된다. 5~6g선에서 복용하는게 좋다고 한다. 다만 위염이나 대장염의 경우는 생것으로 40~80g을 달여 복용하는게 좋다는 견해이다.

복용 방법은 뿌리째 채취, 흐르는 맑은 물에 깨끗이 씻어 응달에 펼쳐 말렸다 먹는 방법과 생즙을 내서 먹는 방법이 있고 설탕이나 꿀에 재두었다가 따뜻한 물에 타서 먹는 경우도 있다. 또 말린 것을 가루로 만들어 두고 따뜻한 물에 타먹는 경우도 있다.

치료뿐 아니라 예방을 위해서는 하루에 한 잔 정도 차로 만들어 적당량의 설탕이나 꿀을 타 드는 것도 바람직하다. 남해군민은 건강한 내일을 위해 밭이랑에 비단풀을 심어 채취, 차를 끓여 즐기면 어떨까?

중년층 및 부인병에 탁월한 천상화 구절초(九節草)

우리나라 어느 들판이나 산자락에 가더라도 천상화 구절초(九節草)를 볼 수 있다. 흔해 빠진 구절초를 천상화라고 부르는 이유는 구절초의 아름다움도 으뜸이지만 그 효능이 탁월한 까닭이다.

오랜 옛날 옥황상제를 보필하던 꽃 같은 선녀가 꽃을 좋아한 나머지 옥황상제의 보필을 소홀히 해 그만 지상으로 쫓겨나게 되었다. 지상에 내려와 살던 선녀는 가난하고 시를 즐기는 시인을 만나 결혼, 행복한 나날을 보내고 있었다. 아름다운 선녀의 미색이 입소문을 타고 고을 사또 귀에 까지 들어갔다. 욕심 많고 호색한이었던 사또는 그녀를 차지하기 위해 온갖 꾀를 내다가 그녀의 남편을 불러다 놓고 제안을 하게 되었다.

첫째 제안은 시 짓기 시합이었는데 남편이 손쉽게 이겼다. 패배를 인정하지 못한 사또는 이번에는 말 타기 시합을 하자고 말 두필을 대령했는데 사또가 탄 말이 그만 미친 듯 날뛰는 바람에 또 지고 말았다.

그러자 사또는 선녀를 잡아다 옥에 가두고 모진 협박과 회유로 선녀를 유혹했으나 선녀는 절개를 지킨 채 거절하였고 이 일이 의금부에 알려져 풀려나게 되었다. 그러나 선녀는 시름시름 앓다가 결국 죽었다. 선녀는 옥황상제가 있는 천상으로 돌아갔고 남편도 슬퍼하다 그녀를 따라 죽고 말았다.

그 이듬해부터 그들의 집 주위에는 가을이 되면서 피어나기 시작한 하얀 구절초, 즉 천상의 선녀가 그토록 좋아했던 꽃이 피기 시작했다. 사람들은 그 꽃을 절개를 뜻하는 천상화로 받아들이게 되었다는 전설이다.

가을철에 피는 코스모스는 구절초에 비해 많은 이들이 찾고 있지만 구절초의 꽃과 향을 맛 본 사람들은 구절초를 더 선호한다. 그래서 '가을의 향기' 라는 이름을 붙이고 싶을 정도다. 구절초는 순수 우리나라 명칭, 아홉 마디 자라야 꽃을 피우기 때문에 구절초라는 말도 있고 5월 단오가 되면 5마디 자라고 9월 9일이 되면 9마디 자라는데 이때 채취하는 게 좋다고 하여 구절초(九節草)라고 부르게 되었다는 설도 있다. 일명 선모초(仙母草), 고봉(苦逢),구일초(九日草)라고도 부른다.

영자로는 구절초(chrysanthemum, zawadskii var. lactilovum)로 뜻은 어머니의 사랑, 고상함, 밝음, 순수, 우아한 자태라 한다. 구절초는 야생화 가운데 가장 많이 퍼져 있는 꽃이다. 요즘은 관상화로 널리 재배되어 정원, 길가, 공원, 자연학습장 등을 비롯 산야에 널리 퍼져있다.

어떤 환경에서도 심어만 놓으면 잘 크는 까닭에 앞으로 계속 확산될 조짐이다. 단아하면서 꽃이 맑고 영롱하여 가을철 가장 인기를 끄는 야생화 중의 하나이다.

이 꽃을 꽃으로만 보려고 들지 말아야 한다. 우리 조상들은 예전부터 이 구절초를 식용으로 이용했고 약용으로 탁월한 효능을 지닌 약재로 활용해 왔다. 또 모기 쫓는 풀로도 활용했고 말려서 베개 속에 넣고 자면 잡 벌레의 접근도 막고 두통을 없애주며 머리가 하얗게 희어가는 것을 막아 줌은 물론 탈모까지 예방한다고 믿었다.

뿐만 아니라 몸에 상처가 나면 즙을 내 바르기도 하고 목욕물에 타서 목욕을 했다. 그러면 상처는 점차 없어지고 몸에 나던 부스럼도 차츰 사라졌다. 구절초에는 100g당 비타민C 146mg, 비타민A 0.7mg, 당 690mg, 지방 67mg, 단백질 4300mg, 철 13mg, 인 67mg, 칼슘 74mg, 등을 비롯 베타카로틴이 4259mg 들어 있다.

이런 과학적 분석이 없었던 옛날 할머니들은 항암, 항산, 항노화 물질이 들어 있음을 어떻게 알아냈을까? 구절초는 남녀 모두에게 도움이 되는 약재지만 여성 질환에 탁월한 효능을 지니고 있어 신선이 준 약 선모초(仙母草) 또는 익모초라고 까지 부르기도 한다.

그럼 구체적으로 그 효능에 대해 살펴보기로 한다.

① 남녀 갱년기, 특히 부인병 질환 예방에 탁월한 효능이 있다. 대다수 갱년기가 시작되는 30대에 얼굴이 달아오르는 홍조증을 비롯, 40대 폐경기에 따른 월경불순, 생리통, 우울증, 히스테리 등을 예방한다.

② 해독 작용, 특히 몸 속의 중금속을 배출시켜주며 특히 축적된 니코틴 제거에 효능이 있다.

③ 기관지 질환의 예방과 치료에 좋다. 독감예방을 비롯, 살균효과가 강해 몸속의 바이러스를 제거해 준다.

④ 고혈압과 동맥경화를 예방한다. 혈액정화로 혈액 내의 유해 콜레스테롤이 혈관에 쌓이는 것을 원천적으로 예방한다.

⑤ 다이어트에 도움이 된다. 지방질을 분해시키는 효능이 있는 까닭이다.

⑥ 위장에 특효이다. 위장을 튼튼히 해서 소화를 돕는 효능을 보인다. 영양소를 원활하게 소화시켜 주어 건강이 촉진된다.

⑦ 염증치료에 탁월한 효능이 있다. 소염작용을 강하게 함으로 관절염, 후두염, 인후염 등 모든 염증에 탁월하다.

⑧ 치통 완화기능도 있다. 구절초를 끓여 우려낸 물이나 즙을 입에 물고 있으면 치통이 가라 앉는다.

⑨ 냉증을 치료하는 기능도 있다. 구절초는 성질이 따뜻해 손발이나 몸이 찬 사람, 특히 여성 냉증을 제거시켜준다. 몸을 따뜻하게 보호해주며 설사증세도 완화시켜준다.

⑩ 면역상승에 크게 도움을 준다. 구절초는 면역체계를 강화, 기운을 유발하고 아울러 정력에도 탁월한 효능이 있다.

⑪ 해충을 퇴치한다. 구절초에는 각종 세균과 해충, 바이러스를 억제하는 물질을 가지고 있어 방부 기능을 한다. 떡에 구절초를 덮어 놓으면 여러 날이 되어도 쉬거나 상하지 않는 것은 그 이유 때문이다.

구절초 밭에는 모기와 잡 벌레가 없다. 따라서 항상 깨끗하다.

채취는 봄철 5마디가 올라올 5월 단오쯤에 두세 마디씩 솎아 뜯어 끓는 물에 잠시 담궜다가 양념으로 무쳐서 먹든가 아니면 초장에 찍어 먹어도 좋은 반찬이 된다. 약으로 쓸려면 9월 9일 9마디 자란 것을 제 2 마디에서 잘라 끓는 물에 잠시 담궜다가 찬물에 빨아 음지에 말렸다 쓰면 된다. 꽃은 10월에 채취하여 역시 같은 방법으로 데쳐 말리면 된다.

■ 약으로 마시는 구절초차

구절초 100g을 유리 주전자나 도자기 주전자에 넣고 물 1ℓ 붓고 대략 30여분 불린 다음 불을 당겨 물이 끓으면 약한 불로 줄여 10여분 이상 끓이면 된다. 하루 세 번 식후 30분후에 한잔씩 마시면 된다. 쓴 성질이 강해 감초를 좀 넣거나 설탕이나 꿀을 타도 된다.

■ 술로 마시는 구절초차

용기의 1/5 정도 마른 구절초를 잘게 썰어 채우고 도수가 높은 술을 부어 밀봉하고 6개월 이상 두어 숙성시켜 술이 익은 다음 적당량씩 마시면 된다. 꽃주나 마르지 않은 생구절초주를 담글 때는 술 양을 더 늘여 부었다가 3개월이 지난 다음 마시면 된다. 쓴맛이 강하기 때문에 감초를 넣거나 설탕이나 꿀을 넣어도 된다. 술이 익은 다음 달게 마시려면 술에 설탕을 타서 마셔도 된다.

■ 천상화차 (구절초 꽃차)

① 구절초 꽃이 피기 시작하면 꽃의 노란 부분이 싱싱하고 봉긋이 올라와 있을 때 채취하면 된다.

② 채취한 꽃을 청결한 물에 깨끗이 씻은 다음 물이 잘 빠지는 바구니에 담아 물을 모두 배출한다.

③ 베 보자기에 꽃을 펼쳐 담아 끓는 물 위에 놓아 김을 1분 30여초 쬐인다. 1분정도 쪼이면 안되며 1분 30초를 넘겨 쪼여도 안된다. 향이 적어지게 된다.

④ 그런 다음 그늘에서 꽃을 서로 닿지 않게 하여 선풍기 바람으로 급히 말린다. 그 다음 햇빛에 바싹 말려서 밀폐된 용기에 담고 그때그때 서너 개의 꽃을 끓는 물에 우려내는데 2.3잔 이후의 꽃차가 제맛과 향이 풍긴다.

모든 질병은 병이 몸에 오기 전에 조심, 예방해야 한다. 예방약으로 이렇게 훌륭한 약이 또 있을까 할 만큼 구절초는 효능이 있는 산야초이다.

그런데다 구절초는 꽃으로 사람을 모으기도 한다. 세종시(전 공주시) 장군산 영평사 금강수목원에서 '구절초꽃 축제' 가 열렸고 정읍시의 '구절초 꽃 축제' 는 한국관광공사 선정 10월의 대표 축제로 5번이나 오를 만큼 관심을 끈 축제로 성공하였다. 그리고 금산의 '금산구절초 축제' 임실 옥정호 '오봉산 구절초 축제', 익산 황등 초등학교 '구절초 축제' 를 열어 많은 이들의 칭송을 받았다.

요즘와서는 구절초의 효능이 알려지자 화장품, 비누 등의 공산품과 방부제, 살충제 등의 약으로도 빛을 보고 있다. 또 꽃이 아름다워 꽃밭도 늘어나고 있다. 남해섬도 길섶을 모두 구절초 꽃길로 꾸미면 어떨까? 각 가정은 화단에 구절초를 심어 놓으면 어떨까?

이제 꽃은 지기 시작했다. 꽃씨가 아물고 있다. 11월 하순부터 채취가 가능하며 뿌리를 옮겨 심는 일도 가능한 때이다. 우리 모두 옛 명성을 위해 꽃밭(花田)만드는데 시간을 내어 봅시다.

탈촌에는 구절초 씨앗을 3년전 금산자락에서 받아와 심었다. 이젠 남해 전체를 비단처럼 구절초 밭을 만들어가고 있다. 비단풀 차와 섞어 마시면 무병장수 할 수 있다고 본다. 우리 모두 틈을 내어 구절초를 심어봅시다.

맥문동꽃과 뿌리

탈촌(남해국제탈공연예술촌)의 편백 숲에 맥문동을 심은지 3년여, 작년부터 피기 시작한 맥문동 꽃이 올해도 만발하게 피어나더니 양지바른 곳엔 열매로 변하기 시작했다.

연한 은보라 꽃이 피기 시작한 8월 두 개의 태풍이 지나간 이후의 편백 숲은 편백나무 가지와 잎의 파편들로 가득 차 있었다. 그런데 맥문동이 즐비한 밭에는 편백 잎은 전혀 눈에 띄지 않았다. 가까이 다가가보니 맥문동 잎 밑으로 편백 잎이 가지런히 누워있었다.

맥문동 잎은 어려보이지만 그만큼 겸손할 줄 아는 여인네 마음씨 같다는 생각을 하게 되었다. 그런데다 맥문동은 그 강력한 비바람이 탈촌의 간판과 100여년 된 나무를 쓰러뜨렸는데도 끄떡 않고 옛 모습 그대로였다. 그만큼 인내가 강한 우리 한국여인의 끈덕짐을 나타내고 있었다. 그래서 맥문동의 꽃말이 겸손과 인내라는 걸 알 수 있었다.

맥문동 꽃

"맥문동(麥門冬, Broadleaf Liriope)은 백합과에 속하는 다년생 풀로 굵은 땅 속 줄기에서 곧추 서는 잎들이 나온다. 잎의 길이는 30~50cm, 너비는 0.8~1.2cm 이며 잎 끝은 밑으로 숙이고 있다. 겨울에도 잎이 지지 않고 푸른 색을 그대로 유지하기도 한다. 꽃은 연한 보라색이며 7,8월 잎 사이에서 길게 만들어진 꽃자루 위에 무리지어 핀다. 꽃은 6장의 꽃잎이 조각으로 되어 있으며, 수술은 6개이다. 열매는 푸른색이 도는 흑색으로 익는다.

그늘에서 무리지어 자라기 때문에 뜰의 가장자리에 심고 있으며, 가물어도 잘 자라고 추위에도 잘 견딘다. 때때로 땅 속 줄기가 흰색덩어리로 되기도 하는데 봄, 가을에 캐서 껍질을 벗긴 다음 햇볕에 말린 것을 맥문동이라고 하여 한방에서는 강장, 진해, 거담제, 강심제로 쓰고 있다."고 브리태니커사전에서는 밝히고 있다.

맥문동은 뿌리가 보리와 비슷하고 잎이 겨울에도 시들지 않아 '맥문동' 이라는 이름이 생겼다고 한다. 맥문동은 많은 다른 이름도 갖고 있다. 겨우살이풀, 계전초, 마구, 도미, 문동, 불사약, 여동, 애구, 우구, 양기, 양구, 인동, 인릉, 복루, 수지, 우여랑, 맥동 등이다.

맥문동은 그 종류도 많다. 맥문동, 개맥문동, 좀 맥문동, 맥문아재비(왕 맥문동), 소엽맥문동, 실맥문동 등이다.쓰다보니 TV드라마〈대장금〉에서 장금이가 그렇게 애타도록 찾던 약재가 바로 맥문동이었구나 하는 생각을 해본다. 맥문동의 성분은 스테로이드계와 사포닌인 오피오포고닌이 들어 있고 세로토닌과 당류 등을 함유하고 있다. 그럼 몇몇 문헌을 통해 맥문동에 대해 살펴보기로 한다.

『동의보감』에는 "맥문동의 성질은 조금 차고 평(平)하다고 한다. 맛은 달고 독이 없다. 허로에 열이 나고 입이 마르며 갈증이 나는 것과 폐위로 피고름을 뱉는 것, 열독으로 몸이 검고 눈이 누런 것을 치료하며 심을 보하고 폐를 시원하게 하며 정신을 진정시키고 맥기를 안정케 한다"고 하였다. 그리고 "음력 2월과 3월, 9월과 10월에 뿌리를 캐서 그늘에서 말린다. 살찌고 큰 것이 좋으며 쓸 때에는 끓는 물에 불려 심을 빼버린다. 그렇게 하지 않으면 답답증이 생긴다." (본초)고 했으며 "수태음경으로 들어가는데 경락으로 가게 하려면 술에 담갔다가 쓴다."(입문) 그리고 "심열을 없애고 심기가 약한 것을 보한다. 심을 빼버리고 달여 먹으면 좋다" (본초)고 했다. 또 "젖을 나오게 한다. 맥문동 심을 빼고 가루를 만들어 한번에 8g씩 서각 4g(술로 간다)에 타 먹으면 두 번을 넘지 않아 젖이 나온다" (특효) 라 하였고 "심기의 열에는 맥문동, 심혈의 열에는 황련이다"라고 했으며 포락의 기의 열에는 맥문동이고 포락의

혈의 열에는 모란뿌리 껍질이라고 처방한다.

그리고 "소갈과 입이 마르고 갈증이 나는 것을 치료한다. 심을 빼버리고 달여서 먹는다" (본초)고 했으며 "맥문동 심을 빼지 않고 쓰면 속이 번조해 진다" 그리고 "맥문동이 들어 있는 약을 쓸 때는 붕어를 먹지 말아야 한다."는 주의를 당부하고 있다.

『한약재 설명집』엔 맥문동의 약리작용을 ① 해열작용 ② 소염작용 ③ 진해작용 ④ 거담작용 ⑤ 이뇨작용 ⑥ 강심작용 ⑦ 강장작용 ⑧ 항균작용에 좋다고 하였다.

그리고 응용편에는 ① 맥문동은 자양생진의 효능이 있으므로 진액이 부족한 증상에는 어느 경우에 사용해도 좋다. ② 맥문동에는 강심작용이 있다. ③ 맥문동에는 은폐지해, 화담의 효과가 있으므로 해수가 오랫동안 멎지 않고 인후의 소양감이 치료되지 않을 때나 건해에는 사삼생지황 등과 같이 쓰면 좋다. ④ 폐결핵에도 좋다. ⑤ 혈관을 연화하고 강압시키는 효능이 있으므로 동맥경화성 고혈압으로 두통, 두훈, 수족마비, 초조감, 불면 등의 증상에도 좋다. ⑥ 위장의 열을 제거시키는데 좋다. ⑦ 고열이 계속되면 반드시 진액이 소모되고 열이 다시 높아지며 기분이 초조해지고 구설이 건조해 지는데 써도 좋다. ⑧ 몸이 약한 자나 노인의 변비에 고한사하약을 쓰는 것은 좋지 않다. 이때는 사삼, 생지황, 현삼 등을 넣어 쓰면 좋다. 이것은 산전산후의 변비에 응용해도 좋다. ⑨ 당뇨병으로 구갈이 심하여 수분의 다량섭취로 소변량이 많을 경우에 사삼, 석곡, 옥족을 넣어 쓰면 좋다. 이는 혈당치를 내리는 작용도 있다. ⑩ 코피나 잇몸 출혈을 멎게 하는 작용도 있다. ⑪ 위출혈을 멎게 하는 작용도 있다. ⑫ 더위를 먹어 진액이 소모되는 것을 방지하는 데도 좋다. ⑬ 온열병사가 심포를 범하여 일어나는 신열, 설강, 구건, 변조불안에도 복용하면 좋다. (이상은 다른 약재와 더불어 사용하면 그 효과가 더 좋다. 한의사의 지시를 받아 응용할 것)

『한방약초 민간요법백과』에 "맥문동은 보음약으로 마른 기침, 토혈, 객혈, 폐위, 빈열, 소갈, 진상, 인선구조, 변비를 치료한다"고 하고 다음과 같이 서술하고 있다. 이를 정리하면 ① 폐음이 상한데서 오는 마른 기침, 피가래, 가슴이 답답하여 마음이 불안할 때에 쓴다. ② 진액을 생기게 하면서 갈증을 멈춘다. 음허내열 또는 위화가 성한 관계로 음액이 적어 져서 갈증이 몹시 나는데 쓴다. ③ 오줌을 잘 나가게 하며, 임병을 낫게 한다. ④ 얼굴과 손발이 붓고 오줌이 잘 나가지 않는데 쓴다. ⑤ 맥문동은 질이 눅진을 하므로 폐위의 허열과 심열을 없애며 가슴답답증을 낫게 한다. ⑥ 양음윤조하기가 때문에 폐음이 상하며 마른 기침이 날 때 매우 효과가 있다. ⑦ 맥문동은 윤폐하면서 위음을 보하며 심열을 없앤다. ⑧ 위음부족 및 심열로 가슴 답답하며 갈증이 날 때 쓴다. ⑨ 오장을 편하게 하고 살찌게 하며 얼굴색을 곱게하고 임신할 수 있게 한다. ⑩ 오래 먹으면 몸이 가벼워지고 눈이 밝아지며 얼굴색이 좋아지고 늙지 않게 된다. ⑪ 몸이 여위며 숨이 가쁜 때 쓴다. ⑫ 종기에 달인 물을 마시고 환부에 바르면 좋아진다. ⑬ 여름철 땀띠로 고생하는 분에게도 좋다. ⑭ 눈꺼풀이 무거우며 밝은 곳에선 눈뜨기 어려울 때(명목현상)좋다. ⑮ 젖이 잘 안 나올때 들면 부족증이 해소된다. ⑯ 허로손상을 낫게 하며 정신을 안정시키고 기침을 멈춘다. ⑰ 폐위증으로 고름을 뱉는 것, 돌림병으로 열이 나며 머리가 아픈 것을 낫게 한다는 등의 기록이 보인다.

위를 살펴보면 서로 비슷한 것도 있고 새로운 것도 있다. 절충해보면 될 것이다. 그럼 맥문동은 어떻게 만들어 들어야 할까? 맥문동은 먹을 수 있는 부분과 먹을 수 없는 부분이 있다. 먹을 수 없는 부분은 사철 내내 푸르른 잎이다. 예전에 박대통령이 겨울에도 늘 푸르고 잎이 두터운 이 맥문동을 보고 겨울에 비싼 사료를 수입하지 말고 저 맥문동을 키워서 소먹이로 쓰라는 지시를 내렸는데....그 어떤 소도 질기고 억센 맥문동 잎을 먹지 않았다고 한다. 소뿐만 아니라 잎은 사람도 안먹는다.

그렇다면 사람이 들 수 있는 부분은 어떤 것일까? 그것은 꽃과 열매 그리고 뿌리이다. 꽃은 훑어 말려 차로 쓸 수 있고 열매는 한창 익었을 때 따서 말려 찬거리를 만들 수 있다. 그리고 가장 많이 쓰이는 부분인 뿌리는 3,4월 또는 10,11월에 캐어 알갱이 부분을 다듬어서 말렸다가 끓는 물에 불려 심을 빼던가 아니면 채취할 때 심을 빼버리고 말리던가 또는 볶아서 말려 보관하고 필요한 양만 꺼내 사용하면 좋다.

그 동안 맥운동은 야생화에서 관상화로 바뀌었고 중부 이남에만 보이던 것이 중부 이북까지 퍼졌다. 그리고 그 동안은 약재로서만 사용해 오다가 차로, 술로, 음료로, 음식물로 닭, 멸치와 함께 응용되는가 하면 견과류의 하나로 까지 각광받는 단계까지 이르렀다.

1) 맥문동차

① 맥문동 꽃차 : 맥문동 꽃을 채취, 음지에서 말려 넣고 끓는 물에 우려 물만 딸아 마신다. ②맥문동차 : 맥문동(심을 뺀 것)을 15~20g과 물 500ml을 넣고 끓여 물이 3분의 2로 줄 때까지 달인 다음 컵에 딸아 마신다. ③맥문동 질경차: 맥문동과 질경이 비율을 1:1로 하고 물의 양은 두 분양의 10배를 넣어 끓여 3분의 2가 될 때까지 줄여서 든다. 질경이는 잎을 사용, 비염과 천식에 유효.

2) 맥문동 술

맥문동(심제거)을 잘게 썰어 소주에 담가 2 개월 이상 어둡고 찬 곳에 두었다가 아침 저녁 마시면 자양, 강장에 효험이 나타난다.

3) 음료대용

① 뿌리를 심제거, 잘게 썰어 10배량 이상의 물을 달여 꿀을 타서 마신다.

② 오미자와 자황, 차전초등의 약재를 넣어 함께 마셔도 좋다.
③ 맥문동과 감초를 넣고 40여분 달인 후 물이 반으로 줄면 하루 3회 정도 마시면 더욱 좋다.
※양을 많이 만들어 병에 보관하고 목이 마를 때 마시면 효과적이다.

4) 맥문동 요리

① 맥문동 백숙 : 닭에다 심제거한 맥문동을 잘게 썰어 넣고 푹 끓여 들면 좋다.
② 맥문동 찜닭 : 맥문동을 심을 제거하고 잘게 썰어 넣고 닭과 함께 푹 쪄서 드는 방법이다.
③ 맥문동 멸치볶음 : 맥문동을 물에 넣고 끓이나. 다음 물을 모두 따라 버리고 새 물을 넣고 끓여 물을 반만 버리고 볶은 멸치에 합쳐 볶는다. 이때 양념을 함께 하면 좋다.

5) 약용으로의 맥문동

① 맥문동탕 : 맥문동을 심 제거 후 1회분 10g으로 계산, 양을 늘려 물을 10배 넣고 끓여 물만 딸아 마신다.
② 맥문동 환약 : 맥문동을 심 제거 후 볶아서 가루를 만든 후 환을 짓는다. 그리고 하루 2,3차례 따뜻한 물과 함께 마신다.
③ 맥문동분말: 맥문동을 달인 후 말려 분말을 만든다. 약으로 사용할 경우 결과를 보아서 5일 내지 10일, 하루 2,3차례 복용 결과를 보아야 한다. 치료로 이용할 때는 한의사의 지시를 받는 게 필요하다. 그리고 금기 사항은 지켜져야 한다.

● 금기사항

① 비위가 허하며 찬데서 오는 설사, 위암에 담음습탁이 있을 때는 맥

문동을 들어서는 안 된다.

② 풍한에 상하여 기침 할 때도 마찬가지다.

③ 관동화, 황기와 함께 맥문동을 쓰지 말아야 한다.

④ 버섯과 붕어를 같이 쓰거나 들지 말아야 한다.

⑤ 기운이 약하고 위안이 찬 때에는 맥문동을 쓰지 않는다.

⑥ 맥문동 알갱이의 심은 들어서는 안된다.

비타민나무와 칼슘나무를 심자

비타민 나무는 몽골이 원산지로 현재 동북아 일원과 유럽 및 아메리카 대륙까지 널리 퍼져있는 작물로 알려져 있다. 꽃과 열매가 아름다워 우리나라에서는 관상수로 알려져 있지만 최근 200여종의 영양소가 내포되어 있고 특히, 비타민 함유량이 너무 많아 비타민덩어리, 곧 비타민 나무로까지 불리고 있다.

내가 이 작물을 처음 대한 것은 1990년대 초 몽골에서 였다. 열매를 시장에서 보고 초대받은 집에 갔다. 그때 즙을 먹은 게 맛으로는 처음이었고 사막 관광 중 직접 나무를 보면서 우리나라 야산에 옮겨 심으면 얼마나 아름다울까 생각한 바 있었다.

탈촌에는 지난 봄(식목일)에 1년생 35그루를 산림조합 임시 식물 판매처에서 구입하고 암나무 4개와 숫나무 한 그루씩 나누어 심었다. 2년차인데 꽃이 피더니 지금은 단풍이 들어 잎이 떨어졌다. 잎과 가지, 뿌리 그리고 꽃과 열매까지 모두 다 영양덩어리인 비타민나무는 버릴게 하나도 없는 나무이다.

징기스칸이 세계를 정복하려는 야심을 품을 수 있었던 것도 육포와 비타민나무가 있어 가능했다. 그는 매일 비타민 나무 열매즙이나 잎을 빻아 만든 분말을 즐겨 먹었다고 알려져 있다. 그 때문에 몽골 상류층 사람들은 비타민나무를 즐겨 먹었고 지금도 제상에까지 올려 놓는다고 한다.

한편 유럽에 알려지기는 일찍이 그리스원정대가 기진한 나머지 질병에 걸려 하나 둘 죽게 되자 이를 본 원정 대장은 말을 풀어놓았다. 며칠이 지난 후 천막 가까이에 다가 온 말들을 보는 순간 놀라지 않을 수 없었다.

천막 앞에 나타난 말은 살이 오르고 털빛까지 윤기가 흐르는 것이 아닌가? 원정 대장은 말을 잡아 묶질 않고 그냥 놓아두고 산으로 따라 올라가보니 과일과 잎을 마구 따 먹고 있는 것이 아닌가? 원정 대장은 열매를 모두 따서 원정 대원과 함께 먹고 기운을 차려 다시 길을 떠날 수 있었다. 그때부터 이 과일을 '말도 빛나는 나무' 라 하였고 이 나무의 과일을 '신이 주신 과일' 곧 성과(聖果)라고 부르기 시작했다.

비타민 나무의 학명은 히포페 람노이드스 (Hippophae Rhamnoides)라 하는데, 이 말은 말(馬)을 뜻하는 'Hippo' 와 빛나다의 'phae', 그리고 나무란 뜻의 ' Rhamnoides' 의 합성어로 알려지고 있다. 우리나라 명칭으로는 '산자나무' 라 부르기도 하고 중국말 '싸지' 의 표기인 사극이라 부르기도 한다. '시-북턴' (seabuckthorn) 이라 불리고 있다.

비타민 나무

비타민나무는 이외에도 비타민을 너무 많이 함유하고 있어 '비타민의 은행' 이라는 별명을 가지고 있고 중국은 '국보', 러시아는 '제 2의 인삼' 홍콩이나 타이완은 '미라클 푸르츠' (기적의 열매)라고 칭하기도 한다. 북한은 김일성주석이 이 나무를 비타민 덩어리라 부르고 비타민 나무라 명명했다. 생존시 나무열매는 20여종의 병의 예방과 치료에 효과가 뛰어나고 나무의 성분은 건강 장수의 빼어난 효능을 나타낸다고 이 비타민나무를 국가의 재보로 정하고 식수를 권장했다.〈연합뉴스 04.11.28〉

남한에 이 나무가 퍼진 것은 2000년대 이후부터이다. 비타민 함량이 포도나 사과의 200배이며 잎이나 열매를 차나 각종 음료, 잼, 식초, 술, 과실류, 화장품, 비누 등을 만들 수 있다. 그런데다 비타민나무의 잎에는 녹차의 주성분인 카테킨이 다량 함유되어 있으나 카페인이 없다는 특징이 있어 녹차보다 효능을 더 발휘한다고 할 수 있다.

(1) 비타민나무의 성분과 효능

영농조합법인 비타민나무에 의하면, 비타민나무는 뿌리 속 박테리아가 있어 질소 고정능력이 강하다. 뿌리는 질소를 고정해 토양을 개량하고 잎과 줄기에는 인체에 유익한 물질이 풍부하다. 비타민나무의 비타민 A,C,E,D,B,P,K 다양한 아미노산, 불포화 지방산, 미네랄 등을 함유하고 있으며, 심혈관 질병 혈압, 심장병, 암을 예방 해 주고 콜레스테롤을 낮춰 다이어트에도 효과적이다.

위장병, 화상 피부미용에도 좋고 비타민나무종자 오일은 간을 보호하는 기능이 있다고 하였다. 즉 비타민나무는 불포화지방을 90% 이상 함유하고 있어 심장병에 걸릴 위험을 감소시킨다. 특히 오메가3 지방산은 혈압을 낮추고 혈소판의 응집을 막아 혈액을 응고치 않게 하여 뇌졸중이나 고혈압의 위험도 감소시킨다.

또 오메가3 지방산은 임산부와 유아에게 필요하다. 임산부는 오메가 3 를 먹으면 아이의 뇌와 망막에 축적된다. 아이가 영아기에 먹게 되면 신경계와 시력발달에 매우 좋다고 알려져 있다.

비타민나무는 비타민A,C,E를 함유하고 있는데 특히, 줄기와 과일에는 비타민C가 100g당 최소 200mg부터 최고 1500mg까지 내포하고 있다.

사과 39mg, 감귤 34mg, 다래 120~400mg에 비하면 놀랄 정도로 많이 내포되어 있다. 산화방지제, 헤르펜 페놀 유기산등은 암예방 역할도 한다. 비타민E 함유량은 과일가운데 비타민나무가 가장 많다. 특히 씨앗 그것도 씨앗 기름에 가장 많아 이것을 먹게 되면 피부와 모세혈관의 신진대사를 증강시키고 신체노화를 방지시켜준다고 알려지고 있다.

따라서 비타민나무 기름을 즐겨 먹으면 혈류 촉진과 아울러 혈전 방지를 시키고 콜레스테롤을 저하시킨다. 성기능, 운동기능, 심장기능 강화에 효과적으로 향상시켜 호르몬 분비를 정상화시키고 피로감을 없애주며 혈관보호 적혈구 수면연장을 돕는다.

뿐만 아니라 황산화작용으로 대기오염으로부터 폐점막을 보호하고 동맥경화와 암, 노화의 원인물질을 억제시켜 세포막의 산화지질 생성도 막아내게 된다. 그리고 근육강화는 물론 협심증을 예방하게 되며 화상이나 상처치유에 빠른 촉진을 가져오게 된다. 아울러 생식기능을 돕고 유산이라든가 불임증을 개선시키는 작용도 한다고 알려지고 있다.

(2) 비타민나무의 재배

비타민나무가 우리나라에 들어온 것은 2004년 중국과 몽골로부터 종자를 들여 왔으며 묘목은 중국으로부터 들여 와 농가에 판매되면서부터 시작되었다.

비타민나무는 추운지방에서도 잘 자라 과일을 얻을 수 있다는 장점과 산지복원식물로 쓰일 정도로 번식력이 뛰어나다. 그리고 척박한 지역에서도 잘 자라 우리나라처럼 작은 야산이 많은 곳에서는 적격이라는 장점을 지닌 나무이다.

2004년 처음 강원도 농업기술원 북부시험장에서 도입하여 기초재배 검정과정을 거쳐 2006년에는 종자를 받아 그 특성을 규명하고 2006년 묘목생산을 통해 2007년부터 강원도지역 5개소에서 지역적응 시험을 거쳐 2008년부터 본격적으로 전국에 보급되었다.

남해섬은 구릉지가 많고 햇빛이 잘 드는 곳이 많기 때문에 이 작물에 어울린다고 여겨도 될 것이다. 더구나 노인인구가 많은 남해섬은 번식력이 탁월하고 척박한 지역에서도 적응이 뛰어난 이 식물을 경사지 농업의 대안으로 가능하리라 본다.

특히 비료를 안주고 비가 와도 쓸려 내려가는 것을 방지해 줄 수 있는 작물인 비타민나무를 재배하면 어떨까 하는 제안이다.

■ 재배와 관리

비타민나무는 30년에서 50년간은 개식치 않으므로 처음 밭을 조성할 때 잘 조성해야 한다. 경사도 15도 이하의 경사지에서의 계단식 조성, 성토에 의한 조성, 평지조성방식이 있으며 경제성을 고려한 다원조성은 산간지, 경사지, 평지에서 기계화 될 수 있도록 조성하는 것이 필요하다.

암컷 4 그루에 수컷 1 그루, 도합 다섯 분 군상식으로 배열하여 심으면 된다. 3~5m 자라니까 사방 1m 간격으로 심으면 될 것이다.

비타민나무는 뿌리가 옆으로 자라기 때문에 옆잔뿌리치기를 할 필요가 있다. 그러나 주의해야할 점은 생장점에 손상이 가지 않도록 해야 한다.

■ 전지 방법

전지는 과일을 채취 목적으로 할 때와 잎을 채취 목적으로 할 때를 구분해서 해야 한다. 비타민나무의 전지는 나무의 균형과 통풍 및 투광

조건을 개선시켜 과일의 결실과 생장을 올려주며 품질을 높일 수 있다.

나무높이 80~100cm일 때 1차 전지한다. 전지는 휴면시기와 생장시기에 하는 두 방법이 있다. 겨울에 하는 전지는 싹이 움틀 때 집중적으로 저장된 영양분을 이용, 신속하게 성장하게하며 낙엽시기에 하는 전지는 영양생장을 억제, 과일생산을 높이는 효과가 있다.

■ 잎과 과일의 수확

비타민나무는 심은 지 3년 또는 4년차부터 수확이 가능하다. 수확은 잎의 수확, 과일의 수확으로 나누어 보는 것이 바람직하다. 우선 새순은 4내지 5cm정도 자랄 때 상순을 수작업 및 기계작업으로 수시로 채취하며 1년 3회 내지 4회 채취가 가능하다.

과일은 일반적으로 첫서리가 내리기 20여일 전이 수확의 적기이다. 과일을 많이 따려면 잎의 수확을 1회에 그치거나 수량을 줄여 2차로 나누어 잎을 수확해야 한다. 신선한 과즙용 과일의 수확은 빨리 하는 것이 좋다.

(3) 칼슘나무도 심자

칼슘나무는 유럽의 야생자두나무로부터 육성된 최신 품종으로 낙엽관목에 속하며 비타민나무같이 척박한 땅이나 가뭄에 강하고 내안성도 좋아 우리나라 전 지역에 심어도 좋은 나무이다.

4~5월에 꽃이 피는데 꽃은 앵두꽃 같고 열매는 7~8월에 익는데 앵두보다 약간 크다. 선홍색 자두와도 같은데 새콤달콤한 자두 맛을 지니고 있으며 과즙이 많아 먹기에 좋다. 비타민나무가 비타민 덩어리이듯 칼슘나무는 칼슘덩어리이다.

활성칼슘이 100g당 600mg 들어있고 비타민 C가 47mg, 철분이 1.5mg을 비롯, 17종의 아미노산 400mg을 함유하고 있다. 특히 칼슘과

철분은 우유보다 두 배 이상 들어있어 어린이나 수험생, 산모나 노인 등의 칼슘 보충 내지 보혈의 가장 이상적인 과일이다.

칼슘나무는 키가 작게 자라 선채 잎과 과일 채취가 가능하다. 그런데 비타민나무에 비해 성장속도가 빠르고 꽃과 열매도 2년이면 볼 수 있다. 그런데다 칼슘과 각 종 영양분이 들어 있어 잎은 차로, 열매는 과즙음료, 쥬스, 과일주, 잼, 견과류, 엑기스 그리고 의학품등 다양하게 쓰일 수 있다. 특히 칼슘나무는 수확량이 좋고 비타민나무보다 꽃이나 열매를 빨리 볼 수 있다. 잎, 열매, 줄기 등이 모두 쓰이기 때문에 비타민나무처럼 아껴야 할 나무이다. 또한 꽃과 열매가 아름다워 정원수나 관상수로도 제격이다. 비타민나무는 가시가 돋아 잎이나 열매 채취시 찔릴 위험이 많으나 칼슘나무는 가시가 없어 찔릴 위험은 없다. 산이나 밭에는 비타민나무, 정원이나 집안에는 칼슘나무를 심으면 어떨까?

비타민이나 칼슘 그리고 오메가3를 자식들이 건강하라고 사 오는데 우리는 비타민나무, 칼슘나무를 심어 나무에서 직접 채취해 먹으면 아이들의 부담도 덜어주고 얼마나 좋은가? 지금 이 나무는 확산중이다. 빨리 시작하여 남해의 특산물로 하면 어떨까? 뒤로 미루지 말고 바로 시작해보자. 이런 이야기를 하다 보니 별안간 괴테의 '현재를 꼭 붙잡아라' 가 머리에 스치고 지나간다.

'현재를 꼭 붙잡아라'

"순간순간 지나가는 시간에는 무한한 가치가 있다. 항상 현재를 꼭 붙잡아라. 나는 현재의 나의 모든 것을 걸고 있다. 한 장의 트럼프에 거액을 건 것처럼. 현재를 있는 그대로, 될 수 있으면 제일 값비싼 것으로 만들기 위해 최선을 다 하고 있다."

-괴테-

난 내년 봄엔 꼭 칼슘나무를 심을 것이다.

까마중과 용규차를 듭시다

용규형, 오랜만이요. 내가 남해섬에 정착한지 명년 1월 7일이면 6년을 맞게 되오. 남해 탈촌에 처음 왔을 때는 잡풀이 하도 치솟아 그것 뽑느라 5년이 걸렸다오. 이젠 제법 자리가 잡혔는데 그 풀 가운데는 우리가 어릴 때 뛰어 놀면서 따 먹던 까마중 한 그루가 눈에 뜁디다. 난 이 한 그루를 다칠세라 고이 키웠소. 그랬더니 이젠 이곳 저곳에 까마중이 나오고 있소. 지금 생각해 보면 우리가 어릴 때 그렇게 많이 따 먹은 까마중 덕분에 지금 우리들은 몸에 아픈데 없이 지내고 있는 게 아닌가 생각하오.

용규형. 2 년 전부터는 까마중을 따먹기도 하지만 전초를 뿌리 채 뽑아 말려 요즘은 용규차를 즐기고 있소. 예전에는 차란 생각도 못했던 일이요.

용규형 집 뜰 안에 까마중을 몇 그루 심으시오. 까마중을 한방에서는 10대 항암 약초로 꼽고 있소. 즉 자초(지치), 반지련(채송화), 권백(바위손), 야국(들국화/구절초), 산두근(땅비싸리), 용규(까마중) , 고삼 (도둑놈 지팡이), 어성초(약모밀), 산자고(약난초), 포공영(민들레) 중의 하나라오.

까마중(Black nightshade)은 여러 책을 보니 학명은 솔라눔 니그룸(Solanum nigrum)이라 하고 가지과의 한 해살이 풀로 산이나 집주변 묵은 밭 개울가, 들에서 흔히 자라는 것으로 알려져 있죠. 까맣게 익은 열매가 스님들의 머리를 닮았다하여 까마중이라 부르기 시작했다는군요. 까마중, 까마종이, 가마중, 깜뚜라기 라고도 하고 지역에 따라 까무중이, 먹딸, 강태, 끼과리, 까까중이라고도 부른 답니다.

용규형, 용규를 한방에서는 가을에 식물 전체를 캐서 그늘에 거꾸로 매달아 말린 것을 말하는 한자어(龍葵)라오. 형의 이름과는 끝자리가 틀린다오. 그런데 중어사전에 찾아보니 중국에서도 용규의 다른 이름이 한국만큼이나 많더군요. 고규, 고채, 구아포, 산해초, 수가, 야자초, 야해초, 오귀채, 용안초, 지포자천가묘아, 천천가, 천포과, 필립구, 흑가, 흑고낭, 흑천과, 흑천천 등 많은 이름을 갖고 있더군요. 일어로는 '이누-호즈키라고 해요.

작게는 20cm부터 크게는 1m까지 자라는데 큰 것은 풀이라기보다 나무(교목)같이 느껴졌다오. 잘 가꾸면 많은 가지가 뻗어 나가고 잎은 타원형이며 어긋나게 붙는 특성을 가졌다오. 여름에 조그맣고 하얀 꽃이 피어 둥근 열매가 파랗게 달려 점차 까맣게 익게 되오.

까만 열매는 우리들처럼 나이 먹은 사람이 어릴 때 많이 따 먹었는데 요즘 아이들은 군것질꺼리가 많아서인지 먹을 줄도 모르고 따 먹을 생각도 안 해요.

그래서 병원을 자주 찾는 것 같소이다. 우리들은 버찌(벚)나 오디(뽕나무 열매)와 그리고 까마중을 얼마나 많이 따 먹었습니까? 달콤한 그 맛에 입술과 손에 까맣게 물드는 걸 모두 잊고 따먹었는데 그것들이 약중에 약이라는 걸 몰랐지요.

용규형, 까마중에는 솔라닌과 같은 알카로이드가 함유되어 있고 사포닌과 비타민 및 카로틴 등이 들어있어 항염, 항암작용에 빼어나다는군요. 그러니 용규형, 옛날 생각하면서 이젠 건강을 챙길 나이니 건강도 다스릴 겸 우리 다시 옛날로 돌아갑시다.

그런데 이점은 기억해 줘야 겠소. 솔라닌은 감자의 싹에도 들어 있는데 까마중도 들어 있어 약간의 독성이 있다는군요. 이 성분은 혈구를 용해시키기도하고 백혈병환자의 백혈구 증대를 억제하는 효능도 있다는군요. 어른들은 이 독성쯤 괜찮지만 어린애들한테는 위험 할 수도 있다는군요. 감자의 새싹이 나면 새싹 주위를 도려내고 먹는 것과 같은 것이죠. 그러니 어린이들은 파란 것은 따 먹으면 안된다는 것이지요.

왜 예전에 염소와 양이 다른 풀은 모두 잘 먹는데 까마중은 거들떠보지도 않는 걸 보지 않았소. 그래서 여러 한의학 책에서는 익지 않은 열매는 익혀 먹어야 한다고 경고하는 것이오.

용규형, 다 익은 열매 외에는 날 것으로 먹는 것은 피해야 하오. 꼭 들어보고 싶다면 어린 새싹일 때 채취하여 끓는 물에 데쳐 양념하여 무침으로 잡수시면 반찬으로 쓸 수 있고 다 익은 까마중 열매를 소주에 담궜다가 잡수면 '용규자술' 도 될 수 있죠.

생으로 쓸 수 있는 것은 잎이나 줄기를 식초에 넣고 갈아서 아픈 부위(옹종 등)에 붙이는 것은 악창도 낫는다하오. 그 외에도 까마중 꽃이 필 때부터 가을 사이에 까마중을 송두리째 뽑아 그늘에 말려 채 썰 듯 썰어 보관하고 필요할 때 쓰면 약이 된답니다.

그리고 까마중은 항염증과 혈당 강화, 혈액순환의 촉진 작용까지 한다는 점을 제고하시고 아울러 부기를 가라앉히는 작용에도 용규는 효험이 있다는 군요. 뿐만 아니라 용규는 부기를 가라앉히고 치질이나 복수가 찬데 그리고 각종 부종에도 쓰이며 해열과 해독작용까지 하며 편도선염에 좋고 피로를 회복시키며 타박상, 기관지염, 급성신염등에도 빼어난 효과를 나타낸다고 알려져 왔소.

까마중을 달이려면 말린 것, 생것 관계없어요. 달여서 하루 서 너번 마시면 복수가 빠지고 변비까지 없어지고 아울러 소변을 잘 나오게 하는 기능도 가지고 있소. 특히 부인병 다스리는데 치질 및 악창, 만성기관지염, 방광염에는 아주 탁월한 효과를 보인다는 점 잊지 말길 바랍니다.

용규형, 전에 형수께서 치질에 걸려 제대로 앉지도 못한다고 했는데 다 나았소? 치질에는 까마중 줄기를 썰어 말린 것을 물에 넣고 끓일 때 나오는 김을 한달에 두 세차례 항문에 쏘이면 낫게되오. 아직도 아프면 김을 쏘여보도록 하오. 이건 치루나 암치질까지 고칠 수 있는 방법이오.

모든 악창에는 까마중을 술 담아 마시고 찌꺼기를 아픈 부위에 바르면 서서히 낫기 시작 한답니다. 앞에서도 말씀드렸듯 까마중 생잎을 찧어 붙이거나 말려 가루 내어 붙여도 효험이 있음을 다시 한 번 말씀드립니다. 잠이 잘 오지 않을 때는 까마중 잎과 줄기를 쌀과 함께 죽을 쑤어 먹으면 잠이 잘 오죠, 이야기 하다보니 까마중은 만병 통치약처럼 느껴지네요.

그런데 용규형. 병은 병이 오기 전에 다스려야 하오. 그러니까 커피를 줄이시고 용규차를 만들어 소주대신 용규주를 미리 만들어 들도록 하세요.

■ 용규차와 용규주

용규차

까마중은 지저분한 곳에 많이 나는데, 되도록 차로변이나 농약을 쓴 밭에 나는 것은 피해야 합니다. 전초를 여름부터 가을까지 뿌리 채 뽑아 뿌리의 흙을 씻어내고 전체를 헹구어 음지에 말리시오. 2주 정도면 열매까지 다 마를 것이오. 다 마른 것이 확인되면 잘게 썰어서 보관해 두고 드시오. 잘 자란 것은 한 그루, 작은 것은 몇 그루를 말려놓으면 한 철 충분히 차로 마실 수 있소.

썰은 전초 15g정도(한웅큼)를 주전자에 담고 2L 정도 물을 넣고 끓여 물이 3분의 2가 되면 불을 끄세요. 용규형, 맛이야 약인데 무슨 상관이냐고 하겠지만 용규차는 가지과 식물맛이 나며 입 안에 번지는데 쓴맛은 그저 여운으로 스칠 정도죠. 쓴맛이 싫으면 감초 한 두쪽 넣어 끓이면 되고 차는 한 번에 많이 끓여 놓고 계절따라 겨울엔 따뜻하게 데워서 여름엔 시원하게 마셔도 되오.

용규주와 용규자술

용규주(까마중술)는 잘게 썬 용규를 술 담그는 유리항아리에 담고 소주를 사다 붓고 용규가 술을 들여 마신 후 울어나기 시작하면 밀봉해 둔 채 3~6개월동안 두었다가 단지를 열고 따라마시면 됩니다. 이를 까마중술 또는 용규주라 하오. 다음 까마중 검은 열매를 용규자라 부릅니다. 용규자를 술 단지에 넣고 소주를 부어 우려내면 용규주가 되오. 용규자주나 용규자주 모두 감초를 넣을 펼요는 없소. 그냥 그대로 따라 드시면 됩니다.

이상 용규차와 용규주에 대해 밝혔는데 차나 술로도 들기 불편하면 찬물을 많이 만들어 놓고 밥물로 써도 되고 생선찌개 된장찌개 오뎅국물, 라면국물로 대신 쓰면 식구 전체가 들기에 많은 효과를 볼 것이오. 그러나 지나치게 많이 드는 것은 안좋으니 식사에 한군데씩만 넣어 사용하는 것으로 하면 좋을 것이오.

용규차물은 국수나 떡, 용규과자등 얼마든지 개발해 쓸 수 있고 이것을 이용 비누, 화장품 등에 활용할 수도 있을 것이오. 용규형, 용규형에게 용규이야기를, 그것도 직접 이야기 한 것도 아니고 인터넷 신문을 통해 편지를 써서 당황했을 것이오. 용규형에게 쓰려다보니 이건 많은 사람이 알아야 할 이야기라 여겨 어쩔 수 없이 이렇게 쓰게 되었다오. 미안하오. 건강한 나와 건강한 가족, 건강한 동네, 건강한 사회, 건강한 나라가 되어야 우리나라 전체가 건강해지겠기에 어쩔 수 없었소.

용규형, 난 요즘 아나 야스오의『플러스 사고력』을 내친 김에 읽었소. 그걸 읽으면서 성공한 형을 생각하게 되었소. 도저히 해결되지 않을 것처럼 보이는 걱정거리나 극단의 불안이 계속되면 인간의 몸은 스트레스와 맞서기 위해 전투 태세를 갖추게 됩니다.

이 전투태세가 오랫동안 지속되면 뇌가 혹사 당해 피로감에 빠져들고 맙니다. 몸의 사령탑인 뇌가 피로감을 호소한다는 것은 체내의 면역 시스템이 무너지고 있다는 신호입니다. 해결의 실마리가 보이지 않는 걱정거리나 극도의 불안이 계속되면 임파구의 일종인 NK세포가 제대로 활동하지 못합니다. 20살 이상의 인간이라면 누구나 하루에 100만 개의 암세포를 몸속에서 만들어낸다고 합니다.

그래도 암으로 쓰러지지 않는 것은 NK세포를 위시한 면역세포가 암세포를 물리치고 있기 때문입니다. 하지만 극도의 걱정거리가 계속되면 NK세포의 전투 의욕이 상실됩니다. 암세포들이 물리치는 작업을 소홀히 한다는 이야기입니다. 당연히 저항력이나 면역력도 떨어집니다. 그러면 암세포들이 제멋대로 날뛰게 됩니다. 너무 오랫동안 걱정거리를 붙들고 있으면 이처럼 몸에도 좋지 않습니다. 하루라도 빨리 걱정거리에서 벗어나십시오. 그 비결은 평소에 플러스사고를 습관적으로 하는 것입니다. "그 어떤 걱정거리라도 결국에는 전혀 생각지 못했던 형태로 해결의 길이 열린다."

『플러스 사고력』

성공을 위한 아홉가지 습관

1.반드시 잘 되리라 확신하라
2.할 수 있는 것 부터 시작하라
3.목표를 향해 나아가라
4.긍정적 사고를 가져라
5.자신을 잘 컨트롤하라
6.기본을 소중히 하라
7.타인에게 너그럽게 대하라
8.능률적으로 일하라

9. 인간적인 매력을 가져라

– 아나 야스오–

우리 모두 용규차를 드는 습관을 기릅시다.

접시꽃차와 촉규근탕

인간은 어디서 나서 어디로 가는가? 필자가 이런 문제를 던지니 철학이나, 종교 이야기를 하려느냐는 질문을 던질 수 있다. 허나 필자가 이야기 하려는 것은 철학도 종교 이야기도 아니다. 그냥 우리들 주변을 돌이켜 보고 싶은 충동에서 그냥 던진 문제이다.

"어디서 태어났느냐?"는 우리에게 주어진 환경이다. "어디로 가느냐?"는 우리의 삶, 곧 인생이라고 여기면 될 것이다.

"어느 나라에서 태어났는가?" "어느 도, 주, 성에서 태어났는가?" "어떤 동네에서 태어났는가?" 는 매우 중요한 것이다. 그곳에서 성장하면서 우리는 환경에 적응하게 되는 것이다.

그런데 성장한 지역에서 이동해 살다보면 배탈이 난다거나 잠이 잘 오지 않는다거나 등 여러 가지 문제로 고통을 겪는 경우가 많이 생긴다. 이는 모두 환경의 부조화 때문에 오는 현상이다.

땅과 물, 기후를 비롯해 집과 정원, 나무와 풀, 그리고 가족과 마을 구성원, 밤낮의 변화와 계절과 일진의 변화는 우리의 생활 습관을 만들어내는 것이다.

이는 사람들뿐만 아니라 동식물도 같은 현상이 나타난다. 금산 인삼, 여주 쌀, 성주 참외, 제주 한라봉, 남해 마늘과 시금치가 유명한 것도 환경에 잘 적응해 그 가치가 빛난 것이다.

그러나 우리가 먹는 음식에는 독이 되는 것도 있고 약이 되는 것도 있다. 독이냐, 약이냐는 우리 조상들이 살아오면서 터득한 것인데 요즘 사람들은 깊이 알려고 들지 않아 기억에 없는 것이다. 같은 음식이라도 어떤 이는 먹으면 독이 되는데 어떤 이는 약이 되는 경우도 있다. 인간은 타고 나면서 각자 제 나름의 체질을 타고나는 까닭이다.

필자가 서울을 떠나 경남 남해섬에 정착한지 지난 1월 7일로 만 5년이다. 처음 이사와 늘 먹게 되는 것이 해산물이었다. 해산물이 안 들어간 음식이 없을 정도였다. 처음에는 그런대로 별미로 먹을 수 있었지만 세월이 지날수록 멀리 대하게 되더니 1년이 경과하면서 적응되었는지 잘 먹게 되었다. 환경에 적응하는데 1년이 걸렸다.

그 후 음식을 부실하게 들게 되니 몸이 마르게 되었다. 주변에서는 병이 있는 게 아니냐고 묻는 이도 있었다. 욕탕에 가서 몸무게를 체크하니 늘 2kg 오르내리던 몸무게가 5kg나 빠져 있었다. 너무 몸이 마르니 현기증도 오기 시작했고, 어지럼증이 돌기 시작했다.

난 계속 보신탕을 들어보기도 했고 매일 식탁에 돼지고기를 올려놓고 먹어도 보았다. 그러나 별반 소용이 없었다. 이즈음 여름철 휴가겸 친지가 조대일선생을 대동하여 탈촌을 방문했다.

조선생은 악성 빈혈과 재생불량성 빈혈에는 접시꽃 뿌리를 끓여 먹어야 된다고 했다.

조선생은 접시꽃 뿌리를 캐왔고 이것을 맑은 물에 씻어 주전자에 잘라 넣고 끓이기 시작했다. 그리고 그 물을 수시로 마시라고 했고, 이 물로 찹쌀 죽을 끓여 주었다. 이렇게 며칠 동안 아침 저녁 들게 되니 현기증도 어지럼증도 사라지고 몸이 불어나는 것을 느끼게 되었다.

이 탕을 조선생은 '규화근탕'이라고 했다.

그 후, 규화근탕을 한약재에서 찾으니 그 이름이 발견되지 않았다.

그래서 필자는 '촉규근탕' 이라고 이름을 바꿔부르게 되었다.

접시꽃의 학명은 'Althaea rosea' 로 일반적으로는 '접시꽃' 이라 부르지만 서울에서는 '어숭화' 라 부르며, 북한에서는 접두화, 둑두화, 단오금 등으로 불려오고 있다. 약 1200여년전 신라시대에는 '촉규화' 라 불렀다고 알려지고 있다. 접시꽃은 서양에서는 이집트가 허브종류로 키웠고, 동양에서는 기원전 2세기 중국 문헌에 등장한다.

접시꽃은 아름다워 예전부터 시인들의 노래에 많이 오르내려왔다.

신라시대 최치원의 시 〈촉규화〉를 비롯, 현대시인 도종환의 시 〈접시꽃 당신〉에 이르기까지 많은 시작들이 보인다. 이런 접시꽃 전설도 보인다.

'옛날 화왕(花王〉이 궁궐 내에 세상에서 제일 큰 꽃동산을 만들고 세상의 모든 꽃을 모으게 했다. 그러자 세상의 모든 꽃들이 모두 모여들었다. 여러 꽃들이 모이자 화왕은 꽃관장을 두어 꽃들을 관리케 하였다.

창 앞엔 모란과 홍매화를 심고 장독대엔 나리꽃과 들국화를 심었고 울밑에는 봉선화와 맨드라미를 심고 대문밖에는 접시꽃을 심었다.

꽃관장은 온갖 정성을 다해 꽃을 가꾸어 계절마다 피어나는 모습에 화왕은 만끽하고 꽃관장도 기뻐했다. 그러던 어느 날 꽃관장이 남해도 금산의 산신령님을 만나러가고 없을 때였다. 또 다른 곳의 화왕이 너희들에게 원하는 음식과 물을 줄테니 이곳으로 오라는 소리를 듣게 된다.

꽃들은 너도 나도 하나둘 새집으로 옮겨가고 화왕의 집에는 아무것도 없었다. 꽃들이 모두 떠나고 난 후 금산 산신령님을 만나고 돌아온 꽃관장이 돌아와 보니 궁궐과 산과 들에는 아무것도 남지 않았다. 꽃관장은 소리쳐 꽃들을 불렀으나 아무런 대답이 없었다. 꽃관장은 궁궐 내 마당에 주저앉아 슬피 울고 있었다. 이때 밖에서 작은 목소리가 들렸다.

"꽃관장님 슬퍼하지 맙시다. 저는 여기 있습니다." 대문 밖에 서있던 접시꽃의 소리였다. 꽃관장은 "너는 어찌 떠나지 않았느냐"고 물었다.

그러자 접시꽃이"제가 떠나면 집은 누가 봅니까? 전 관장님 집을 지켜야지요" 했다.

꽃관장은 그때부터 접시꽃을 돌보게 되었고 접시꽃을 집지키미꽃으로 여기게 되었다. 접시꽃은 이렇게 훌륭한 꽃이기에 전세계에 퍼졌고 집을 지키는 파수꾼 노릇을 하는 훌륭한 꽃이 되었다.

접시꽃(촉규화)의 씨는 금석마을회관 앞 기와집 대문결에서 씨를 받아 돌아오는 즉시 바로 심었다.그 후 잔 것 두어 뿌리를 다른 집에서 얻어다 심은 것이 피어났다.

2008년 두어그루던 것이 2009년엔 탈촌 전체에 여기저기 피기 시작하여 지금은 남해군에서 접시꽃 제일 많은 곳 하면 탈촌을 지목할 만큼 퍼졌다. 접시꽃은 2,3미터 크기에 원기둥모양 곧게 서는 특성을 지녔으며 털이 있으며, 잎은 어긋나고 심장형이며 가장자리가 5~7개로 갈라진다. 꽃은 붉은색, 연분홍색, 노란색, 흰색 등 다양하며 6월경 잎겨드랑이에서 짧은 자루가 있는 꽃이 피기 시작, 전체가 긴 총상꽃차례로 된다.

작은 포는 7,8개이며 서로 붙고 꽃받침은 5개로 갈라지며 꽃잎은 5개가 나선형으로 붙는다. 꽃잎이 겹으로 된 것도 있으며 수술은 서로 합쳐져서 암술로 둘러싸고 암술머리는 여러 개로 갈라진다.

열매는 평평한 원형인데 심파가 수레바퀴처럼 들러붙으며 9월에 익는다. 꽃은 촉규화. 뿌리는 촉규근, 줄기와 잎은 촉규모, 씨는 촉규자라 하며 전체를 한약재로 쓴다. 특히 이들에는 점액이 있어 점활재로 많이 활용되며 꽃이 아름다워 관상용으로도 재배된다.

① 촉규근(접시꽃 뿌리)

일반적으로 열을 내리고 피를 맑게 하며 이뇨작용 및 염증을 제거하는 효능이 있다. 토혈이나 대,소변에 피가 섞여 나오는 것을 치료하고 방광염이나 요도염, 백대하에도 좋다. 뿐만 아니라 피부가려움증이나 습진도 치료한다. 뿌리에는 특히 많은 점액이 함유되어 있다. 일년생인 경우Pentose7.78%,Pentosan6.86%, methylpintosan10.59%, urontks 20.4%를 함유하고 있다.

뿌리는 50g을 달여 복용하는데 때에 따라서는 환이나 분말로 만들어 복용하기도 하며 찧어서 상처 난 곳에 붙이는 것도 가능하다고 각종 한의서는 밝히고 있다.

② 촉규의 싹

접시꽃의 새순이 오를 봄철, 그 새순을 잘라 데쳐서 나물로 무쳐먹거나 기름에 튀겨 먹거나 국을 끓여 들어도 된다. 새싹은 결석을 없애주고 열을 내리며 독을 풀어주고 설사를 멎게 하는 작용을 한다. 나물로 먹으면 임질을 다스리고 속이 타는 것을 부드럽게 만들며 산모의 해산을 순조롭게 한다고 하였다.

특히 화상에는 싹을 잘라 찧어서 상처에 붙이면 잘 낫게 되고 새싹을 넣고 찹쌀죽을 끓여들면 기진함을 없애준다.

③ 촉규잎과 줄기를 촉규모라 한다. 이도 뿌리처럼 임질치료에 효험이 있으며 오줌을 잘 나오게 한다.

잎은 혈을 제거시키고 위와 장을 다스리며 독을 제거한다. 뿐만 아니라 임질치료에 도움이 되고 칼로 벤데 붙이면 아물게 된다. 10g정도를 달여서 복용하거나 삶거나 짓찧어서 즙을 만들어 마셔도 된다. 외상에는 분말로 만들어 붙이면 효과를 본다.

④ 촉규자- 『동의보감』에는 노랑접시꽃씨를 가루내어 한 번에 8g씩 술에 담궜다가 걸러서 찌꺼기를 버리고 덥게하여 먹으면 골반이 벌어지지 않아 생긴 난산과 피가 흘러나와 태아가 마르는 것을 치료한다 하였다. 옛 노래에는 "황촉규씨 백여알을 불에 볶아 가루내어 난산으로 급할 때에 술에 타서 먹으면 온 집안 근심이 웃음으로 변한다네"라고 되어 있다.

촉규씨에는 지방유가 함유되어 있는데 그중에는 불포화유리산이 많이 들어있다. 용량 3~9g을 달여서 복용하거나 가루내어 복용하고 외부 상처에 바를 때에도 가루로 떡을 만들어 붙인다.

⑤ 촉규화와 촉규화차 (접시꽃차)- 접시꽃은 한창 필 때 꽃으로서는 붉은색, 노란색, 분홍색,흰색이 피는데 꽃차나 약으로서의 꽃은 흰색을 높이 산다. 꽃은 혈액순환을 좋게 하고 백대하와 아랫배가 찬 것을 치료하며 소변을 잘 보게 하고 변비에도 좋다고 되어 있다.꽃은 여름부터 가을까지 꽃이 만발할 때 채취하여 햇빛에 말리거나 아주 낮은 온도의 전기프라이팬에 꽃송이 하나하나 따서 가지런히 놓아 말리고 뒤집어서 다시 말리면 된다.

5g정도를 달여서 마시거나 다 마른 것을 분말로 만들어 찻잔에 뜨거운 물로 타서 마신다.어린이들은 풍진치료에 효험이 있고 백색꽃은 백대하,적색꽃은 적대하를 치료한다고 되어있으니 꼭 백색꽃만 말릴 필요는 없다고 본다.

***주의사항**

① 접시꽃나무는 맛은 달고 성질은 차가우나 독성은 전혀 없다. 그러나 오랜기간 복용하면 좋지 않다.

② 개고기와 함께 먹으면 몸에 병이 생겨 낫지 않는다고 하며 돼지고기와 함께 들면 얼굴색이 나빠진다고 한다.

③ 임신중의 복용은 금한다.

④ 빈혈 및 설사가 있는 이의 복용을 금한다.

⑤ 접시꽃나무는 갖가지 부인병에 효과가 크지만 몸이 찬 여성에게는 좋지 않다.

⑥ 혈액형이 O형,AB형(열성체질)에게는 좋고 A형 B형(냉성체질)에는 좋지 않다

탈촌 신비의 약재

-뇌졸증의 민간요법

얼마 전『탈촌 신비의 약초 . 비단풀』(2012.8.22 남해안시대)을 밝혔더니 남해인은 물론 경남의 여러 곳에서 "다른 약초는 없는가?" "다리 아픈데는 어떤 약초를 들어야 되나?" 등등 많은 질문의 전화를 받았다. 탈촌(남해국제탈공연예술촌)에는 다른 어느 곳 보다 약초가 많다. 남들은 꽃을 보고 화초를 심는데 나는 이곳에 머물면서 남해 군민은 노인이 많으니까 약초를 재배하는 게 그들을 위해 필요하다고 여겼다.

그래서 꽃을 심되 꽃의 아름다움도 중요하지만 약으로 쓰고 꽃도 보는 약초를 파악하기 시작하며 꽃을 가꾸게 되었다. 몇 년간 기르다보니 이제는 가꾸어 놓은 약초들을 널리 알려 분양도 하고 필요한 사람들은 치료에도 사용 할 수 있도록 알리고 있다.

꽃 외에 나는 매년 4월 5일 식목일이면 나무를 심되 꽃도 보고 열매도 딸 수 있는 나무를 사다 심었다. 시간이 흐르면 꽃도 보고 그때 그때 탈촌을 찾는 어린 학동들에게 열매도 따 먹게 하기 위해서이다.

2008년엔 앵두를 심었고 2009년엔 체리나무를 여러 그루 심어 놓았다. 그리고 2010년엔 석류나무와 청매실. 홍매실을 사다 심었고, 2011년엔 대추와 감나무, 2012년에는 수국을 사다 심었다.

그 동안 얻어 심은 것도 있다. 2010년 최충일 씨로 부터 무화과, 허브나무, 2011년에는 수국을 얻어 심었다. 이중 앵두나무, 무화과, 매실은 매년 수확이 가능하게 되었고 체리도 맛 볼 정도로 열리기 시작했다. 이렇게 나무를 사서 심는데 약초야 씨를 받아 심으니 수 십 종을 파종한 상태가 되었다.

그런데다 탈촌에는 예전부터 많은 나무와 약재가 있어왔다. 탈촌 둘레에는 탱자나무가 있어 울타리를 형성하고 있으며 유자밭과 차밭도 있을 정도이며, 뒷마당에는 예전부터 머구(머위) 싹이 초봄에 돋기 시작, 한여름이면 나무 밑을 가려 잡풀이 자라는 것을 막고 있다.

이것들을 이용 할 수 없을까 ? 이곳 저곳을 들치다가 발견한 것이 매실과 뇌졸중, 탱자와 뇌졸중, 머구잎과 뇌졸중과의 관계에 부딪치게 되었다.

탱자나무에 매달인 푸른 탱자를 따서 씨를 발라내고 말리면 뇌졸중에 특효인 '지실' 이 된다는 사실과 덜 익은 매실과 달걀 흰자, 머구잎의 즙, 청주를 합치면 단 한 번의 투약으로 뇌졸중이 절대 걸리지 않는다는 사실을 알게 되었다.

■ 뇌졸중과 그 증상

우리나라 사망률 제 1위가 암이고 그 다음이 뇌졸중이라고 한다. 그러나 암은 위암, 간암, 폐암 등 많은 암을 합한 경우이다. 단일 질환으로 보면 뇌졸중(중풍)이 사망률 제 1위라는 것이다.

그렇다면 이렇게 사망률 1위인 뇌졸중이란 어떤 질환이며 그 증상은 어떻게 나타나는가? 뇌졸중 (腦卒中 stroke, apoplexy)은 뇌의 일부에 혈액을 공급하고 있는 혈관이 막히거나(뇌경색), 터짐(뇌출혈)으로서 그 부분의 뇌가 손상되어 나타나는 신경학적 증상을 의미한다. 뇌졸중은 "뇌혈관 질환"과 같은 말이며, 한방에서는 "중풍(中風)이라는 말로도 불리고 있다. 뇌졸중은 크게 두 가지로 나누는데

첫째, 혈관이 막히는 것으로 혈관에 의해 혈액을 공급받던 뇌의 일부가 손상되는데 이를 '뇌경색' '경색성 뇌졸중' 으로도 불린다.

둘째, 뇌혈관이 터지는 것으로 뇌 안에 피가 고여 그 부분의 뇌가 손상당한 것으로 '뇌출혈' 또는 '출혈성 뇌졸중 '이라고도 한다.

서양에서는 전자가 후자보다 많으며 우리나라는 허혈성 뇌졸중이 약 85% 정도로 출혈성 뇌출혈보다 더 많은 것으로 알려져 있다. (서울 아

산병원)

대한 뇌졸중학회의 조사(2009)로는 환자의 98%가 편측마비, 언어장애, 시각장애, 어지럼증, 심한 두통 때문에 병원을 찾는다고 했다. 다시 말하면 뇌혈관이 별안간 터져 뇌 일부분이 죽게 되면 이 부분에서 담당하던 기능에 장애가 오기 때문에 뇌졸중의 증상이 나타나는데 그 증상을 대별하면 다음과 같다.

1. 반신마비 증상 = 별안간 한쪽 뇌에 이상이 생겨 그 반대쪽에 마비가 와 팔 다리 한쪽을 못 쓰게 된다. 이 경우 양쪽 사지가 모두 마비되기도 한다.
2. 반신 감각 장애 증상 = 이는 반신 마비와 함께 오는데 감각 이상이 심해져 몹시 저리거나 아플 수도 있다.
3. 언어 장애증 = 정신은 명료한데 갑자기 말을 못하거나 남의 말을 이해하지 못하는 등의 증상이다.
4. 발음 장애증 = 말을 하는데 혀, 목구멍, 입술 등의 근육 마비가 되어 정확한 발음이 어려워진다.
5. 운동 실조 증상 = 마비는 없는데 손. 발의 조절이 불가능하며 걸을 때 한 쪽으로 쏠려 넘어지게 된다.
6. 시력장애 증상 = 급히 한 쪽 눈이 안보이거나 어둡게 보인다.
7. 복시현상 = 한 물체가 두 개로 겹쳐 보이거나 똑똑히 보이지 않는다.
8. 연하장애증 = 음식물이나 침을 잘 삼킬 수 없거나 사래가 걸린다. 때로는 침을 흘리기도 한다.
9. 치매현상 = 두 번 이상 뇌졸중을 거치면 기억력, 판단력 등 지적 능력이 떨어지고 동작마저 서툴러진다. 대소변은 물론, 감정조절이 어려워 괜히 웃거나 울기를 반복하게 된다.
10. 어지럼증 = 세상이 빙빙 돌고 매스껍고 토하는 증상이 있다.

11. 의식장애 = 증세가 심화되면 의식장애가 발생한다. 심할 때는 혼수 상태가 된다.

12. 식물상태 = 심한 뇌졸중은 생명을 구해도 식물상태가 되는 경우가 있다. 눈도 뜨고 잠도 자지만 인식능력이 없다.

13. 두통현상 – 난생처음 극심한 두통이 발생하여 의식을 잃게 된다.

이상 13가지로 의학계는 세분화하고 있는데 일반인들이 빨리 뇌졸중을 발견하려면 그 전조 증상이 아래와 같을 때, 뇌졸중 응급조치를 취해야 한다.

■ 뇌졸중의 발견과 응급조치

뇌졸중의 위험인자는 고령의 나이, 고혈압, 당뇨, 심장질환, 고지혈증, 비만, 흡연, 운동부족, 과음 등이다. 통계에 의하면 우리나라의 경우 남자는 59~60세, 여자는 64세~65세가 가장 많이 뇌졸중이 오는데 남자는 1,000명 중 1.8명이 걸리고 여자는 1,000명 중 1.2명이 걸리는 게 보통이다. 그리고 전체적으로 보았을 때 뇌졸중에 걸린 것은 남자가 많은데 사망률은 여자가 더 많다는 점이다.

그러나 이 통계와는 달리 남자는 40대에도 많이 뇌졸중이 오기도 하고 여자는 50대에도 많이 걸리고 있다는 점이다.

■ 뇌졸중의 전조 증상

① 벼락치듯 심한 두통

② 갑자기 심하게 어지러울 때

③ 시야가 둘로 보이거나 한 쪽 시야가 보이지 않을 때

④ 급히 말을 못하거나 못 알아들을 때

⑤ 한 쪽 팔 다리가 저리거나 힘이 없어질 때

이 5가지만 우선 기억해 두고 살펴보는데 여기에 뇌졸중(stroke)의

영자 알파벳의 앞의 세자“ S - Smile - 웃어요! , T - Talk - 말해보세요! , R - Raise - 팔을 올려 보세요 ! ” 를 시도해 보고 여기에 덧붙여 “ 혀를 내밀어 보세요!”를 통해 혀가 꼬부라졌다든가 이쪽이나 저쪽으로 굽었는가를 발견해 내는 일도 중요하다.

뇌졸중의 전조증상이 확인되면 3시간 이내에 병원에 도착해야 한다. 그러나 뇌졸중을 빨리 수술 할 병원이 없다든지 또는 수술비가 없을 때는 민간요법이라도 이에 대처해야 한다.

예전부터 민간에서는 곰 쓸개를 빨아 먹거나 하는 급한 처방이 있어왔다. 그리고 또 한 가지 방법은 ‘지실탕’을 끓여 그 물을 마시는 방법이다.

지실이란 푸른 탱자 말린 것을 말한다. 의식이 있고 물을 들어 마실 수 있다면 가능하다. 조대일은 그의 『즉효 응급처지 비법』에서 “우선 양쪽 엄지 손가락에 사혈을 하고 한약 건재상에 가서 지실 한 근을 사다가 밥스푼으로 고봉 한 개를 물 한 되에 넣고 달여서 물대신 마시게 하세요. 그리고 손가락 사혈은 매일 아침에 한 번 , 저녁에 한 번 하시고 가슴 생기혈에 뜸을 뜨시면 효과는 더 빠를 것이다”라고 하였다. 그리고 이어 조대일은 ‘지실탕‘에 대해 ’지실탕은 심신의 부조화로 인체에서 상기(열 기운이 머리를 향하여 올라가는 증상)가 되면 뇌압이 올라가 뇌세포의 활동 영역이 좁아지고 문제가 발생하면 사태수습이 불가능해 진다. 이때 지실탕을 먹이면 상기가 멈추고 뇌압이 내려가므로 뇌세포가 활동을 활발히 하게 된다. 이때 출혈된 혈액을 청소하게 된다. 이러한 현상을 의학적으로 본다면 기적이 될 것이다“ 라고 하였다.

뇌출혈 현상은 뇌 사진을 찍을 때 나타났는데 며칠 지실탕을 들고 나니 뇌출혈 흔적이 하나도 없었다고 하며 움직일 수 없었던 손발도 자유로워지고 정상적인 사람처럼 변했다는 것이다.

뇌졸중 초기에는 푸른 탱자 말린 것(지실)이 치료에 이렇게 탁월한 효과가 있는 것이다. 따라서 뇌졸중 위험인자를 지닌 사람이 있는 가정에서는 미리 준비해 두는 것도 바람직한 예방이 될 수도 있다.

■ 단, 일회의 비방으로 평생 뇌졸중의 위험에서 탈출하자!

이 신비의 뇌졸중(중풍) 예방약은 일본 후쿠오까 시내 초등학교 교장회의 석상에서 배포된 것이 퍼져 우리나라에까지 알려진 것이다.

이 자료를 널리 알리려는 이유는 우리나라 사망 제 1위인 뇌졸중 신비의 약을 널리 알리므로 많은 이들이 뇌졸중(중풍)이란 침묵의 병에서 구제되기를 바라기 때문이다. 더구나 이 약은 단 한 번의 복용으로 평생 뇌졸중으로 쓰러지지 않게 되므로 '신비의 약' 으로 이름 불리게 된 것이다.

그러나 이 약의 조제 시기는 아무 때나 가능한 것이 아니고 매 년 청매실이 익기 바로 직전인 5월말부터 6월초에만 가능하다는 점이니 미리 염두에 두고 계획을 착실히 세워야 할 것이다. 그리고 꼭 주의해야 할 점은

첫째, 반드시 순서대로 조제해야 하며,

둘째, 쇠붙이에 닿으면 안된다는 점이다.

※ 준비물

① 계란 (유정란) 1개 - 흰자위만

② 머구(머위) 잎의 즙 - 작은 스푼으로 1스푼 (3잎정도), 단, 앞 뒤에 털이 있는 것은 효과 없음.

③ 청주(정종) 작은 스푼 3스푼 (소주는 안됨)

④ 매실즙 - 청매실 5개를 씨를 빼고 즙을 낸다. (익은 것과 홍매실은 약효가 없음)

※ **조제순서**

① 달걀 흰자를 플라스틱 용기에 넣고 나무젓가락으로 150여회 같은 방향으로 젓는다. 단, 유정란 흰자만으로 사기그릇도 가능하다. 150회 정도 저으면 거품이 일게 된다.

② 머구(머위)잎 즙을 넣고 50회정도 젓는다. (머위잎 5장을 즙을 내어 유정란에 섞고 역시 한 방향으로 50회 돌린다.)

③ 청주 5 숟가락을 용기 ②에 넣고 같은 방향으로 50회 돌린다.

④ 매실 5개 즙을 내어 ③에 넣고 같은 방향으로 20회 돌린다.

⑤ 완성 - 이 상태에서 쭈욱 마신다.

단, 복용 후 30분 이내에는 물이나 음식을 들지 말 것, 마실 때는 틀니나 의치가 있으신 분은 꼭 빨대로 들여 마셔야 한다.

교장회의에서 공표하였으니 그 실험은 다 된 것으로 안다. 그러니 뇌졸중(중풍) 위험인자를 가진 분들은 이 신비의 약을 잊지 말고 정성들여 조제하여 복용함으로 뇌졸중 위험에서 탈출하기를 기대한다.

6 삼재와 삼재풀이

흑룡의 해 용의 문화

(1) 용의 세계

용띠를 보면 1904년 갑진생, 1916년 병진생, 1928년 무진생, 1940년 경진생, 1952년 임진생, 1964년 갑진생, 1976년 병진생, 1988년 무진생, 2000년 경진생, 그리고 2012년 임진생이 용띠가 된다.

남해에서 용과 관련된 것을 보면 지역명으로 용소리(마을)가 있으며 사찰로는 용문사가 있다. 고현면 대사마을에 용궁다방, 용오름 식당, 서면 중현마을의 용두유자농원, 노량의 용궁횟집, 무림마을의 용궁정 숯불 갈비집 등이 있다.

미조항 모퉁이에는 용나무가 있고 남해의 산 아래 마을에는 용이 승천한 곳들이 여기 저기 있어 용소 또는 용오름으로 불리우고 있다. 그런데다 용띠 축구회가 있는가 하면 용마루가 있는 집도 많이 눈에 띄며, 용자가 들어간 성명도 많다. 그런데다 음식점이나 회관같은 곳에는 큰 용(龍)자의 서화가 걸려 있는 걸 보면 남해섬에도 용과 관련된 것은 도처에 즐비하다고 할 수 있다.

색으로 보면 용에는 백룡, 황룡, 청룡이 있고, 2012년과 같이 60년만에 맞는 흑룡도 있다. 그렇다면 왜 우리들 주변엔 이렇게 용이 많은 것일까?

(2) 서양의 용

『브리태니커 백과사전』에 보면 용(龍, dragon)에 대해 자세히 설명하고 있다. 그 중 서양에 있어서의 용에 대한 관념은 우리가 생각하는 용과는 차이가 있다. 영어 드래곤(dragon)은 그리스말의 드라콘(drakσn)에서 왔는데 이 말의 원래 의미는 큰 뱀(바다 뱀)을 의미했다. 이 때문에 그 이후 신화에서 용은 어떤 형태로 나타나건 본질적으로 뱀의 형상을 취했다. 뱀의 몸집이 크고 치명적인 독을 가진 중동지방에서는 뱀과 용이 악의 원리를 상징했다.

예를 들어 이집트의 신 아페피는 암흑 세계의 큰 뱀이었다고 한다. 그리스와 로마에서는 뱀의 악한 세력으로 본 중동지방의 관념을 받아들이기는 했지만, 때로는 드라곤테스를 지구내부에 사는 예리한 눈을 가진 유익한 존재로 여기기도 했다. 그러나 대체로 용에 대한 나쁜 평판이 더 지배적이었다고 볼 수 있다.

유럽에서는 이런 의미만 남아있다. 기독교에서는 고대의 유익한 뱀과 사악한 뱀신들을 구별없이 정죄했다. 기독교 예술에서 용은 죄와 이교를 상징했고 성인과 순교자의 무릎 아래 굴복하고 있는 모습으로 묘사되었다.

용의 형상은 어떠했는가? 『브리태니커』에는 "형상이 예전부터 다양했는데 칼데아의 용이었던 티아마트는 다리가 4개, 몸은 비늘로 싸여있고 날개를 가지고 있었다"고 했다. 『요한 묵시록』에서 "용의 성서적 상징인 '늙은 뱀'은 그리스의 히드라와 흡사하게 여러 개의 머리를 갖고 있는 것"으로 등장한다.

용은 보호하고 공포를 유발하는 특징을 갖고 있을 뿐만 아니라 외형상으로도 멋이 있었기 때문에 일찍부터 호전적 상징으로 사용되었다. 『일이아드』에 나오는 아가멤논 왕은 자신의 방패에 머리가 3개 달린 푸른 뱀을 장식했고 후에 노르웨이 전사들은 방패에 용을 그렸으며 뱃머리에 용의 머리를 조각했다.

노르만의 침공이전의 영국에서는 왕을 표시하는 전투용 깃발에서 용이 주된 문장이었는데, 아서왕의 부친이었던 펜드래곤이 이 문장을 처음으로 채택했다. 20세기에는 왕세자를 표시하는 문장으로 공식 채택되었다고 했다.

⑶ 동양의 용

그렇다면 동양에서는 용을 어찌 보았는가? 동양에서는 용을 유익한 존재로 여겼고 큰 위세를 지녔다고 보았다. 중국의 경우 용은 신화에 나오는 거대한 동물로 강과 호수, 바다 등에 살며 하늘을 떠돌아다닌다고 여겼다.

용은 9개 용물의 합성으로 보았다. 얼굴은 낙타, 뿔은 사슴, 눈은 귀신, 몸통은 뱀, 머리털은 사자, 비늘은 물고기, 발은 매, 귀는 소로 보았다. 여기에 입가에는 긴 수염이 달렸고 등에는 81장의 비늘, 목 밑에는 한 장의 큰 비늘을 중심으로 반대 방향으로 49장의 비늘이 있다.

원래 비의 신이었던 중국의 용은 서양의 용이 잔인한 성격을 지닌 것과는 반대로 하늘의 선행과 풍요를 상징했다. 또한 음양설에서 하늘, 활동성, 남성다움 등의 원리를 뜻하는 양(陽)을 대표했다.

B.C 6세기부터 시작된 '기우제'에서는 사람들이 줄지어 용의 형상을 만들면서 춤을 추는 의식이 있었다. 이와 유사한 춤은 전통적인 중국 사회에서 행운을 빌기 위한 의식으로 지금도 행해지고 있다. 개업식이라든가 집을 새로 지을 때 용을 들고 추는 의식이 그것이다.

『브리태니커 백과』에 의하면 고대 중국의 창조 신화로는 용에는 4가지 유형이 있었다고 한다.

첫째 천룡(天龍) = 신들이 사는 하늘을 지킨다.
둘째 복장룡(伏藏龍) = 신들이 사는 하늘을 지킨다.
셋째 지룡(地龍) = 수도를 다스린다.
넷째 신룡(神龍) = 비와 바람을 다스린다.

이 네 가지 가운데 민간신앙에서는 지룡과 신룡이 중요하게 여겨지는데, 이 두 용은 용왕으로 변해 사해(四海)에 살고 있으며, 비를 뿌리고 어부를 보호한다고 여겨왔다.

일반적으로 동양의 용은 몸이 뱀처럼 생겼는데 비늘이 있고, 뿔, 발톱 4개의 다리가 크고 마력적인 눈이 있는 것으로 묘사된다. 그리고 용은 모든 동물들의 왕으로 여겨졌으며, 용의 형상은 제국의 신성한 힘을 상징하는 것으로 역대 중국 황실의 문장으로 사용되었다.

용은 다른 여러 중국 문물과 함께 한국 일본으로 전해졌다. 그리고 용이 마음대로 몸을 크게 늘이고 눈에 보이지 않게 할 수 있는 존재로 묘사되었다.

중국과 한국 일본에서의 용은 하늘을 나는 능력을 갖고 있다고 여겨졌지만 날개를 갖고 있지는 않다. 용은 도교사상에 등장하는 신성한 자연력의 하나였던 것이다.

⑷ 한국의 용

그렇다면 우리나라에서는 용을 어떻게 여겨왔는가? 우리나라에 용의 의미가 처음 정착된 것은 중국적인 용의 상징이나 그 형상을 받아들이면서 부터라고 생각된다. 그 후 불교가 들어오면서 인도적인 용의 상징까지 수용하게 되었지만 그 이전에도 한국에는 고유한 상징이 있었던 것으로 여겨진다.

그 이유로는 『훈몽자회』에서는 용을 이르기를 '미르'라 칭하고 그 밖에 용에 관한 조각 내지 그림들에서 보이는 독특한 표현 등에서 추측할 수 있다. 그럼 어찌하여 우리말 '미르'를 쓰지 않고 용으로 불리게 된 것일까? 그것은 한문을 받아 들인 것이 원인이다.

우리나라에서의 용은 첫째, 물의 신(水神)으로 여겨졌다. 그리고 이는 하늘을 날 수도 있고 물에 들어 갈 수도 있다고 여겼다. 하늘에서는 풍운조화를 일으켜 비를 내릴 수도 있고 천둥을 울릴 수도 있다고 여겼다. 그래서 사람들은 비가 오지 않으면 용을 향해 '기우제'를 지냈다. 신라 진평왕 때는 용의 그림을 그려놓고 비 내리기를 기원하는 '화룡제(畵龍祭)'를 지냈고 고려 현종 때는 흙으로 용의 형상을 만들어 놓고 '토룡제(土龍祭)'를 지내기도 했다.

그리고 조선시대에 이르러서는 우리나라의 바다(西海)와 5강(江)에서 '용신제'를 지내게 되었고 토속신앙쪽에서는 '용왕굿'이나 '용왕제'를 올려 풍어를 비는 의식이 만들어져 지금까지 이어지고 있다.

남해에서도 화계마을의 '화계 배선대'라는 것이 있고, 미조항에서는 '용왕제'를 지내고 상주, 서상, 노량등지에서 지내오던 '풍어제', '용신굿' 등은 같은 맥락에서 볼 필요가 있다.

둘째, 용은 왕의 상징이었다. 우리말 큰 사전에 보면 '곤룡포', '용력', '용상', '용안', '용좌' 등이 보이는데 이는 모두 왕을 상징하는 관념에서 비롯된 것이다. '곤룡포'는 왕의 정장이고 '용덕'은 왕의 덕이며 '용루'는 왕의 눈물이며 '용상'은 왕이 앉는 평상이었다.

그리고 '용안'은 왕의 얼굴 '용좌'는 왕이 앉는 자리이다. 그런데 재미있는 것은 왕이 살던 궁궐이나 일반인들의 집에는 '용마루'가 있는데 경복궁 왕이 잠자던 강녕전이나 왕비가 잠자던 교태전에는 '용마루'가 없다. 왕은 용을 상징하므로 용이 자는 곳에 '용마루'가 무슨 소용이 있었겠는가. 왕의 몸을 가리켜 '짐', '용신'이라 부른 것을 보면 그럴 법한 설이다.『용비어천가』는 이성계를 위시하여 그 윗대 선조를 모두 용으로 표현하여 왕통을 세우고 있는 것은 특이할 만하다.

셋째, 용은 호법신이었다. 인도에서는 코부라가 용으로 전화하면서 민간숭배의 대상으로 전승되다가 불교의 호법선신의 하나로 포섭된 과정에서 호국용으로 되었다. 이 호법선신중 하나인 용의 관념이 우리나라에 와서는 호국용의 존재로 재정착된 것이다. 지금도 불가에서는 용은 불법을 수호하는 팔부신중의 하나로 섬겨지고 있는데 경주 황룡사 9

층 석탑은 그 대표적 사례이다.

이상으로 동서양과 한국의 용을 보아왔다. 그 결과 용은 성스러운 동물이기 때문에 많은 종류의 용이 만들어 지게 되었다.

우리나라의 경우 지명에 서울 용산이 있고 산은 양평 용문산이 유명하며, 바위로는 제주 용두암이 있다. 나무로는 남해 미조의 용나무, 학교로는 서울 용문중고교, 전주 용소초등학교, 홍천의 용소계곡, 용소폭포, 대학으로는 용인대학 기업으로는 쌍용시멘트 이밖에도 다리(용교), 성 (용성), 문 (용문), 탑 (용탑), 연못 (용연), 샘 (용천), 강 (용강), 하천(용하), 동굴 (용동) 성씨(용씨) 등 얼마든지 있다.

(5) 흑룡의 해

새해가 밝으면서 매 12년마다 맞는 용의 해가 갑진, 병진, 무진, 경진에 이어 임진년을 맞았다. 60년 만에 맞는 임진년이라 '흑룡의 해' 라 한다. 이에 따라 새로운 사계절에 새로운 24절기(節氣)도 시작되었다.
(양력으로 본 절기)

소한 1월 6일, 입하 5월 5일, 백로 9월 7일, 대한 1월 21일, 소만 5월 21일, 추분 9월 22일, 입춘 2월 4일, 망종 6월 5일, 한로 10월 8일, 우수 2월 19일, 하지 6월 21일, 상강 10월 23일, 경칩 3월 5일, 소서 7월 7일, 입동 11월 7일, 춘분 3월 20일, 대서 7월 22일, 소설 11월 22일, 청명 4월 4일, 입추 8월 7일, 대설 12월 7일, 곡우 4월 20일, 처서 8월 23일, 동지 12월 21일이다.

우리들은 종종 "내가 날씨에 따라 변할 사람같소?" 라고 자문하듯 절기는 인간의 마음가짐에 크게 작용하며, 음양오행과 깊은 연관이 있고 5운 6기(五運六氣)와도 관련 동양의학에서는 응용 치료와 예방에 활용된다.

그리고 새해 첫 용날(진일)은 하늘의 용이 땅으로 내려와 우물 속에 알을 낳는다고 하여 이 날 물을 길어다 밥을 지어 먹으면 풍년이 된다고 믿는 속신도 있어 왔다.

2012년 첫 용의 날은 양력으로는 1월 8일 무진일이고 음력으로는 1월 10일(양력 2월 1일) 이며 임진일이다. 해와 일이 같은 임진이니 더욱 특별한 날이라고 할 수 있다.

말하자면 용은 주역에도 있다. 천도(天道)와 인도(人道), 그리고 지도(地道)를 논한 경서가 주역인 셈이니 져버려서는 안 될 것이다. 주역은 64괘(卦)와 384효(爻)로 되어 있고 각 괘와 효에는 말이 붙어 있다. 또 각괘(대성괘大成卦)는 육효(六爻)로 구성되는 까닭에 한 괘에 6개의 효사(爻辭)가 붙는다. 여기에 용이 등장한다.

64괘의 첫 건괘인 중대건(重大乾)에 들어 있는 것이다. 6효중 4효에 걸쳐 용의 말이 보인다. 여기서 건(乾)은 하늘을 일컫지만 능동적 상징으로 만물의 비롯됨의 주원인인데 여기에 용이 있다. 즉

초구(初九 – 6효중 맨 아래 양효) = 잠룡(潛龍)
구이(九二 – 아래서 두 번째) = 현룡(見龍)
구오(九五 – 아래서 다섯 번째) = 비룡(飛龍)
상구(上九 – 여섯 번째 맨 뒤) = 항룡(亢龍)

초구에 잠룡은 물에 잠긴 용이니 물용(勿用) 즉 쓰지 말라고 한다. 이제 힘을 기르고 있는 때이다. 구이의 현룡은 용이 하늘로 날아오르니 재천(在天)이라 한다. 사람이 대업을 이루는 시기로 가장 좋다. 구오의 비룡은 용이 하늘로 날아 오르니 재천이라 한다. 인간으로 보면 대업을 이루는 가장 좋은 시기이다.

상구 항룡은 더 이상 오를 데가 없는 아주 끝까지 간 용이다 그 용의

세계를 유회(有悔)의 세계 곧 후회와 뉘우침만 있는 세계란 것이다.

임진년 용의 해는 이상에서 보았듯이 잠룡도 있고 현룡, 비룡도 있고 항룡도 있다. 우리들은 항룡하되 유회하지 말고, 무회하는 용이 되도록 마음을 가다듬어야 좋다고 한다.

참고문헌

. 『브리태니커 백과』
. 용진『중국 룽문화』중경출판사 2007
. 소소자키 토루 『환수 드래곤』들녁 2000외 다수

용의 민속놀이

용 관련 민속놀이를 보면 동서남해안에서 행해지는 '풍어제' 를 비롯해 '줄다리기' 가 가장 많고 마을의 안녕과 화합, 그리고 풍년을 기리는 제사류도 더러 보인다.

첫째, 풍어제는 동남해안에서는 '별신굿' 서해안에선 '배연신굿' 이라 부르지만 지방에 따라 이름이 다르다. 강화에 '시선뱃놀이' 위도에선 '띠뱃놀이', 해운대에서 '배선굿놀이', 남해섬에서는 '배선대' 라 부르기도 한다.

둘째, 줄다리기는 지역의 안녕과 화합을 다지기 위해 마련되는데 마을과 마을의 경계선을 따져 상, 하, 좌우, 동서, 남북 등으로 나누어 힘겨루기를 펼친다. '성남 쌍용줄다리기', '영월 쌍용놀이', '횡성 용줄다리기', '무안 용호놀이', '순천 용줄다리기' 등이 있다.

셋째, 사천의 '천룡제' 와 양진 '명소오룡굿' 명주의 '용왕굿', '사천 별신굿' 등과 같은 제사 의식도 있다.

그럼 여기서는 '남원 용마놀이' 와 '홍성 용대기놀이' 그리고 여수의 '용왕맞이 풍어굿' 과 '용왕제' 그리고 '벽골제 쌍용놀이' 등에 대해 살펴보기로 한다.

1) 남원 용마놀이

전북 남원에는 섣달 그믐날이나 정월 대보름에 행하는 민속 가운데 '용마놀이' 가 있다. 이 놀이는 '용마희(龍馬戲)' 또는 '용말놀이', ' 용말 싸움' 이라고도 한다. 용과 말은 나무로 각각 틀을 만들고 종이와 베로 겉을 발라 채색하여 완성한다. 남부 백룡은 백색바탕에 5색 무늬로 채색하고 북부에서는 흑색바탕에 5색 무늬로 흑마(黑馬)를 만든다.

정월 대보름이 되면 한낮에 남북부에서 수백 명의 젊은이들이 용마의 수레를 메고 남원읍 광장에 모인다. 광장에는 구경꾼들이 모여들고 대열을 갖추면 징을 세 번 울려 싸움을 겨루기 시작한다. 양 편이 똑같이 앞에는 선봉대로 힘센 젊은이 4,50명이 서고 그 뒤에는 수백 명의 젊은이들이 용과 말을 태운 수레를 메고 뒤따른다.

수레 뒤에는 북잡이(고수) 5명이 북을 치면서 흥을 돋구고, 수레 좌우엔 가면을 쓰거나 아니면 그대로 수십 명이 호위를 하게 된다. 용과 말 옆에는 힘센 호위 장수가 왼손에 용기, 마기를 쥐고 오른손에는 지휘봉인 새끼 방망이를 든다. 싸움의 지휘는 용과 말의 호위 장수가 한다.

이들이 지휘하는 방법은 방망이로 계속 내리치는 시늉을 하면 전진 돌격이고, 왼쪽으로 휘저으면 왼쪽, 오른쪽으로 휘저으면 앞을 보며 오른쪽으로 회전해 나간다. 그리고 방망이를 머리 뒤로 올리면 후퇴 신호가 된다.

싸움꾼은 자기편의 용과 말 호위장수가 지시하는 대로 움직이며 싸운다. 그리고 각 편의 북잡이들은 용과 말 호위장수의 전진 돌격, 신호가 내리면 격렬하게 돌진의 북을 울린다. 그러면 싸움군은 이 때 '와' 하고 함성을 지르며 상대편에 달려들게 되는 것이다. 이 때 관람객들은 한쪽 편이 되어 응원의 함성을 지르게 된다.

양편은 일진일퇴하여 싸우다가 승부가 나지 않으면 잠시 물러났다가 또 다시 겨루게 되는데 이때는 상대편 수레에 기어올라 용과 말을 탈취하거나 부숴버린 편이 이기게 되는 것이다. 이렇게 하여 이기게 되면 이긴 편은 환호성을 지르며 굿거리 장단에 맞추어 춤을 덩실 덩실 추면서 광장을 한 바퀴 돌게 되고 거리를 돌아다니며 한바탕 놀게 된다.

'용마놀이' 는 악귀를 쫓고 재앙을 없애며 일 년 농사가 풍년이 들 것인가 아니면 흉년이 들것인가를 점치기 위한 놀이로 남쪽 백룡이 이기면 풍년이 들고 북쪽 흑마가 이기면 흉년이 든다고 한다.

따라서 매번 싸움에는 백룡이 이기는 일이 많고 이겨도 여러 차례 위기를 만들어 넣음으로써 구경꾼들을 흥분시키게 하는데 이 놀이의 흥취가 있는 것이다.

2) 홍성 용대기(龍大旗) 놀이

충남 홍성군 결성면 형산리 지역에 전승되는 민속놀이의 하나이다. 언제, 어떻게 형성되었는지 확실치는 않으나 적어도 이삼백년 이상 맥락을 이어온 전통 민속이라고 추정된다.

현재 충남 홍성군 광천읍 신대, 삼봉, 다진 양촌마을에 변형적으로 전승되어 있고 홍성군 결성면 형산마을에는 160년 된 용대기가 보관되어 있으며 촌노들의 구전에 의해 원형이 되살아나 재현되기에 이르렀다.

'용대기 놀이' 는 갑을 두 팀과 선생 용대기를 든 몇 사람과 상좌상으로 구성되는데 한 팀의 배역에는 좌상 1명, 상쇠 용대기수, 영기수, 부동놀이수 농부등이다.

먼저 갑 마을의 농부들이 용이 그려진 용대기와 청백의 영기를 앞세우고 농악대(두레굿대)를 따라 농악을 울리면서 흥겹게 입장한다. 농악에 맞춰 인사한 후에 2,3회 연속으로 삼채돌기 대형으로 모심기, 논매기의 동작을 모두 취하는데 시작할 때는 농악을 울려 흥을 돋구고, 일이 시작되면 북만을 울려 '모 심기 노래' 나 '논매기 노래' 의 선창과 후렴에 맞춰 리듬을 넣어서 흥을 돋운다.

일이 끝나면 좌상의 권유로 모두 나와서 쉴 참으로 술과 음식을 먹게 되는데 이 때 을 마을의 용대기가 의기양양하게 입장하여 갑 마을 용대기 앞을 지나려고 하자, 두 좌상이 용대기의 선후배 관계로 다툼이 벌어진다.

마침내 두 마을 사람들의 용대기 깃봉을 빼앗는 싸움이 되어 용대기를 누이고 일으키며 밀고 밀리어 수라장이 된다.

마지막엔 두 좌상이 판결을 해 줄 선생 용대기를 모셔와 예를 갖춘 후에 상좌상의 판결에 의하여 형과 아우의 관계를 맺고 의리를 돈독히 하고자 농악에 맞추어 춤을 추고 음식을 나누어 먹으며 한판을 흥겹게 놀다가 퇴장하는 것으로 끝을 맺는 민속놀이이다.

3) 용왕맞이 풍어굿

전남 여수 지방에서 행하던 풍어제이다. 여수지방 어민들은 예부터 남해 바다를 삶의 터전으로 여겨 매년 음력 정월대보름 정오부터 새벽녘까지 용왕신에게 풍어제를 올렸다. 여수지방 풍어제는 처음 무녀들로 주축을 이룬 무속의 형태였으나 오랜 역사가 흐르면서 무녀와 마을 아낙네들이 함께 참여하여 용왕신에게 제를 올리는 주민단합의 공동체의식으로서 놀이화됐다.

음력 정월 대보름 이른 아침 무녀가 여수시 국동 앞바다에 자리한 영당에서 용왕신과 물에 빠진 귀신들을 맞아와 굿당에 안치시킨다. 무녀들은 굿당에 설치한 곳대에 12고리를 맺은 5가닥의 길다란 고를 매달아 부정이 없는 마을 아낙네들과 함께 삼현 육각의 무악에 맞춰 고를 풀면서 5해 용왕신(동, 서, 남, 북, 중앙)에게 어부들이 무사히 만선으로 귀항하기를 기원한다.

12명의 무녀들은 부정거리 과장을 시작으로 당산거리, 산신거리, 성주거리, 용왕맞이, 잡귀신거리, 고사거리, 고풀이 노적거리, 액맥이 거리, 헌식거리(잡신들에게 밥을 나누어 먹이는 과정), 퇴신거리(신을 쫓아내는 굿거리)등 12거리를 한 사람씩 맡아서 하게 된다.

이 때 마을 부녀자들은 부녀들의 선소리에 맞추어 뒷소리를 한다. 5개의 고를 푸는 과정에서 어느 특정한 고가 풀리지 않으면 5해, 용왕신 중 어느 한쪽 용왕신의 노여움이 풀리지 않은 것으로 여겨 그 쪽 바다로 출어를 하지 않는다.

고풀이에 참여할 아낙들은 음력 정월 한 달간 출산을 한 집이나, 상가에는 가지 않는 것은 물론, 개고기나 궂은 음식(상가에서 보내 온 음식이나 제사음식)은 먹지 않는다.

이 놀이는 일제말엽 일본인들의 염탐 폐쇄로 하여 한 때 풍어굿 자체가 중단 되었다가 1976년 영당의 옛터에서 정홍수씨가 12거리를 재현시킴으로써 그 명맥을 유지하게 되었다.

4)용왕제

용왕은 산으로 우물, 하천, 용소, 바다, 물이 있는 곳에 있는 것으로 믿어지고 있다. 그래서 물과 관계되는 생활을 하는 사람들, 특히 어부, 사공 등은 '용왕제' 를 크게 지내고 가정에서도 우물물을 먹고 물로 농사를 짓고 있어서 용왕을 제사하고 있다.

전북의 어촌에서는 계절이 바뀔 때마다 지낸다. 배가 고기잡이를 떠날 때에 선주 집에서 풍어를 빌기 위하여 지내기도 한다. 떡시루를 가지고 바다 혹은 강가에 나와 떡을 사방에 던져 놓는데 여인에 의해서 진행된다.

연말연시에 점을 쳐서 새해에 신수가 나쁘면 1월 7일에 '용왕제'를 지내게 된다. 상원(上元)날 물가에서 밥과 떡과 삼색 과일을 놓고 촛불을 밝히고 지내는데 1년 동안 재앙이 없고 풍어와 풍년을 기원하게 된다.

경남에서는 정초 새벽에 목욕재계하고 깨끗한 옷으로 갈아입고 개울에 가서 제수를 차리고 간소하게 고사하는데 '용왕산제', '용왕제'라고 말한다.

'용왕제'를 지내는 시기는 일정하기 않으나 1년 신수를 빌 때에는 정초에 하고 명절마다 빌 때에는 상원, 2월 1일, 3월 삼짓날, 4월 초파일, 5월 단오날, 7월 7석, 9월 9일, 10월 보름, 11월 7일에 지내고 12월은 공달이라고 해서 지내지 않는 게 보통이다.

사람은 물을 마셔야 생존이 가능하므로 꼭 필요한 것이고, 농사짓는 데도 꼭 물이 필요한 것이므로 물을 담당하는 용왕은 농경과 밀접한 관계가 있다고 생각된다.

5) 벽골제 쌍용놀이

전북 김제군 부량면 벽골제에 전하는 민속놀이이다. 벽골제는 백제때 축조된 뚝으로 오랜 역사에 얽힌 숱한 사연이 있는데 그 중 하나의 전설이 민속놀이로 승화, 전승되고 있다.

그 유래된 전설은 퍽 드라마틱하여 놀이가 한껏 관심을 모으게 한다.

신라 원성왕대에 왕 명을 받들어 벽골제를 쌓기 위해 원덕랑이 현지에 파견되었는데, 당시 김제 태수의 딸 단야라는 처녀와 서로 사랑을 하게 되었다. 그러나 원덕랑에게는 고향에 월내라는 약혼녀가 있어서 단야를 받아들일 수가 없게 된다. 이것을 안 태수는 월내가 김제에 내려온 것을 틈 타 용추에 제물로 희생시키려 한다. 하지만 단야는 그럴 수가 없었다. 대신 용추에 빠져 죽은 것이다. 이 용추에는 백룡이 살고 있었고 근처 연포천에는 청룡이 살고 있었는데 이 두 룡을 쌍룡이라 말한다.

벽골제 쌍용놀이의 내용을 제 1과장 축제 공사의 현장, 제 2과장 쌍용의 출현, 제 3과장 단야의 희생, 제 4과장 단야소원 무용의 순서로 되어 있다.

이상 용의 민속놀이 다섯 작품을 보아왔다.

윤달의 시시비비

윤년이나 윤달을 생각하면 난 종종 지난 1963년과 1987년 그리고 1990년을 상상하게 된다.

1963년엔 4월에 윤달이 들었는데 어느 일요일, 아버지께서 할아버지 묘를 없애야 된다고 나보고 할아버지의 묘를 파러 가자는 것이었다.

할아버지는 1.4 후퇴 때 할머니와 함께 집에 머무렀고 우리들만 피난을 갔는데 서울이 수복되어 돌아오니 할아버지는 돌아가셨다고 했다. 전쟁 때라 급히 남의 산에다 장례를 치뤘는데 주인이 1960년부터 묘를 옮겨 달라고 해왔던 것이다.

묘를 파헤치니 장사 지낸지 10여년 밖에 안되었는데 뼈도 조각만 몇몇 나올 뿐 거의 다 삭아 없어져 있었다. 아버지는 이 뼈들을 돌로 빻아 백운대 오르는 길목에 뿌렸다.

그 다음 1987년 있었던 일이다. 누님이 어머니, 아버지 수의를 만들어 놓아야 하지 않겠느냐고 하여 두 벌을 함께 만들었던 기억이 있다.

1987년에는 6월에 윤달이 있었는데 윤달에 수의를 만들어 두면 장수한다는 속설에 의해 누님이 나에게 의견을 제시한 것이다.

부모님을 오래 사시게 해야 한다는데 반대 할 자식이 누가 있겠는가? 난 가격을 묻지도 않은 채 두 벌을 부탁했다. 두 벌의 수의가 도착했다. "이게 어머니 아버지 수의인데 이것을 어떻게 생각하세요?"라고 어머니한테 말씀을 드렸더니 어머니 말씀이 "빨리 갈 사람 오래 살라고 하는데 기분이 넌 나쁘겠냐?"라고 되물으셨다. "전 좋은 데요. 한 가지 고민을 덜었으니까요."라고 했다.

1990년 5월 윤달에 난 의정부 주변에 있는 산에 가묘를 만들기로 작정했다. 어머니, 아버지를 함께 합장 할 생각으로 가묘를 만들고 분산까지 이룩하고 잔디까지 심어 남들이 보면 금방 묘라고 할 정도로 제법 묘다운 묘를 구축해 놓았다.

그리고 아버지께 "오늘로 가묘를 완성시켰습니다. 오래 사시라고요."했더니 아버지께서는 생각해 오셨는 듯 "난 묘엔 안들어 간다. 태워서 뼛가루는 백운대 자락에 뿌리거라."고 말씀하셨다.

난 쓸데없이 거금을 날렸구나 생각하게 되었다. 아버지는 한 번 마음먹으면 끝까지 고집하시는 분이라는 걸 나는 잘 알고 있기 때문이다.

결국 윤달이라는 것은 좋은 일 하자고 옛날부터 만들어 내려왔는데 이러쿵 저러쿵 옳고 그름의 시비가 많은 달이 될 수 밖에 없었겠구나 하는 생각을 하게 되었다.

2000년대에 들어서 아버님이 돌아가시고 어머님마저 돌아가셨다. 아버님께서는 묘에 드는 것을 싫어하셨으니 화장하여 화장장 부근 납골당에 모셔놓고 일 년에 몇 차례씩 식구들이 찾아갔다. 그러다 어머님이 돌아가시고 나서 남양주에 있는 모란공원 가족 납골당을 계약하여 아버지 어머니를 함께 모시게 되었다. 결국 내가 만들어 놓은 가묘는 그냥 가묘로 남게 된 것이다.

윤년 閏年(Leap year)은 윤달이나 윤일이 드는 해를 의미한다. 실제로 지구가 태양을 일주하는 데는 365일 5시간 48분 46초가 걸리므로 양력에서는 4년마다 한번씩 2월을 29일로 하고 음력에서는 5년에 두 번씩 1년을 13개월로 한다.

윤달은 다른 이름으로는 '군달' 또는 '공달'이라고 하는데 1월, 11월, 12월엔 윤달이 없다. 올해도 윤년이 찾아들어 많은 집안에서 가내 행사들을 점검하게 되었다.

결혼이나 이사는 해를 넘기는 것이 좋다고들 한다. 그러니 예식장이나 이삿짐센터는 예년에 비해 일이 없다. 반면, 장례식장이나 화장장 그리고 수의제작소는 올해 호황을 누리게 되어 있다. 이것은 누가 시킨 것도 아닌데 예전부터 잘 지켜지고 있어 윤달이 드는 해는 종가집에서는 시시비비가 있기 마련이다.

올해의 윤달은 3월, 윤 3월은 4월 21일부터 5월 20까지이다. 이때는 결혼이라든가 이사라든가 하는 좋은 일은 피하는 게 좋고 궂은 일, 이를테면 이장을 한다든가 분묘를 손보는 일, 수의를 미리 마련하는 일 등은 이때 하면 좋다는 것이 상식인데 이런 상식을 깨는 사람들도 종종있게 된다.

배우 정진(본명 수황)으로부터 청첩장이 날아 들었다. 장남 한별군을 4월 21일(토요일) 오후 4시에 서울 여의도 웨딩 컨벤션 그랜드 홀 룸에서 박헌우의 장녀 효선양을 아내로 맞게 된다는 내용이다. 축하해야 할 일이지만 이왕이면 좋은 날도 많은데 왜 하필 윤달, 그것도 시작하는 날로 정했을까 우려하는 마음을 보낸다.

탈촌의 박여사는 지금 한창 헌집을 사서 수리하는 중인데 언제 이사하는게 좋으냐고 물어 윤달이 오기 전이나 윤달을 지나서 이사하라고 했다. 내년쯤 이사하도록 했음 좋으련만 집을 비워달라니 올해로 이사는 해야 할 모양, 집을 비워 달라는 이는 윤년을 넘긴 생각을 한 것이고 윤년에 옮겨야 하는 입장에서는 그래도 좋은 때 옮기겠다는 심산이다.

앞으로 윤년은 2014년 음력 9월(10월24일부터 11월21일)에 있고 2017년에는 음력 5월 (6월 24일부터 7월 22일)에 있으며 2020년에는 음력 4월(5월23일부터 6월 20)에 윤달이 있게 된다.

가사 일은 미리미리 앞을 보고 계획을 짜야 할 것이다. 그래야 시시비비가 없게 된다. 시시비비는 늘 있게 마련인데 미리 떼워 버리자는 것이다. 시시비비가 많은 것은 좋은 일도 기분 나쁘고 나쁜 일은 더욱 기분 나쁜 일이다. 윤달을 슬기롭게 넘기자.

올해는 좋은 해인가, 나쁜 해인가

- 2013년 검은 뱀의 해

2013년 (단기 4346년)은 '뱀의 해〈계사년, 癸巳年〉, 그것도 60간지로 보았을 때 60년 만에 맞는' 흑뱀의 해(흑사년)라고 한다.

우리나라는 예로부터 모든 사람은 12마리의 짐승 중 하나의 띠로 태어난다고 믿었다. 2012년 흑룡의 해에 이어 '흑뱀의 해'를 맞게 된 것이다.

이런 규정은 예부터 음력을 기준으로 매년 행해왔기 때문에 2013년 뱀띠의 시작은 양력 2월 10일(일요일)이 설날이니 이때부터 적용된다고 봐야 할 것이다. 12동물 쥐(자), 소(축), 범(인), 토끼(묘), 용(진)에 이어 여섯 번째의 해가 뱀해, 사년(巳年)인 것이다.

그럼 뱀은 어떤 동물인가부터 뱀에 얽힌 이야기들을 서술하고 뱀띠에 대해 살펴보기로 한다.

국어사전에서는 “뱀의 몸은 원통형으로 가늘고 길며, 다리, 귓구멍, 눈꺼풀 등이 없고 피부는 비늘로 덮혀 있다. 혀는 가늘고 끝이 갈라져 있으며 다리는 퇴화되어 사라졌다. 대부분이 난생하는 뱀은 동물로 세계 곳곳의 육지와 바다에 살고 있다. ”고 하였다.

전 세계에는 3,300여종의 뱀이 있다고 전하는데 그 크기는 10m부터 작게는 13cm정도까지 다양하며 독이 있는 것과 독이 없는 두 종류의 뱀이 있다. 그리고 뱀은 색으로 보았을 때 백사는 길조이고 흑사는 흉조로 본다. 그렇지만 어릴 때는 1년에 여러번 허물을 벗고 성장해서는 1년에 한 번 이상 벗기 때문에 뱀은 “불멸의 상징”으로 되었다.

뱀은 그 모양 때문에 혐오감과 징그러움을 느끼게 되지만 뱀은 건드리지 않으면 절대 공격을 하지 않는 습성을 가지고 있어 욕심이 없는 동물로 인식되고 있다.

특히 검은색 뱀(흑사)은 왕뱀 종류로 분류되어 있고 더구나 독이 많은 방울뱀과 싸워도 독에 대한 면역이 되어 있어 죽지 않는다고 한다. 그래서 사람들간에는 불멸과 지혜의 복합 상징으로 보는 예도 있다. 뱀의 해를 나이 별로 보면 좋은 해가 있는가 하면 나쁜 해일 수도 있다. 좋은 나이는 괜찮지만 나쁜 나이는 매사에 주의하고 조심스럽게 행동해야 한다는 점이다.

나는 나쁜 해가 3년간 연속되었기 때문에 마음가짐과 몸가짐에 신경을 썼는 데도 2011년엔 팔에 무리가 와 병원에서 치료를 받았고 그 동안 탈장을 견뎌왔는데 2012년 못견딜 정도로 아픔이 와 진주의 병원에서 수술, 3일간 입원 할 수 밖에 없었다. 나는 나쁜 해라는 것을 알기에 먼 길 여행은 되도록 피했고 무리한 일은 되도록 하지않으려고 노력하여 나쁜 해를 지나 칠 수 있었다.

나의 2013년은 대길운의 해이다. 그럼 1세부터 100세까지 흑사년에 좋은 띠, 나쁜 띠를 살펴보기로 한다.

● 아주 좋은 해(대길년, 大吉年)

2세 용, 5세 소, 9세 닭, 12세 말, 14세 용, 17세 소, 21세 닭, 26세 용, 27세 토끼, 30세 쥐, 32세 개, 38세 용, 44세 개, 45세 닭, 47세 양, 50세 용, 53세 소, 56세 개, 65세 소, 66세 쥐, 72세 말, 74세 용, 77세 소, 80세 개, 81세 닭, 84세 말, 89세 소, 92세 개, 93세 닭, 95세 양, 98세 용, 99세 토끼

● 좋은 해 (길년, 吉年)

3세 토끼, 11세 양, 18세 쥐, 20세 개, 22세 원숭이, 29세 소, 35세 양, 36세 말, 41세 소, 48세 말, 52세 범, 54세 쥐, 57세 닭, 62세 용, 63세 토끼, 68세 개, 71세 양, 76세 범, 86세 용, 90세 쥐

● 보통의 해(평년 平年)

4세 범, 7세 돼지, 8세 개, 13세 뱀, 16세 범, 23세 양, 25세 뱀, 31세 돼지, 34세 원숭이, 39세 토끼, 40세 범, 43세 돼지, 49세 뱀, 58세 원숭이, 59세 양, 61세 뱀, 67세 돼지, 70세 원숭이, 75세 토끼, 79세 돼지, 83세 양, 85세 뱀, 88세 범, 94세 원숭이, 97세 뱀

● 나쁜 해 (흉년 凶年)

1세 뱀, 6세 쥐, 15세 토끼, 28세 범, 42세 쥐, 51세 토끼, 60세 말, 69세 닭, 78세 쥐, 87세 토끼, 96말, 100세 범

● 아주 나쁜 해 (대흉년)

10세 원숭이, 19세 돼지, 24세 말, 33세 닭, 37세 뱀, 46 원숭이, 55

세 돼지, 64세 범, 73세 뱀, 82세 원숭이, 91세 돼지

"과거를 지워 버려라. 미래에 끌려가지 말아라. 그리고 지금 현재에도 너무 집착하지 말아라. 그러면 그대의 마음은 지극히 평온해 질 것이다."

〈숫타니파타〉

땅꾼이 말하는 한국의 뱀

1968년으로 기억된다. 이즈음 필자는 대학에서 조교생활을 하고 있었다. 내가 있던 연극영화학과에서는 매년 여름방학이면 수학여행을 갔다. 67년엔 남해안 목포에서 부산까지 해변을 두루 살피는 여행이었고, 69년은 제주도 일주와 한라산 오르기였으며, 68년은 가야산을 올랐다.

1968년 가야 산행에는 학생 12명에 조교인 필자가 인솔자로 참여하게 되었다. 당시 가야산을 가려면 대구에서 해인사행 버스를 타고 종점에 내려 오르는 것이 일반적으로 알려진 가야산 코스였다.

일행은 서울에서 기차로 대구역에 내려 시외버스 터미널로 옮겨 버스를 타고 해인사 앞 종점에 도착, 주변 여관에서 1박했다. 다음날 새벽 서둘러 아침을 먹고 해인사을 거쳐 뒤편 계곡을 끼고 올랐다.

해발 1000여미터 오르니 우거진 나무는 거의 없어지고 고목으로 바뀌면서 가파라 지기 시작하자 학생들 반수는 앞으로 오르고 반수는 점점 뒤지기 시작했다. 1400여 고지에 오르니 편편한 모습으로 바뀌면서 상왕봉(1433m)이 우측으로 확연하게 보이기 시작했다.

이때 앞서 가던 학생들이 모두 소리를 질러대고 있었다. 뱀이 길을

가로 막고 있다가 낭떨러지로 내려갔다는 것이다. 급히 내려가니 큰 바위밑으로 뱀이 들어가고 있었다. 난 나도 모르는 사이 꽁지부분을 잡았다. 자세히 보니 2미터쯤 되는 흑구렁이었다.

한참 붙잡고 있으려니 구렁이는 더 이상 들어갈 수 없음을 직감한 듯 머리를 되돌려 밖으로 나오고 있었다. 난 학생들에게 막대기를 하나 가져오라고 하고 꽁지를 놓아 뱀이 다 나오기를 기다렸다.학생이 내민 지팡이로 머리 부분을 누르고 난 구렁이의 목을 잡아 올리니 그 길이가 내 키와 거의 같았다.

난 여행 때면 늘 포켓에 넣고 다니는 쌕(가방)을 꺼내 그 안에 구렁이를 몰아넣고 주름을 잡아 어깨에 메고 산행을 계속하였다. 그날 정상에 올라 쉬면서 사타구니 위에 가방을 올려놓으니 그 시원함을 누가 알 수 있으랴.저녁 무렵 하산하고 우리들은 대구 가는 막차에 올랐는데 냉방 시설도 없는 콩나물시루 같은 차내는 한여름 더위가 찜통 같았다.

찜통 버스안에서도 이 구렁이는 더위를 식혀주는 촉진제 구실을 해주었다. 대구에 도착하니 학생들이 탕집에 팔자고 했다. 필자는 "내가 잡았으니 나한테 맡겨라"고 말하며 이야기를 들려주었다.

뱀 한 마리가 살고 있었다. 어느 날 뱀의 꼬리가 머리에게 말했다. "이제 부터는 내가 앞서 가야겠다."고. 그러나 머리는 "언제나 내가 앞서 갔는데 이제 와서 갑자기 무슨 소리냐?"라고 하면서 여전히 앞서 갔다. 그러자 꼬리는 심술이 나서 그만 나무를 칭칭 감아 버렸다. 머리는 더 이상 앞으로 나 갈 수 없게 되었다. 머리는 할 수 없이 꼬리를 앞세워 가게 되었다. 그러나 꼬리는 길을 잘못들어 불구덩이에 떨어져 뱀은 타 죽고 말았다.

스승과 제자도 이와 같고 형과 아우 사이도 이와 같다. 제자나 동생은 "연로하다는 이유로 항상 앞에 서 있다. 그러나 우리는 젊다. 우리가 길잡이가 되어야 한다."고 말한다. 계율에 익숙치 못한 젊은이들은 항상 계율을 범하다가 서로를 이끌고 지옥에 떨어지기 쉽다고 〈백유경 (白喩經)〉에서는 말하고 있다.

필자는 더 이상 말하지 않고 구렁이를 여관 벽에 매단 채 하룻밤을 재워 서울로 가지고 올라갔다. 서울에 도착한 일행은 뿔뿔이 흩어지고 필자는 이 구렁이를 들고 주임교수 댁으로 가지고 갔다. 주임교수가 부재중이라 필자는 사모님을 설득, 탕제를 만들도록 불을 붙이는 것까지 돕고 집으로 돌아왔다.

시간이 흘러 주임교수댁을 방문하니 사모님 말씀이 "좋은 걸 주셔서 감사하다"고 몇 번씩 되풀이 말씀하셨다.

1970년대 까지만 해도 우리나라는 어렵게 살았다. 가장 보신에 좋은 것이 개장국, 삼계탕 정도, 이보다 으뜸인 것은 역시 건강탕인 뱀탕이었다. 더구나 뱀 중에도 구렁이, 좋은 가격으로 큰 돈을 주어야 한 마리 들 수 있던 때였다. 이일은 학생들이 졸업하고도 만나면 추억처럼 이야기하곤 했다.

필자는 땅꾼이 아닌 땅꾼 노릇을 한 셈이다.

1960년대까지만 해도 서울운동장 앞 공터라든가 남대문 및 동대문 시장이 근접한 도로변에는 뱀장사들을 늘 볼 수 있었다. 그들은 뱀의 효능이라든가, 뱀에 얽힌 이야기를 넉살좋게 펼치고 뱀을 팔기도 했다. 그들은 살아있는 뱀은 물론 마른 뱀, 뱀의 신, 뱀의 독 그리고 무당개구리 말린 것 까지 팔고 있었다.

한편 그 당시는 건강원이니 영양원이니 하는 곳이 시장 안 구석진 곳이나 동리 외딴 곳에 자리 잡고 있었다. 이곳에서는 뱀탕을 끓여 주곤 하였다. 뿐만 아니라 시골에는 각 마을마다 땅꾼이 한 두명 있어 뱀을 잡아 생활하기도 했다. 그 당시는 땅꾼뿐만 아니라 누구든 산에 오르다 뱀을 만나면 잡아다 팔곤 했다.

산골에 사는 청소년들은 냇가에서 천렵을 즐기기도 했지만 뱀을 잡아 팔아 용돈을 만들어 쓰는 경우도 흔히 볼 수 있었다. 필자의 경우 1950년 한국전쟁이 발발했을 때 집안에는 먹을 것이 다 떨어져 산과 들을 많이 누빌 수 밖에 없었다. 이때 익힌 게 먹는 나물과 버섯류, 그리고 뱀 잡는 일도 이때 터득 할 수 있었다.

동리 친구들과 산에서 뱀을 잡으면 우선 껍질을 벗긴다. 얇고 넓적한 돌판을 찾아 고여 놓고 불을 붙여 뱀을 토막 내어 깔아놓는다. 지글대는 소리에 익기 시작, 입에 한 점씩 넣으면 그 맛은 뱀장어 맛이 어찌 이 맛을 따라가랴 싶었다.

이러한 일은 1960년대 말까지 계속되어 이른 봄, 산에 오르다 도룡뇽을 만나면 알은 그 자리에서 건져 마시고 양이 많으면 가지고 와서 집에도 나누어 주기도 했다. 어미가 여러 마리가 있을 때면 두 세 마리만 남겨 두고 어미까지 현장에서 삼켜 버렸다. 이는 도룡뇽 뿐만 아니라 도마뱀도 마찬가지였다.

겨울엔 동리친구들과 천렵을 즐겼는데 이때는 대개 지렛대를 가지고 다니면서 얼음을 깨고 바위를 흔들었다. 그러면 고기보다는 바위 밑에 잠자던 참개구리가 통통한 배를 하늘로, 둥둥 떠오르고는 하였다.

그럼 이를 주워 담아 가지고 와 숯불을 피우고 그 위에 올려 통째로 구웠다. 익으면 하나씩 잡아 머리부터 발가락만 제외하고 몽땅 먹어 치웠다.

지금 생각하면 있을 수도 없는 일이며 범죄행위지만 당시 생활환경은 이런 것을 잡아 먹지 않으면 안될 만큼 어려운 시대였던 것이다. 어찌보면 그 당시 상영된 이태리 영화 〈몬도가네〉처럼 보이지만 그 맛은 아직도 잊지 못하고 있다.

이야기가 벗어났다. 어느 땅꾼의 이야기가 뇌리를 스친다.

“뱀을 잡으려면 제일 좋아하는 음식을 이용하면 빨리 잡을 수 있죠. 뱀이 제일 좋아하는 음식이 뭘까요? 개구리, 쥐일까요? 아니예요. 뱀이 좋아하는 음식은 막걸리예요. 뱀이란 12시쯤이면 반드시 물가로 가서 물을 먹는 습성이 있어요. 막걸리를 사서 여러 개의 한되들이 깡통을 가지고 가서 반 정도 부어 깡통을 반 정도 묻어 둔다. 그리고 산으로 올라 적당한 곳에 가서 낮잠을 자고 깡통 있는 곳에 가면 주변의 온갖 뱀들이 몰려와 막걸리를 먹고 그곳에 취해 늘어져 있게 됩니다. 그럼 땅꾼은 자루에 주섬주섬 담기만하면 되죠. 이렇게 여러 개의 깡통을 다 수거하면 한 자루의 뱀을 잡게 되는 것이죠.”

재미있게 구사하는 땅꾼의 소리는 진실일 수 도 있고 우스갯소리로도 들릴 수 있다. 그러나 필자는 아직도 그 땅꾼의 이야기를 그냥 믿고 있다.

우리나라의 뱀은 건조한 곳에 있는 것이 독이 많은 뱀이고 그 독 많은 뱀들이 값비싼 뱀이라는 것이다. 독이 강한 살모사도 산 높은데 사는 것이 강하며 도로변과 논둑 같은데 있는 것은 독이 약하다는 점이다. 땅꾼들의 이야기로는 뱀은 홀로 살다가 짝짓기 때만 함께 만나 지낸다.

그러나 예전에는 떼뱀도 있었다는 것이다. 이들은 함께 생활하며 함께 움직이기 때문에 떼뱀을 만나지는 말아야 한다는 것이다. 떼뱀은 함께 공격하기 때문에 도망칠 때는 수건 같은 것을 던져놓고 달려야 어려움을 모면 할 수 있어 산에 갈 때는 꼭 손수건 같은 걸 지니고 다니는 습관이 필요하다는 것이다.

뱀들이 가장 눈에 많이 띄는 때는 4월부터 9월까지라고 한다. 햇빛이 20℃가 넘어야 활동하기 편하기 때문에 뱀들은 한낮에 눈에 많이 띈다고 했다. 풀이 많이 우거진 숲에는 물뱀, 실뱀, 그리고 꽃뱀(화사)이 많이 활동한다.

구렁이는 흑구렁이(먹구렁이), 황구렁이, 능구렁이 등이 있는데 흑구렁이는 기와집 담 부근에 많이 서식하며 일명 텃구렁이라고 불린다. 황구렁이나, 능구렁이는 대개 논의 둑이나 밭둑 그리고 산밑 돌무더기 등에서 많이 눈에 띈다. 예전에는 홍사니 백사니 하며 많은 뱀들이 있었고 독사도 숲에 많이 보였는데 요즘은 눈에 잘 띄지 않는다.

대개의 뱀은 알을 놓아 번식하는데 살모사는 새끼를 낳으며 다른 뱀보다 먼저 낳아 번식시킨다. 살모사는 많은 새끼를 낳고 기진하여 죽으면 새끼가 어미를 먹고 자란다고 알려져 있기도하고 기진하여 있는 걸 잘못 보아 어미를 먹고 자란다고 잘못 알려졌다는 소문도 있다. 어떤게 맞는지 아직도 모른다.

땅꾼들에 의하면 홍사는 두꺼비가 와서 귀찮게 굴어 잡아먹으면, 뱀은 죽고 매디매디가 모두 두꺼비 새끼가 된다는 속설도 있다. 믿어야 할지 말아야 할지? 하여튼 홍사는 그래서인지 귀하다고 말한다.

뱀은 나무를 오를 수도 있고 물을 헤엄칠 수도 있다. 그리고 땅 속이나 숲속에서 오래 견딜 수도 있는 특성을 지녔다고 한다. 또 뱀은 소식가이며 한번 먹고 오랫동안 굶어도 사는 강한 동물이다. 뱀은 스스로 체온 조절을 하지 못하며 태양열에 의해 조절한다. 그래서 낮에 발견되어 쫓아내면 다시 나타나는 성질이 이래서 마련된 습관이다.

뱀은 스스로 땅굴을 팔수가 없다. 그러니까 뚫어진 굴만 찾아 몸을 숨기는 것이다. 사막의 뱀은 모래에 자기 몸을 비벼 숨기고 머리만 내밀 수 있는 능력이 배양되었다.뱀은 기후변화에 매우 민감하여 날이 추우면 굴을 찾아 들어 지열에 의존한다. 더 추워지면 개구리도 없어지고 뱀도 사라진다. 멀리 동면할 산굴로 올라가는 것이다. 동면은 십여마리 이상 함께 서로 얽혀 동면하는 습성이 있어 땅꾼들은 이곳을 찾기 위해 헤맨다.

요즘도 밀렵꾼들은 산 중턱에 망을 쳐 놓고 동면을 위해 산을 오르는 뱀을 송두리째 낚는 행위가 도처에서 발견되곤 한다.

옛날에는 우리나라 뱀이 300여종이나 살았다고 한다. 그러나 최근 조사로는 모두 14종으로 독사 3종 무독성 뱀이 11종이라 한다.

독사는 칠점사, 까치 살모사, 불독사 등 3종이며, 먹구렁이, 황구렁이, 능구렁이 등의 구렁이와 화사(꽃뱀), 석화사, 실뱀(실사), 물뱀(수사), 기름사 등 11종의 무독성 뱀이 산다고 한다. 세계 뱀이 3300여종인데 비하면 우리나라는 너무 적은 종이 살고 있는 것이다.

뱀이 귀해지자 뱀은 보호종이 되었고 잡으면 범죄자가 되기에 이르렀다. 그러나 뱀은 예전부터 약으로 많이 써왔기에 막아내기란 어려운 것이다. 우리나라뿐만 아니라 타이페이에서는 미용식으로 뱀국을 젊은 여성들이 많이 들고 있으며 태국은 관광코스로 뱀과 곰이 있는 집을 방문하기도 한다.

1880년대부터 뱀 잡는 일을 막고 있기 때문인지 요즘 뱀은 퍽 많이 눈에 띄고 차도에 깔려죽는 뱀도 많아진 걸 보면 뱀은 많이 늘어난 듯싶다.

허물 벗는 뱀처럼 변신하며 살아가자

1) 동서양 뱀과 종교 속의 뱀

서양에서의 뱀은 「성경」의 예를 들어 에덴이란 지상낙원으로부터 인간을 추방 당하게 만든 교활한 동물로 보고 있다. 그러나 모든 일을 신중하고 조심스럽게 처리하는 영악한 신성 동물로 보기도 한다. 지진이나 비가 올 조짐을 미리 예측하는 습성이 있다는 데서 더욱 그렇다. 서양에서는 뱀을 "악마의 사자"라고 보는 반면, 그 힘이 강대하여 공포의 대상에서 숭배의 대상으로 삼기도 한다.

그 예로 게르만 신화 속의 뱀은 인간이 사는 대지 미드가드르를 둘러싼 바다에 살며 대지를 맡아서 자신의 꼬리를 물고 있다. 이 큰 뱀이 격노해 꼬리를 물고 있다가 이 큰 뱀이 격노해 꼬리를 바다의 물을 치면 거센 파도가 인간을 휩쓴다고 하였다. 서양의 뱀 중에는 독을 입으로 내뿜는 지능을 가진 뱀도 있고 그 크기도 매우 커서 보기만 해도 무서움에 사로잡힌다.

반면 동양에서의 뱀은 두 가지 양태를 지니고 있다. 어리석은 존재와 영물이란 존재이다. 〈백유경〉 설화에는 뱀의 꼬리와 머리가 서로 싸우다 둘이 함께 불더미로 떨어져 죽는다는 이야기가 있다. 〈땅꾼이 말하는 한국의 뱀〉 참조

불교에서는 20여개의 경전에서 뱀이 수행자의 모습으로 등장하기도 하고, 모든 업이나 집착에서 벗어나기를 뱀이 묵은 허물을 벗 듯 벗어버려야 한다고 비유한다.

부처님 생애 중 성도 후 49일 동안 해탈의 즐거움을 만끽하는 가운데 다섯 번째 칠일이 되던 날 보리수 나무 아래서 법의 즐거움을 누릴 때였다. 때 아닌 폭풍이 일고 폭우가 쏟아지기 시작했다. 그러자 이 나무에 의지해 살던 용왕이 나타났다. 용왕은 자신의 몸으로 부처님의 온몸을 감싸고 머리를 부채처럼 펼쳤다. 거센 비바람과 추위도 철갑 같은 용왕의 비늘은 뚫지 못했고, 빈틈없이 살피는 매서운 눈매에 짐승과 벌레들이 얼씬도 못했다.

7일 동안의 폭우가 그치자 용왕은 부처님을 감싸던 몸을 풀고 사라졌다. 뱀이 오래되면 용이 된다. 이 용은 보리수 나무를 근거지로 삼고 살아 온 구렁이었던 것이다.

이 때문인지 인도, 네팔, 스리랑카, 베트남, 미얀마 등지의 사찰에가 보면 사찰 외곽부터 부처의 언저리까지 많은 뱀들에 둘러싸여 있다.

뿐만 아니라 힌두교에서는 뱀을 신으로 모시기 때문에 힌두사원에서도 뱀들이 많이 보인다.

불교에도 사신장(巳神將)이 있다. 이는 쇠몽둥이를 든 뱀의 형색인데 불가에서는 이를 관자재보살로 보고 있다. 또 우리의 토속적인 관점에서는 구렁이가 오래되면 용이 되고 집을 지키는 수호신이라 여겨 신앙의 대상으로 믿기도 한다.

『기문이기 奇聞異記』에는 다음과 같은 설화도 있다.

옛날에 한 노인이 사미 한 사람을 데리고 길을 가다가 다리를 건너게 되었는데 다리 위로 가지 않고 발을 빼고 건너 가자 사미가 이상히 여겨 물었다.

"스님께서는 어찌하여 좋은 길을 놓아두고 물로 가십니까?"

"너는 알지 못할 것이다. 내가 이 다리를 놓을 때 화주에게 일임하였더니, 재물의 태반을 개인이 착복하고 겨우 이 다리를 얽어 놓았는데 그 과보로 그 사람이 대망이가 되어 여기 살고 있으니 보고 싶으면 나를 따라 오라"고 하였다.

그래서 스님을 따라갔다. 스님께서 〈능엄경〉 일편을 독송하니 큰 구렁이가 어슬렁 어슬렁 다리 밑으로 부터 기어 나와 다리 위에 허리를 걸치고 또 여러 마리의 작은 뱀들이 곁에 따라 나와 늘어섰다.

" 저 작은 뱀들은 어찌된 것입니까?"

"재목을 운반할 때 중간에서 도둑질 해 먹던 일꾼들이다. 만일 저들을 천도코자 하면 냇가에서 '수륙재'를 베풀고 뱀들을 화장해 주면 된다."

이 이야기를 들은 사미는 정성을 다하여 3일 동안 '수륙재'를 베푸니 수 십 마리의 뱀과 구렁이들이 기어 나와 독경하는 소리를 듣고 장작불의 화염이 충천하는 불구덩이 가운데로 기어 들어가 꼿꼿하게 서서 죽었다. 이 광경을 보고 있던 마을 사람들은 모두 기이하게 여기며 다음과 같이 말하였다.

"만일 천당 극락이 없으면 모르지만 있다면 선인이 갈 곳이요. 지옥이 없다면 모르지만 있다면 욕심쟁이 소인들이 갈 곳이다."라고 했다는 것이다.

이상에서 본 바와 같이 서양의 뱀과 동양의 뱀은 많은 차이를 보이고 있는 것이다.

2) 뱀 지명과 속담 속의 뱀

뱀은 숭배의 대상으로 집을 지켜주는 수호신으로, 그리고 삶의 지혜로운 깨달음을 주는 동물이 되었다. 따라서 우리가 살고 있는 땅이라든가 돌이라든가 골짜기 등 뱀과 관련된 이름이 많이 붙었다.

국토지리정보원(원장, 임주빈)에 의하면 우리나라 150만여 지명 중 뱀과 관련 있는 지명은 모두 208개로 나타났다. 뱀의 해를 맞아 발표한 통계에 의하면 뱀 관련 지명 208개 중 전남이 41개, 경북 32개, 경남 31개 등으로 나타났다. 그 종류 별로는 마을 명칭이 157개로 제일 많고 섬의 명칭 15개, 고개와 산의 명칭이 14개 등으로 나타났다.

그러니 우리나라 지명에 없는 것까지 모두 세밀하게 조사해보면 그 수효는 엄청 날 것으로 본다. 실제로 뱀 사자(巳字) '사동'이란 지명이 전국 15개로 가장 으뜸이었고 '뱀골'이란 지명이 10여개, 그리고 그 고장 사투리인 '뱀암' 등으로 불리는 곳도 여럿 있었다.

뱀의 모형과 관련된 지명이 전국 137개소로 가장 많았고 뱀 전체 모양을 딴 '장사도' 같은 이름도 72개소로 밝히고 있다. 또 뱀의 출현 설화와 관련된 지명도 있었는데 경주시 남면 구암리 마을 이름 '구뱀이'(귀달린 뱀)와 전남 함평군에 보면 금계리 '구수재'(9 구렁이 고개)같은 것이 그것이다. 이외에도 제주도의 김녕사굴, 천안의 덕령처럼 사악한 존재로 둔갑된 명칭도 있다.

미조면 미조리에 있는 뱀섬(사도)이 남해군 유일의 뱀 지명이다. 이 섬은 미조리 논 아래 마을 남쪽에 있는 작은 섬으로 망운산 속에서 서로 자식을 잡아먹고 원수가 된 구렁이와 두꺼비가 살고 있었는데 어느 날 서로 싸우다가 굳어져 섬이 되었다는 전설이 전해지는 섬이다.

우리나라 속담 가운데도 뱀에 얽힌 이야기가 여럿 전해진다. '참새가 제아무리 떠들어도 구렁이는 움직이지 아니 한다' 라는 속담이다. 참새는 실력없는 무리로 구렁이는 실력있는 사람으로 표현되고 있다. 실력자는 실력 없는 사람이 아무리 떠들어도 상대하지 않는다는 뜻이 내재되어 있다.

'부잣집 업 나가듯 한다' 는 속담이다. 재물을 안겨주는 업구렁이가 나간다는 뜻이다. 뱀은 두 개의 생식기를 가지고 있으며 이를 교대로 사용하고 있어 짧게는 한 두시간에서 길게는 3일간 교미하고 연간 두 차례 알이나 새끼를 낳는데 작게는 15개에서 많게는 150여개까지 낳는다. 그러니 뱀을 다산의 상징이라고 말하는 것도 그릇된 표현은 아닌 듯 싶다. 과거 우리조상들은 재물과 다산은 같은 의미로 생각하고 있었다.

"구멍에 든 뱀 길이는 모른다."라는 속담이다. 숨겨진 재물이나 재주를 얼마인지 헤아리기 어려움을 표현한 속담이다. 함부로 사람들은 남을 평가한다. 뱀을 모호함과 의혹스런 존재로 보는 경우의 한 표현이다.

3) 뱀띠 생의 성향

뱀띠는 현명하고 차분하고 직관적이기 때문에 장애 극복의 명수이다. 한편 쾌활하고 유머러스한 면이 있는 반면, 냉혹하고 카리스마적인 면도 있다. 뱀띠는 뱀이 찬 것과 달리 부드럽고 우아하며 심사숙고 할 줄 안다. 임기응변에도 능하며 조용하면서도 결단력이 있으며 동시에 자기 비판적이다. 뱀띠는 대인관계에 세밀하며 빈틈이 없다. 머리가 좋은 사람이 많고 예리한 면도 있어 매사 일을 명석하게 처리한다.

또한 뱀은 꾸준한 인내력을 갖추고 있어 참을성이 많아 일의 매듭짓는 일을 좋아한다. 뱀띠생은 단정한 몸가짐과 단아한 용모를 지닌 사람이 많다. 그들은 공부를 게을리하지 않고 부지런함으로 일찍 출세 길을 걷는 경우가 많다. 따라서 그들에게 있어서 인성함양이나 학문을 닦는 일은 그리 어려운 일이라 할 수 없다.

그러나 뱀띠는 소유욕이 남달리 강하고 질투심이 강하며 차갑고 게으른 면도 지니고 있다. 그들에겐 혼외정사의 소지가 있고 편집광적인 성격도 지니고 있는 단점을 지니고 있다.

뱀띠는 두뇌가 명석하고 숨은 재주를 지니고 있으며, 언변이 탁월해 직업으로는 교사, 작가, 법률가, 정치인, 언론인, 철학자, 정신과 의사, 종교인, 문화 사업가, 기획자, 고위공직자, 교수, 외교관, 중개업자, 연예인 등이 많다.

외국인으로는 톨스토이, 간디, 링컨, 피카소, 알리 등이 있는가 하면, 연예인으로는 강부자, 전무송, 원빈, 소지섭, 김희선, 이종석, 제시카, 유리, 태연, 써니, 티파니, 효연, 김태원, 백청강, 김범, 윤두준, 장소민, 장현승, 정준영 등이 있다.

주역을 하는 이들은 뱀띠 해인 2013년에는 수(水),화(火)의 띠생 등, 이를테면 쥐띠(양수), 돼지띠(음수), 뱀띠(음화), 말띠(양화)생들에게 주의를 당부한다. 이들은 지적인 면을 발전시키지 못하면 음란한 방향으로 가기 쉽다는 것이다.

뱀띠생에게는 대다수 지적 직업에 종사하는 이가 많다. 이들은 비범한 재능을 갖고 있어 명예나 이익을 얻는 사람이 많다. 그러나 자기의 총명함과 재능을 나쁜 곳에 이용하면 극악 무도한 죄인이 될 우려도 있다고 경고한다.

뱀띠생의 '가장 좋은 만남'은 소띠, 닭띠, 용띠라고 한다. 이중 소와의 친구로서 애인으로 적격이며 행복한 삶을 영위 할 수 있다. 그 다음 닭과의 만남도 싸우면서도 서로 보완하며 살아 나가게 되며 용띠와는 오히려 뱀의 지혜를 베풀며 살아야 한다.

그 다음 뱀띠에게 있어서 '좋은 만남'은 개띠, 양띠, 쥐띠이다. 이들은 보통의 관계로 지낼 수 있다. 그러나 안 좋은 만남은 말띠, 원숭이띠, 이며 가장 상극의 띠는 범과 돼지띠이다. 특히 뱀띠는 범의 횡포성을 참지 못한다. 반면 돼지띠는 뱀의 지략을 참아내기 어렵다는 점이다. 그런데다 뱀띠들은 체질적으로 건강한 편이 아니어서 신경과민성 질환에 걸릴 위험이 많다.

또 뱀띠들은 자존심이 강하고 끈질기게 일을 하기 때문에 병을 얻게 된다. 특히 뱀띠생은 계절 변화에 체력이 약화 될 우려가 많고 일에 몰두하다 보면 불규칙한 식생활을 하게 된다. 그리고 정력 소비의 낭비로 인해 큰 병에 걸릴 우려도 많다. 신경계통의 병, 노이로제, 신경성 위염에 주의해야 하고 특히 여성은 내장계통의 병에 걸릴 수 있고 관절과 근육통에도 주의를 해야 한다.

특히 나이 든 분들은 혈압, 심장, 호흡기 계통의 병에 유의해야 한다.

〈법구경〉에선 "건강은 가장 큰 은혜이고 만족은 가장 큰 재산이다" 말했고 "해서는 안될 일을 행하면 반드시 번민이 따른다. 그리고 해야 할 일은 반드시 행하라. 그러면 가는 곳마다 후회는 없을 것이다."라고 하지 않았던가.

〈본생경〉에서는 "무슨 일이든지 앞과 뒤의 순서가 있기 마련이다. 우선 순위에 따라 미리미리 준비하라. 그러면 당황하거나 허둥대는 일이 없을 것이다.때가 되어서야 비로소 노력을 기울이는 사람은 마땅히 할 일을 하지 않는 것이나 다름없다"고 한다.

혹자는 "시간이 없어서"라 말 할 것이다. "변명 중에서도 가장 어리석고 못난 변명은 시간이 없어서라는 변명이다."라고 에디슨은 말한 바 있다.

우리들의 2013년은 오늘 할 수 있는 일은 오늘 하는 습관을 길러야 한다. 뱀처럼 지난 일은 잊자. 그리고 내일 일도 생각하지 말자. "우리는 흔히 내일 내일 하고들 있지만 이 내일이라는 것은 영원히 이어지는 것이므로 오늘 하지 않으면 아무것도 못하게 되는 것이다." 라고 카네기는 말한바 있다.

"오늘의 하루는 내일의 두 배의 가치가 있다."고 벤저민 프랭클린은 말하지 않았던가.

삼재(三災)와 삼재풀이

올해(2013)는 돼지띠, 토끼띠, 양띠가 삼재가 시작(들삼재)되는 해이며, 〈올해는 좋은 해인가, 나쁜 해인가〉에서 밝힌 바 있듯이 10세 원숭이, 24세 말, 33세 닭, 37세 뱀, 46세 원숭이, 64세 범, 73세 뱀, 82세 원숭이 띠가 액년을 맞는 해이다.

그렇다면 삼재란 무엇인가?

삼재란 두 가지 종류가 있다. '큰 삼재' 와 '작은 삼재' 가 그것이다. '큰 삼재' 는 흔히 말하길 수재(水災), 화재(火災), 풍재(風災)를 말하고 '작은 삼재' 란 전쟁, 질병, 그리고 기근을 의미한다. 이 두 가지는 모두 인간이 살아가는데 있을 수 있는 재난들이다. 흔히 9수에 걸린 사람에게 절이나 무당을 찾아 '삼재풀이' 를 하라고들 한다. 결국 9수에 걸린 사람은 삼재에 걸린 사람을 말하는 것이다. 9수란 곧 삼재가 9년마다 다시 시작되기 때문에 9수라 한다.

일반적으로 9수는 9살, 19살, 29살, 39살 등과 같이 9수가 들어있는 숫자로 보는 사람도 있다. 그렇게 보아도 9수의 의미는 같은 뜻을 지닌다고 할 수 있다. 음양에서 9수는 우주의 변화 작용으로 본다. 5를 중심으로 1,2,3,4,는 생수(生水)이고 6,7,8,9,는 성수(成水)이어서 합하여 생성수(生成水)가 되는 것이다. 이런 수상은 변화의 생장면을 나타내는 9수는 그 마지막 성수인 것이다.

또 이렇게 생각해도 된다. 사람들은 계획을 세울 때 10년 단위로 세운다. 9수가 되는 해가 가장 극복하기 어렵게 여기고 있기 때문에 9수를 가장 큰 장애나 수난의 숫자로 보게 된다는 점이다. 삼재란 누구나 맞게 되는 것은 아니다. 같은 해에 삼재에 해당하는 사람이 있는가 하면 해당되지 않는 사람도 있다.

민속학자였던 임동권은『한국민속학 논고』에서 삼재란 "십이지(十二支)로 따져서 사유축년에 난 사람은 해자축년에 삼재가 들고 신자진년에 난 사람은 인묘술년에 삼재가 든다. 또 해묘미년에 난 사람은 사오미년에 삼재가 들고 인오술년에 난 사람은 신유술년에 삼재가 든다고 한다. 따라서 사람은 9년마다 삼재를 당하게 된다"고 하였다.

삼재가 든 첫 해를 '들삼재'라 하고 둘째 해를 '누울 삼재(눌삼재)', 셋째 해를 '날삼재'라고 일컬어 왔다. 이중 가장 불길하기로는 '들삼재'이고 다음이 '눌삼재', '날삼재' 순이다. 그럼 이들 들삼재, 눌삼재, 날삼재를 띠별로 나누어 살펴보면 다음과 같다.

■삼재의 띠별 변화

● 뱀, 닭, 소띠는

돼지해에 들삼재, 쥐해에 눌삼재, 소해에 날삼재

● 원숭이, 쥐, 용띠는

범해에 들삼재, 토끼해에 눌삼재, 용해에 날삼재

● 돼지, 토끼, 양띠는

뱀해에 들삼재, 말해에 눌삼재, 양해에 날삼재

● 범, 말, 개 띠는

원숭이해에 들삼재, 닭해에 눌삼재, 개해에 날삼재

(이상을 외워두고 미리미리 챙깁시다)

이렇게 정리하고 보면 2013년 뱀해에 삼재인 띠는 돼지, 토끼, 양띠 등 3띠 뿐이다. 모두 드는 해(들삼재)이니 주목해야 할 것이다.

그런데 삼재 이외에도 옛날에는 액년이 있었다. 운수가 모질고 사나운 해를 액년(厄年)이라 하는데 남자는 25, 42, 61세, 여자는 19, 33, 37세로 보았다. 음양도에서는 이 나이를 간지에 의한 액난이 있는 나이로 보았다. 이 나이를 기준 첫 해를 전액, 둘째 해를 본액, 세째 해를 후액의 해로 보았다. 이것은 중국에서 전래된 것으로 보이나 연령으로 보아 생리적 전환기이니 당연히 액년일 수 있었다고 본다.

하여간 이러한 삼재나 액년이 닥치면 당사자 개인이나 그 가정, 그리고 마을에서는 질병이나 고난이나 불행을 예방하기 위해 '삼재풀이' 나 또는 '액막이' 를 행하여 왔다. 매개자인 악귀를 쫓는 민속의례인 것이다.

이는 우리나라 뿐 아니라 세계의 어느 민족에서도 볼 수 있었는데 현대적 관점에서 보면 미신에 불과한 것이다. 그러나 옛날 병과 재난에 대한 뚜렷한 대책이 없었던 당시로 보면 이는 그들의 신앙이며 심리적 위안을 주는 좋은 정신치료술이었을 것이다.

악귀보다 더 강력한 상징의 색깔이나 냄새를 몸에 바르거나 몸 가까이 두는 것은 바로 그런 이유에서 였다. 각종 부적이나 십자가를 몸에 지니는 행위는 모두 그런데 뜻을 둔 것이다. 중국에서는 매년 새해 첫 닭이 울면 그 소리와 함께 일어나 밖에 나와 폭죽을 터트리며 악귀를 쫓기도 했다. 우리나라도 이미 신라시대에 처용의 형상을 만들어 얼굴에 쓰고 노래를 부르며 춤을 추었는데 이것은 모두 악귀나 액신을 물리기 위한 행위였던 것이다.

우리는 벌써 오래 전부터 한 해가 시작되는 정월이 되면 삼재풀이나 액막이 행사를 해왔고 이에 그치지 않고 1년 내의 이름있는 날이면 그에 따른 행사를 해왔다.

조선조 궁중에서는 설날이 되면 문배(門排)라고 하여 금갑이장군상을 대궐문 양쪽에 부쳤으며 종규가 귀신 잡는 상과 귀신머리(귀두)를 만들어 문과 중앙에 부쳐 액과 돌림병을 막았다.

반면 민간에서는 벽 위에 닭과 호랑이 그림을 부쳐 액을 물리쳤으며 금줄을 치고 체를 마루벽이나 뜰에 걸어서 초하룻날 밤에 내려오는 야광귀(夜光鬼)를 물리쳤다. 특히 그 해에 삼재가 든 사람은 머리가 셋이고 몸뚱이가 하나인 매를 그려 문설주에 붙였다. 그리고 나쁜 병을 물리치기 위해 설날에는 지난 1 년 동안 빗질할 때 빠진 머리카락을 황혼녘에 문 밖에서 태우는 소발액막이도 있었다.

아이들의 나이가 남아 10세, 여아 11세 제웅직성에 들면 정월 14일에 제웅 안에 돈과 성명, 출생년의 간지(干支)가 적힌 종이를 넣어 길거리에 버림으로써 그 해의 액을 막았다. 또 아이들은 청홍황색 등을 칠한 3개의 호로(호로병박)를 생실로 끈을 만들어 차고 다니다가 이 날 밤에 길가에 몰래 버려 액을 막았다. 그리고 정월 15일에는 액, 송액, 송액영복 등을 쓴 연을 띄워 놀다가 저녁 무렵에 줄을 끊어서 그 해의 재액을 막기도 했던 것이다.

임동권은 삼재법의 금속(禁俗)에 대해서는 곳과 사람에 따라 각각 상반된 말을 한다고 전제하고 "어른 중 특히 부부 중에 '들 삼재' 가 든 사람이 있으면 그 해에 사람이 들어와서는 안되고 '날 삼재' 가 든 사람이 있으면 사람이 나가서는 안된다, 반대로 '날 삼재' 는 사람이 들어가도 되고 '들 삼재' 에는 사람이 나가도 괜찮다."고 했다.

사람이 들어온다는 말은 며느리를 보거나 합가(合家)하는 경우이고, 나간다는 것은 딸을 출가시키거나 분가를 뜻한다. 그래서 전역에 걸쳐 부모나 조부모의 삼재 든 해에 자녀의 혼사를 피한다.

임동권은 계속하여 "삼재 든 해에 큰 방의 문 위 벽에 삼재부(三災符 = 붉은 색으로 머리가 셋인 매를 그린 것)를 붙이는 사례가 가장 많다.

입춘춘첩을 붙일 때는 운수에 관한 좋은 글귀를 써 붙이는 사례가 있고 점술가가 시키는 대로 삼재 든 사람의 옷 사르기, 고기나 떡 버리기 등을 한다. 보름에는 지붕 위에 버선 본을 올리거나 달집에 옥동전을 매달아 불사른다. 세 갈래 갈림 길에 나가서 삼재가 든 사람의 옷을 태우고 빈다. 첫 호랑이 날에 큰 방 문 위에 호랑이를 그려 붙인다. 첫 말(馬)과 첫 호랑이 날에 갈림길에 나서서 밥 세 그릇과 과일을 차리고 촛불을 켜 놓고 빈다. 정월대보름에 처방을 해 주거나 점쟁이가 시키는 대로 처방한다. 정월보름에 지방의 용마루에 버선 본이나 달모양의 종이를 대나무에 매어 꽂아 놓고 동쪽을 보고 7번 절을 한다"고 하였다.

인용이 길어졌지만 이러한 '삼재풀이'나 '액막이'는 모두 전시대에 전해오던 우리의 습속이라고 외면해서는 안된다. 풍속을 지켜오면서 그 만큼 보은을 받았기에 이런 것이 지속되었을 것이라고 보면 무턱대고 외면 할 이유는 없다고 본다.

최근들어 경제가 불황으로 치달으면서 무속인들이나 절을 찾는 이들이 많아졌다. 그 만큼 구원의 끄나풀이 요구되는 때라고 볼 수 있다. 그러나 부처님은 요구하는 걸 풀어주기 위해 마련된 건 없다. 많은 불경을 읽어보아도 삼재나 액을 떨쳐 버릴 수 있다는 해답을 준 것은 어디에도 없다.

법정스님은 『삼재란 무엇인가』에서 "더 물을 것도 없이 부처님께서 아홉수라고 절에 가서 '삼재풀이'를 해야 한다는 말은 그 어떤 경전을 통해서도 하신 적이 없다. 종파를 불문하고 정법이 없는 곳에서는 돈벌

이를 위해 부처님을 파는 일이 하다하다.

불공이란 부처님께 공양을 올린다는 뜻이다. 부처님은 돈도, 밥도, 과일도 떡도 필요로 하지 않는다. 진정한 불공은 부처님 가르침대로 사는 일이다. 그러니 절에 가서 불공하는 것도 좋지만, 행여나 어떤 보상을 바라고 해서는 안된다. 그것은 흥정이나 계약이지 청정한 공양이 아니다.

정신 바짝 차리시오! 믿음이 뿌리를 내리지 못하면 조그만 바람에도 크게 흔들리게 된다."라고 하였다.

다시 말하면 삼재나 액년을 맞았다고 두려워하거나 조바심을 내서는 안된다. 오히려 올바른 몸가짐과 마음으로 하는 일을 열심히 하는 게 삼재나 액년을 모면해 나가는 길이다. 정히 일이 손에 잡히지 않으면 앞에서 제시한 풍속을 되살리는 일에 몰두해 보면 어떨까?

전통을 지키는 것도 일은 일이니까.

"지금이야 말로 일 할 때이다. 지금이야 말로 싸울 때이다. 지금이야 말로 나 자신을 더욱 더 뛰어난 사람으로 만들 때이다. 오늘 능히 하지 못하면 내일 무엇을 할 수 있을 것인가 .

-케빈스-

"부지런히 노력하여라. 부지런히 노력하면 어려운 일이 없을 것이다. 빗방울이 떨어져 단단한 돌을 뚫는 것처럼 끝없는 노력 앞에서는 이루어지지 않는 것이 없다" 〈불유교경〉

내 장례 이렇게 치러 주시다

제목을 이렇게 정해 놓고 보니 좀 어줍잖은 데가 있다. 그러나 내가 이런 글을 쓰는 이유는 우리 집에 큰 일이 있기 전에 미리 후손들이 알아둬야 부담도 적고 또 미리 준비를 하지 않을까 하는 데서 필요하다고 여긴 까닭이다.

나는 누님의 등살에 못 이겨 미리 아버님, 어머님 수의를 장만했고 내친 김에 묘를 쓸만한 산도 구해 미리 가묘까지 만들어 놓았었다. 그러나 아버님께서는 "난 묘에 들어가지 않는다. 화장해서 산에 뿌리거라" 라고 몇 차례 말씀하셔서 결국 가묘는 쓸모없게 되어 버렸다.

결국 난 아버지가 돌아가신 후 화장장 앞에 있는 납골당에 영정을 모셔 놨다. 어머님께서 작고하신 후 공원묘지 납골당을 구해 그곳에 함께 모셨다. 형제들의 합의 아래 마련한 것이다. 동생들 의견은 계속 3대를 그곳에 들어가게 되어 있으니 반대하는 사람이 있을 리가 없었다.

미리 준비해둬도 별안간 일이 생기면 당황하게 되는데 아무 준비가 없으면 더욱 당황하게 된다. 이런 분주하고 당황스런 일을 겪기 전에 미리 준비하는게 좋다고 여겨 여기 좋은 의견을 소개하려는 것이다.

골든 에이지 포럼(회장 김일순 연세의대 명예교수)은 앞으로 우리나라 사망자 수가 급격히 늘어 날 것을 전제로 '사전장례의향서' 를 후손들에게 넘겨 유족들에게 부담을 덜 주기로 하는 서명 운동에 들어갔다.(조선일보 2012.11.14 참조)

'사전장례의향서' 란 장례의식과 절차가 내가 바라는 형식대로 치러지기를 바라는 일종의 유언장이다. 이 내용을 보면 부고 범위, 장례 형식, 부의금 및 조화를 받을 지의 여부, 염습. 수의 및 관의 선택, 화장하느냐 매장하느냐 등의 장례 방식과 장소 등을 미리 적어두는 방식이다.

2012년 통계청 자료에 따르면 우리나라 최근 연간 사망자 수는 25만여 명인데 2035년쯤 되면 50만, 2050년 이후엔 75만 명 선으로 늘어난다고 한다.

이 '사전장례의향서' 의 작성은 일종의 고령층이 장례문화의 전통을 간소화하여 유족들에게나 추모객들에게 부담을 덜 느끼도록 하는데 목적이 있는 것이다. 사망자가 늘면 장례식장이나 상조업자들은 경황이 없는 유족들의 약점을 이용, 폭리를 취하고 있다는 것이 지난 10월 국정감사 결과 드러났다.

판매하는 장례용품의 마진률이 177%에 이른다는 것이다. 이렇게 폭리를 취하니 그를 예방하기 위해서는 골든 에이지 포럼이 내놓은 '사전장례의향서' 의 기록은 나이 60여세 넘으면 통례로 하나씩 체크, 날인하여 후손들에게 넘겨주는 것도 필요하다는 생각이 든다.

이 장례방식과 절차를 스스로 결정하고 싶은 분은 골든에이지포럼(www.goldenageforum.org)에서 다운받거나 아래 '사전장례의향서' 에 본인의 의사를 체크하여 후손에게 전하면 된다.

사전장례의향서(事前葬禮意向書)

나에게 사망진단이 내려진 후 나를 위한 여러 장례의식과 절차가 내가 바라는 형식대로 치러지기를 원해 나의 뜻을 알리고자 이 사전장례의향서(事前葬禮意向書)를 작성한다.

나를 위한 여러 장례의식과 절차는 다음에 표시한 대로 해주기 바란다.

1. 기본 원칙

(1) 부고

1 널리 알리기 바란다.( )

2 알려야 할 사람에게만 알리기 바란다.( )

3 장례식을 치르고 난 후에 알리기 바란다.( )

(2) 장례식

1 우리나라 장례문화를 바르게 이해하고 전통문화를 계승하는 차원에서 해주기 바란다.( )

2 가급적 간소하게 치르기 바란다.( )

3 가족과 친지들만이 모여 치르기 바란다.( )

2. 장례 형식

1 전통(유교)식( ) 2 불교식( ) 3 기독교식( )

4 천주교식( ) 5 기타(지정)( )

3. 장일(葬日)

1 가급적 3일 또는 5일장을 지켜주기 바란다.( )

2 날수(기간)에 구애 받지 말고 형편대로 해주기 바란다.( )

4. 부의금 및 조화

1 관례에 따라 하기 바란다.( )

2 가급적 제한하기 바란다.( )

3 일체 받지 않기 바란다. ( )

5. 음식대접

1 음식 등을 잘 대접해주기 바란다.(   )
2 간단한 다과를 정성스럽게 대접해주기 바란다. (   )

6. 염습
1 정해진 절차에 따라 해주기 바란다.(   )
2 특별한 이유가 없는 한 하지 말아주기 바란다. (   )

7 수의
1 사회적인 위상에 맞는 전통 수의를 입혀주기 바란다.(   )
2 검소한 전통 수의를 선택해주기 바란다.(   )
3 내가 평소에 즐겨 입던 면 옷으로 대신 해주기 바란다.(   )

8. 관
1 사회적인 위상에 맞는 관을 선택해주기 바란다.(   )
2 소박한 관을 선택해주기 바란다.(   )

9. 시신 처리
1 내가 이미 약정한 대로 의학적 연구 및 조직 활용 목적으로 기증하기 바란다.(   )
2 화장해주기 바란다.(   )
3 매장해주기 바란다.(   )

〈화장하는 경우 유골은〉
① 인공 봉안시설 : 봉안(납골)당(   ) 기타(   )
② 자연장(산골) : 수목(   ) 해양(   ) 정원(   ) 기타(   )

〈매장하는 경우〉

① 공원묘지(　)

② 선산(先山)(　)

③ 기타(　)

10. 삼우제와 사구재

1 격식에 맞추어 모두 해주기 바란다. (　)

2 가족끼리 추모하기 바란다. (　)

3 하지 말기 바란다.(　)

11. 기타

영정사진, 제단 장식, 배경음악 등에 대한 나의 의견

이상은 장례의식과 절차에 대한 나의 바람이니 이를 꼭 따라주기 바란다.

년　　　월　　　일

작성자 이름　　　　　　　　서명

7 이해랑의 연극정신

봄철 미각 돋구고 치료 돕는 머위

"아름다운 빛과 은은한 향기를 내 뿜는 꽃이 있듯이 실천이 따르는 사람의 말은 그 메아리가 조용히 그리고 멀리 퍼진다."〈법구경〉

머위는 강추위와 눈보라를 이겨내고 봄이면 꽃을 피운다고 해서 관동화(款冬花)라 부른다.머위는 습기가 있는 낮은 산등어리나 협곡에 많이 자라며, 옹기종기 무리지어 살아 나가는 국화과에 속하는 식물이다. 머구 또는 곳에 따라 머우라고도 불린다.

사찰음식 가운데 대표적인 것이어서 사찰이 있는 주위에 많이 발견된다.탈촌에는 탈촌으로 탈바꿈하기 이전 다초초등학교 때 구역 내에 교장 사택이 있었기에 식재를 위해 재배된 것으로 보인다.탈촌 뒷켠 넓은 공간을 꽉 메워 자라며 탈촌 입구 울 밑에도 매년 무리지어 자란다. 머위는 씨앗으로 번지기도 하지만 땅 속 뿌리에서 줄기가 나서 번지기 때문에 한 뿌리만 옮겨 심어도 몇 년내 많이 번지는 국화과의 식물이다.

머위는 땅 속 줄기는 해열에 좋다고 알려져 왔고, 뿌리는 어린이의 태독(胎毒)치료에 쓰인다. 그리고 꽃과 잎, 그리고 잎자루(머위대)까지 모두 약용으로 사용된다.조사에 의하면 머위대는 비타민A, 비타민B1, B2, B6, 비타민C, 비타민E까지 많은 류의 비타민을 함유하고 있고, 식이섬유, 아연, 칼륨, 칼슘, 인 ,철분, 나트륨 ,베타카로틴, 나이아신, 단백질 , 당질 등 많은 종류의 성분을 함유하고 있어 약으로나 식재로서도 빼 놓을 수 없는 귀중한 먹거리라 할 수 있다.

많은 비타민A의 전구체인 베타카로틴은 동맥경화, 관절염, 항암, 백내장 예방과 노화방지에 좋다. 그리고 머위의 많은 칼륨은 중금속 제거와 혈압 조절에 좋고 칼슘과 인은 뼈와 치아 형성에 도움을 준다. 특히

식이 섬유는 불포화 지방산이 많아 들깨와 섞어 먹으면 콜레스테롤 제거, 변비예방을 돕고 각종 성인병을 막아준다.그 동안 한방이나 민간요법으로 머위는 진해, 종창, 안정, 수종, 식욕증진, 이뇨 등의 약재로 써왔다. 특히 머위에 내포된 폴리페놀 성분은 소화촉진을 시켜주고 식욕을 돋우는 역할을 한다.

머위의 잎을 찧어 타박상에 바르면 빨리 아픔이 가시고 상처가 치료되고, 다래끼에도 바르면 가라 앉는다. 머위 뿌리는 편두통이 있을 때 달여 먹으면 가라앉는다.생선 식중독에는 머위잎과 대를 짠 생즙을 마시면 효능이 있고 머위 달인 물을 마시면 천식과 기침을 멈추게 하고 폐결핵으로 인한 피고름을 뱉는 일도 멈추게 한다.

머위는 알칼리성 식물이기에 산성 체질인 사람들에게 체질 개선을 시켜주고 독성이 없으면서도 항암효과를 볼 수 있다. 특히 암이 전이되는 것을 막아주고 통증을 완화시켜 준다고 알려져 왔다.

그럼 머위는 어떤식으로 들어야 효과적일 수 있을까?

1. 머위술(관동화주)

이른 봄이면 꽃대는 마치 송이버섯 머리처럼 둥글게 땅을 헤집고 나오는데 그 크기는 밤톨 크기이다. 3월경 이것이 땅속에서 둥근 모습이 다 나왔을 때 채취하여 우선 잘라 술을 담그면 머위 술(관동화주)이 된다.

머위 술은 한되들이 유리로 된 항아리에 넣고 소주를 부어 밀봉한 후 3~6개월 정도 보관하면 숙성하여 머위 술이 완성된다.

2. 머위꽃차(관동화차)

머위 꽃은 꽃대가 나와서 한 꽃송이에 여러 개의 작은 꽃이 같은 크기로 자라는데, 암꽃과 수꽃은 크기와 색에 따라 구별되는데 꽃차는 암

수 구분 할 필요는 없다. 암꽃과 수꽃의 경우 암꽃은 꽃이 핀 다음 키가 크며 화경도 동시에 자라지만 수꽃은 자라지 않고 화경도 커지지 않는다.

꽃색은 암꽃은 하얀색이지만 수꽃은 하얀색에 백황색을 띄기 때문에 암수의 구별이 가능하다. 머위 꽃은 예로부터 민간요법으로 기관지염이나 기침과 가래가 나올 때 드는데 효과가 있는 것으로 알려져 있다.

4월에 꽃은 만개하기 시작, 늦게는 5월까지 피는데 이때 꽃송이를 따서 깨끗이 물에 씻은 다음 물기가 다 마른 후 음지에 펼쳐 말려 녹차용 주전자에 한 송이씩 넣어 우려내어 마셔도 되고 물기가 빠진 머위 꽃을 한 송이씩 잡고, 작은 꽃송이를 모두 뜯어 말리면 오래두고 마실 수 있다.

다관에 7~8개의 작은 꽃송이를 넣고 80~90℃의 뜨거운 물을 부어 2~3분 우려내어 마시면 된다. 최근 알려지기로는 머위 꽃은 알칼리성 식품으로 해독작용이 뛰어나며, 암 예방과 천식을 개선시키고 식욕을 돋우는 효능이 있음이 밝혀졌다.

약용으로 쓰려면 꽃이 약간 핀 정도가 좋으며, 꽃에서 향기가 나면 이미 약효가 사라졌다고 여기면 된다. 관동화차는 향이 특이하고 맛은 달며 성질은 따뜻하다.

3. 머위나물

머위나물 재료는 첫째, 4월에 작은 머위를 잎이 달린 잎자루(껍질을 벗기지 말 것)를 각종 양념을 넣고 식초를 떨구어 주물럭 주물럭 생채로 무쳐 먹으면 새콤하면서도 쌉쌀달콤한 샐러드로 봄 기운을 그대로 느낄 수 있다. 또 이것을 데쳐서 각종 양념으로 무쳐내면 머위 나물로도 제격이다.

둘째, 이때의 재료는 지름이 30cm정도 자란 잎과 잎자루(머윗대)이다.잎은 다 컸을 때는 쌈용으로 채취하는 것이 좋고, 잎 따로 잎자루 따로 나물로 쓰려면 70~80% 성장했을 때가 가장 바람직하다. 채취한 후 잎자루(머윗대)와 잎을 분리하여 차근차근 놓는다. 그 다음 우선 잎자루만을 삶는다. 머윗대를 삶을 때는 공기에 접하면 색이 갈색으로 변하기 때문에 끓는 물에 빨리 넣고 삶고, 삶아진 머위를 빨리 찬물에 옮겨 넣고 아릿한 맛을 우려낸 후에 껍질을 벗긴다. 벗겨진 껍질은 모아 장아찌를 만들어 먹어도 좋다.오래 두고 들려면 껍질을 벗긴 후 건조시켜 냉동보관 하면 겨우내 들 수도 있다.각종 양념에 무쳐 들면 훌륭한 머윗대 나물이 될 것이다. 노인들은 들깨로 무쳐 드는 게 좋다

셋째, 머위 잎나물의 순서다.

가지런히 놓인 잎을 데쳐서 썸둥 썸둥 자른 후 무쳐들면 된다.

4. 머윗대 장아찌와 머위 껍질 장아찌

잎을 분리해서 나물로 쓰고 잎자루(머윗대)와 그 껍질은 분류하여 펄펄 끓는 물에 넣어 삶은 다음 머윗대는 머윗대끼리 묶어서 고추장이나 된장 항아리에 박아 두면 여름철 입맛 돋우는 훌륭한 머윗대 장아찌가 될 것이다.

마찬가지로 그 껍질도 같은 방법으로 고추장이나 된장에 박아 두었다가 2~3개월 후 여름철 장에서 꺼내 잘게 썰어서 참깨, 참기름, 다진 파와 고춧가루를 넣고 조물럭 조물럭 무쳐내면 아삭 아삭한 그 맛이 식욕을 돋운다.

5. 기타

사찰에서는 나물로 장아찌로 들기도 하지만 잎은 밀가루를 잎혀 기름에 튀긴 머위 튀김을 만들어 쓰기도 하고 밥을 정갈하게 말아서 들기도 한다.

반면 강원도 쪽에 가면 감자를 여러 개로 쪼개어 익힌 다음 으깨어 감자 쌈을 만들어 들기도 한다. 그리고 노인들의 음식으로는 머윗대를 잘게 썰어 들깨를 많이 넣고 머위 들깨탕을 만들어 들기도 했고, 머윗대를 깔아놓고 전을 붙여 들기도 했다.

하여튼 머위는 뿌리줄기부터 머윗대 머위잎 머위꽃 등 모두 약으로 활용되기 때문에 얼마든지 그 종류의 조리에 따라 많은 음식이 될 수 있다.봄철 미각 돋우고 치료 돕고 여러 병을 예방하는 머위를 많이 들어 건강한 남해섬이 되었으면 좋겠다.

"젊음은 다시 오지 않는다. 하루에 두 번 새벽은 없다. 때를 따라 열심히 할 일을 하라 세월은 사람을 기다리지 않는다." 〈도연명〉

건강을 위한 식후 준칙

"노새가 준마나 힘센 코끼리도 길들이면 훌륭하지만 가장 훌륭한 것은 자신을 길들이는 것이다." 「법구경」

요즘 대다수의 사람들은 어떤 종류의 음식을 먹을까 에만 관심이 많다. 예전엔 어찌 먹고 살 것인가에 관심이 많았을 때가 있었다. 그땐 아무 것이나 가리지 않고 먹어도 소화가 잘 되었고 탈이 없었다.

그러나 이젠 먹고 살만해지니까 너나 할 것 없이 음식을 골라 먹기 시작했다. 좋은 음식, 입에 맞는 음식 가려 먹다보니 탈도 많고 병원 약방 찾는 일도 많아졌다.

조선조 왕궁에는 임금 한 사람을 위해 150여명의 어의와 밥상 챙기는 200여명의 상궁이 있었다. 그러나 조선조 임금 중 영조는 오래 살았지만 영조를 제외한 26명의 임금은 평균수명이 37세였다. 이는 무엇을 의미하는가? 음식은 너무 좋은 음식만 들어도 안되고 그렇다고 아무것이나 먹어도 안 된다는 것을 의미하는 것이다.

얼마 전 시간여유도 있고 하여 진주에 나갔다 오랜만에 서점엘 들렀다. 서점을 이리저리 돌다 잡지코너에 당도하니 2월호 월간 「산」지가 눈에 든다. 목차를 쭉 훑다가 〈올바른 섭생 이렇게 하라〉는 제하의 최진규(한국토종약초연구학회장)의 글을 대하게 되었다.

나이 들어서도 산을 올라야 하는데 산보다 먹이가 눈에 띄는 건 무슨 이유일까? 난 그 자리에 서서 내용을 훑어보니 오랜동안 연구한 내용이라는 생각이 들어 구입했고 여기 소개하기로 했다.

최 회장은 음식을 먹는 다섯 가지 원칙을 지켜야 건강할 수 있다고 전제하고 "(1) 음식을 배부르도록 먹지 말고 미식에 유혹되지 말며 편식하지 않는다. (2) 정해진 시간에 식사하는 것이 좋다. 가능하면 아침은 거르지 말고 저녁은 늦게 먹지 말라. (3) 양을 적게 먹고 몸에 해로운 음식은 아주 조금만 먹거나 아예 먹지 않는다. (4) 음식은 부드럽고 따뜻하게 해서 먹고 천천히 꼭꼭 씹어서 먹어야 한다. (5) 깨끗한 음식과 신선한 음식을 먹는 습관을 길러야 한다."고 되어 있었다.

이상은 많은 학자들이나 건강을 챙기는 사람들이 늘 들려주는 일이라 나에겐 크게 관심을 끌지 않았다. 그러나 마지막 부분에 있는 식후 일곱 계명은 나의 주의를 집중케 한 대목이다.

일계, 식후에 담배를 피우지 말 것

이계, 식후에 바로 과일을 먹지 말 것

삼계, 식후에 허리띠를 풀지 말 것

사계, 식후에 차를 마시지 말 것

오계, 식후에 많이 걷지 말 것

육계, 식후에 목욕하지 말 것

칠계, 식후에 잠을 자지 말 것 등이다.

즉 식후에는 위장의 연동운동이 늘고 혈액순환이 빨라서 담배연기를 많이 빨아들여 해롭다는 것이며 과일에는 당류가 위속에 정제되고 효소로 인해 발효되어 뱃속이 부풀어 올라 부글부글 끓게 된다는 것, 그러니 과일은 식후 2~3시간 후에 드는 게 좋다는 것이다.

그리고 허리띠를 풀면 복강 내 압력이 떨어져 소화기관 활동이 강화되어 인대에 미치는 영향으로 위하수와 장폐색이 발생할 가능성이 있다는 것이며 차의 타닌은 단백질과 결합, 소화하기 힘든 응고물을 만든다는 것이다.

식후엔 소화기에 있던 피가 많이 걸으면 사지로 옮겨 소화흡수에 지장이 오며 식후 즉시 목욕을 하면 소화기계의 피가 줄어 소화흡수에 지장을 가져온다. 그리고 식후의 잠은 음식이 위장 내에 오래 머물러 소화흡수에 지장을 주며 위장병이 쉽게 발생한다는 것이다.

필자는 이외에 식후에 물을 들지 말 것, 식후에 엎디어 글을 쓰지 말 것, 식후에 위험한 일과 싫은 일은 하지 말 것을 첨부한다.

즉 식사중이나 식후에 물을 많이 들면 소화기계의 운동을 약화시켜 흡수를 약화시키고 배를 방바닥에 깔고 글을 쓰면 소화기를 압박해 소화를 늦추게 한다. 그리고 싫은 일이나 위험한 일은 신체를 위축시켜 밥알을 곤두세우게 하여 체할 우려가 생긴다.

위의 세 항목을 첨부하여 계명표기보다는 식후 십대준칙으로 명칭을 바꿔 부르기로 했다. 건강한 남해를 위해 식후 십대준칙을 지켜보자.

모스크바의 평양식당

세계여행을 하다보면 한국을 떠난지 꼭 3일 째면 김치에 된장찌개를 그리워하게 된다. 1990년 8월 21일로 기억된다. 모스크바에서 이틀을 자고 나니 일행 중의 여러 명이 아침상머리에 앉은 어린애처럼 밥투정을 하기 시작했다.

사실 나는 음식을 안가려 먹고 서울에서는 십 여일 이상 김치 한저름만 먹어도 밥 한 그릇 거뜬히 해치우는 게 상례인데 모스크바의 밥상머리에 몇 차례 앉은 후론 도저히 다시 앉고 싶은 생각이 멀어져 가기만 했다.

딱딱한 빵쪼가리에 새큼한 우유 그리고 여러 가지 잡다한 음식들이 그때 그때 달리 나왔지만 그나마 먹어치우는 분은 한 두 사람뿐 그 외 사람은 으레 서울에서 가져온 라면으로 끼니를 때우는 게 보통이었다.

이럴 즈음 3일째 되던 날 모스크바 중심가에 위치한 평양식당에 우리들은 안내되었다. 이곳은 모스크바에 있는 최초의 한국음식점이자 유일의 음식점인데 북한과 당시 소련이 반반씩 투자하여 운영하고 있다고 했다.

몇몇은 그 음식점을 들어설 때 을씨년스런 기분을 느끼는 듯 보였으나 소련을 가기 직전 중국 연변에 다녀온 나로서는 아무런 거리낌없이 들어설 수 있었다. 나는 모스크바에 오기 10여일 전에 연변의 두만강호텔 구내식당에서 평양음식을 먹어본 경험이 있기 때문이었다.

모스크바의 평양식당은 도로변에 있었으며 집은 고풍이 그냥 서려있는 낡은 건물의 1층을 사용하고 있었다. 다만 감회가 어린 것은 모스크바 어딜 가나 소련말 간판 뿐인데 이곳 식당만은 우리말로 간판이 쓰여 있다는 사실이었다.

중국의 북경이나 장춘, 심양, 도문, 용정, 연길 등은 우리말과 중국말을 함께 간판에 쓰고 있었는데, 모스크바의 간판은 오직 우리말로만 쓰여 있었다. 불현 듯 이상한 예감이 들었다. 한국인만을 위해 만든 식당이라니..?

그러나 안에 드니 서너평 됨직한 곳이었는데 소련말 쓰는 사람과 북의 사투리를 쓰는 사람이 함께 우리를 맞아주는 것이었다. 앞쪽에 카운터가 있고 우측에 화장실 그리고 좌측에는 또 하나의 문이 있었다. 우리들은 좌측 문 안쪽으로 안내 되었다. 그 곳은 어두컴컴한 가운데 소련말과 우리말 소리가 이쪽 저쪽에서 들려오고 있었고 잔잔한 클래식 음악까지 흐르고 있었다.

우리가 도착했을 땐 이미 예약한 까닭인지 테이블 위엔 한국식 반찬들이 즐비하게 올려져 있었고 몇 병의 맥주와 보드카도 눈에 띄었고 후식으로 오를 과일들이 대바구니에 담긴 채 중앙에 미리 놓여 있었다.

우리가 보드카에 입술을 적시고 있을 즈음 된장찌개가 가운데 놓여졌고 이어 식사가 나오기 시작했다. 며칠째 끼니도 제대로 채우지 못한 상태여서 모두들 식사가 나오기가 무섭게 "맛있다."는 말을 남발하며 먹어치우기 시작했다.

식사가 끝난 줄 알았는데 또 냉면이 나오기 시작했다. 난 서울에서도 알아주는 냉면골목에서 살아와 냉면에는 질려버린지라 그냥 외면하고 말았지만 좋아하는 사람들은 밥을 먼저 먹은 것을 후회하는 기색이 역력했다. 냉면이 나온 뒤 잇달아서 물만두까지 나왔다.

우리들은 평양식당에 와서 평양음식 먹다가 한국음식에 질려버리고 말았다. 나중에야 안 일이지만 소련인들은 음식을 많이 먹는데 그에 맞추다보니 이렇게 많이 나오는 게 평양식당의 풍속처럼 되어 버렸다는 것이다.

우리가 앉아 식사를 하던 곳은 10여평 남짓해 보였는데 또 안쪽에 특실처럼 문이 또 있고 하여 나는 남들보다 일찍 식사를 끝내고 그 쪽 방을 열고 들어갔다.

우리가 남들보다 좀 늦게 도착한 까닭인지 그 쪽은 텅비어 있었고 한 자리만 막 식사를 끝내고 나간 듯 빈그릇들이 즐비하게 상위에 놓여져 있었다. 사방을 둘러보니 방의 크기는 5평 정도나 될까. 한쪽 벽엔 가로로 200호 정도의 금강산 그림이 붙어 있었고 또 한쪽 벽엔 병풍크기의 동양산수화 네 폭이 나란히 걸려 있었으며 다른 한쪽엔 시계와 북한의 달력 등이 걸려 있었다.

난 한쪽 벽부터 차분히 그림을 뜯어보려고 하는데 늘 어딜가나 살펴보기를 즐기시는 미술평론가 이구열 선생께서 들어 서셨다.

이 선생은 이걸 못보고 갈 뻔 했다며 한쪽부터 살피더니 넌지시 그림은 수준이하인데 신경은 많이 쓴 작품이라며 카메라에 하나하나 담기 시작했다. 이 선생이 다 찍고 난 후 네 폭 그림 앞에 서며 셔터를 눌러 달라고 했다.

내가 "이 선생님! 어때요?"라고 물으니 "외국에 내다 건 거니까 작가도 수준급의 작가가 그렸을텐데 예상했던 대로예요."라고 답했다.

"중국 연변의 그림과도 흡사하네요."라고 내가 다시 물으니 "사회주의체제 아래에서는 어쩔 수 없는 모양이네요. 중국도 이 곳도 이북의 영향을 크게 받았을테니까 여기 있는 사람이 그렸더라도 거의 같겠죠. 하여간 오늘 여기 온 것이 나에겐 큰 수확인걸요."라고 말하는 것이었다. 이 선생과 나는 한 작품당 두 세 장씩 거듭 찍고 나서 다시 제자리로 돌아왔다. 아직도 식사상은 그대로이고 술잔만 오가고 있었다.

난 불현듯 밖의 정경이 그리워 다시 일어났다. 현관에 있는 화장실을 들렀다. 화장실은 서양식 그대로였고 이곳에도 화장지는 눈에 띄지 않았다.

카운터쪽으로 나와서 나는 한쪽에 있는 소파에 앉았다. 이때 지배인

처럼 보이는, 김일성 뺏지를 단 친구가 앞으로 다가섰다.

"모스크바에 언제까지 계실건가요?" "예! 하루 더 묵을 겁니다. 이 식당은 생긴지 얼마나 되었나요?"

"닫았다 열었다 하니까요!"

"네?"

"손님이 많으면 열고 손님이 없으면 닫습니다. 그런데 요즘은 남조선 손님이 많이 와서 계속 열고 있습니다."

"아! 그래요! 관광객들이 많이 옵니까?"

"삼성 직원들도 많이 오고요. 선생님처럼 며칠 다녀가시는 분도 옵니다."

"한국사람들과 대화를 나누니까 어때요?" 이렇게 묻자 그는 주위를 살피더니 "기분파들이 많아요. 남조선사람은 술도 많이 하고요." "아! 그래요."

"통일이 되면 얼마나 좋겠시오. 남조선 사람들이 평양에 가서 냉면도 자시구요. 미제를 몰아 내세요. 그래야 빨리 통일이 되죠."

난 더 이상 물을 생각이 없어졌다. 어쩌면 "왜 북쪽 사람들은 앵무새처럼 똑같은 말만 하는가?"라고 묻고도 싶었지만 먹은 밥이 다시 올라올까봐 체념하고 말았다.

"저녁에 또 오시라요."

"글쎄요. 시간이 되면 다시 오도록 해보죠."

우리가 그 곳 평양식당을 나설 때 어느 북쪽 친구는 문밖까지 나와서 우리와 동행했던 한국의 미인 손영은(미스코리아 출신)을 저녁에 다시 오라고 졸라대고 있었다. 분명 그 친구는 그녀의 미모에 반해버린 모양이었다.

차를 달려 〈톨스토이 기념관〉으로 가는 도중 나는 궁금하여 말문을 열었다. "냉면 맛이 어땠어요?" 유현목(영화감독), 최미나(소설가)씨 등이 이구동성으로 서울의 평양냉면보다 못하더라고 말했다. 그러나 된장찌개와 물만두는 우리 입맛에 맞더라는 것이 우리의 통일된 의견이었다.

차가 달리는 동안엔 계속 평양식당 애기가 입에 오르내렸다. "우리가 먹은 게 얼마나 되죠?" "바가지 씌우려고 이것 저것 시키지 않은 것까지 나온 게 아냐?" "인간적으로 대하면 같이 인간적으로 대해주면 얼마나 좋을까!"

우리들이 먹은 게 전형적인 조선요리라는 것을 가이드가 귀띔해 주었다. 음식값도 그리 비싼 편은 아니었다. 소련의 물가에 비하면 굉장히 비싼 것이지만 우리네 물가에 비하면 싼값으로 먹은 편이었다. 한 사람당 술값포함 10불정도 였으니까.

우리가 레닌그라드, 타시켄트, 알마아타 등을 들러 며칠 만에 모스크바에 되돌아오니 그동안 아리랑식당이 문을 열었다고 했다. 우리 교포가 개업했단다. 그러나 교포의 음식은 아마 북의 솜씨만 못할 것이 뻔했다. 소련에 살고 있는 교포2세나 3세가 운영할 것이고 그것도 소련식으로 많이 변형되었을 것이니까.

모스크바에 돌아온 한국예술평론가협회(당시 회장 유신) 여행단은 그 곳에서 하루를 더 묵고 다음 날에 귀국비행기에 올랐다. 그 후 나는 모스크바를 자주 갈 수 있었다. 그 이듬 해도 모스크바에 갔는데 일 년 사이에 소련이란 명칭은 러시아로 바뀌었고 많은 한국음식점이 문을 열었다. 그 바람에 평양식당은 운영이 힘들어 문을 닫았단다.

그 후 나는 1996년 그리고 2000년에도 갔는데 그 사이에 모스크바는 많이 변하고 있었다. 1990년과 1991년에는 상점에 물건이 보이지 않더니 2000년대에는 많은 상점들이 눈에 들어왔고 가격도 많이 오른 상태였다.

특히 2000년 겨울에 그 곳을 방문했을 때 영하 23도나 되는 추위속에서 아이스크림을 즐기면서 전에 들렀던 평양식당에서 먹지 못했던 '그 냉면' 생각이 얼마나 간절했는지 모른다.

지금쯤은 모스크바에서 평양냉면을 맛볼 수 있는 곳이 마련되었을까? 옛 평양식당이 내 머리를 휘어감고 사라진다.

피난 길 봉은사의 '부처님 오신 날'

"활 만드는 사람은 화살을 다루며, 배 부리는 사람은 배를 다루며, 목수는 나무를 다루고 지혜있는 사람은 자기를 다룬다." 〈법구경 현철품〉

1951년 부처님 오신 날, 저녁밥을 든 후 난 아버지(김봉용)를 따라 봉은사로 향했다. 봉은사로 가는 양쪽 숲에는 여기저기 피난민들의 막사가 보였다.

법당 안에 들어서니 그곳에도 많은 이들이 다 쓰러져 가는 촛불 밑에 앉아 대화를 나누거나 일찌감치 잠자는 사람도 보였다.

그 전해만 해도 난 어머니(노준순)를 따라 서울 우이동 도선사에 가서 불공을 드렸는데 그 해는 어쩔 수 없이 봉은사를 찾은 것이다. 도선사에 가면 늘 정해선 스님(당시 주지)이 우리를 맞아 주었고 염불도 해주셨는데 이곳 봉은사에는 스님이 눈에 띄지 않았다.

피난길에서 아직 돌아오지 않았거나 또는 스님들 방에서 나오지 않고 있는 모양이었다. 법당(대웅전) 안은 피난민들의 합숙소 같았다. 이당시 강남에서 강북으로 가는 배는 이곳에서만 연결되기에 서울로 돌아오던 많은 사림들의 발이 이곳에 묶인 것이다.

아버지와 둘이 법당에 들어가서 합장을 하고 부처님 앞으로 비집고 들어서자 빈정대기도 하고 들어가는 걸 막는 사람들도 있었으나 참배만 하고 나간다니 더 이상 저지하지는 않았다.

삼배를 올리고 부처님 앞에 앉으니 별안간 안온함이 느껴져서인지 피난을 떠났던 일부터 이곳에 당도하기까지의 일들이 주마등처럼 뇌리를 스치고 있었다.

피난을 떠나려는 우리들에게 막무가내로 "너희들이나 가라"고 하시던 할아버지(김준식)와 할머니(정음전)의 얼굴이 떠 올랐다. 눈물로 떠나 보내고 떠나야 하는 아픔의 순간이었다. 허겁지겁 보따리를 메고 걸어서 한강에 당도하니 모두들 결빙된 강위를 미끄러질세라 건너고 있었다. 1.4 후퇴가 시작된 것이다.

낮이면 어디서 나타났는지 폭탄세례를 퍼붓는 미군기들의 폭음소리. 그것을 피하기 위해 이리 뛰고 저리 뛰면서 모면하던 일.

3일씩이나 잠잘 엄두도 못 내고 발이 부르트도록 걷고 또 걸어 도착한 평택 역시 처참했다. 평택교가 끊어져 아수라장이 된 도로변, 하얀 눈발에 이불에 싸인 채 버려진 어린애들의 울음소리, 부모를 잃고 울며 헤매는 어린 것들의 울음소리, 애들 이름을 소리 높여 불러대는 엄마, 아빠들의 고함소리 등등, 목불인견(目不忍見)이었다.

폭격 맞아 숨진 엄마 등에 업혀 울부짖는 아이와 여기저기 죽어 간 시체와 뒹구는 보따리들, 평택교가 끊어진 직후의 상황은 그대로 아비지옥(阿鼻地獄)같았다.

교량이 끊어져 일부는 늪으로 건너가다 하반신이 빠져 구해 달라고 소리치지만 거들떠보는 사람은 커녕 모두 외면 할 뿐이었다. 엎드려서 건너거나 널빤지 한 장을 깔고 다시 한 장을 앞에 놓으면서 건너는 사람 등 모두 늪을 건너기에 안간힘을 썼다. 이렇게 어렵게 그곳을 빠져 나온 우리는 평택읍을 향해 계속 걸음을 재촉했다.

어느 만큼 달려왔을까. 곡물 창고를 발견하고 그곳에서 쉬고자 들어갔으나 이미 이곳은 꽉 차 들어 설 곳이 없었다. 우리들은 메고 가던 잡곡을 모두 쌀로 바꾸어 한 짐씩 지고 그곳을 빠져나와 아산쪽으로 향하여 걸었다.

후에 들은 얘기로는 그 곳 창고에 묵었던 피난민들은 우리가 떠난 후 아군의 폭격을 받아 모두 즉사했다는 것이다. 집 떠난 지 나흘 만에 우리는 아산에 도착했다.

전쟁은 소강상태인 것 같았다. 그냥 있을 수도 없고 해서 그곳 아산 사람들과 함께 우리들은 예산으로 넘어가는 산골 산막에 들어갔다. 그 산막엔 집이 한 채 밖에 없었다. 우리 일행 네 가족이 방 둘에 나누어 들었다. 머문지 3일째 되던 밤, 우리들은 강도들에 의해 쌀과 귀중품을 몽땅 털리고 말았다.

다음 날부터 남녀노소 가릴 것 없이 밖에 나가 칡뿌리며 밭에 버려진 시래기를 주워 모아 멀건 죽으로 매일 끼니를 때웠다. 그러던 사이 정탐을 위해 마을에 내려갔던 아저씨에게 괴뢰군이 평택을 넘지 못하고 지금 후퇴중이라는 소식을 전해 들었다.

우리들은 밥을 해결하기 위해 그곳 산막을 내려와 마을의 빈집에 찾아들었다. 그날 밤 아버지를 비롯하여 많은 이들이 잡혀갔다. 잡혀간 사람들은 그날 밤 아무리 기다려도 되돌아오지 않았다. 이틀 만에 아버지는 용케 빠져 오셨는데 군수품을 나르는 일을 하고 오셨단다.

두어달을 배급에 의지해 생활하던 우리들은 먹을 것이 풍족하다는 미군부대 근방에 가기로 결정하고 오산까지 올라왔다. 그리고 매일 미군부대에서 주는 구호품을 얻어다가 생명을 유지해 나갔다.

그러던 사이 그 매섭고 춥던 겨울은 어디론가 사라지고 봄이 돌아왔다. 낮이면 쑥은 물론 아카시아 잎까지 순이 돋기 무섭게 훑어다 먹었다.

아군이 삼팔선까지 괴뢰군을 밀어냈다는 소식을 접하고 우리들은 서울을 향해 발걸음을 옮겼다. 한강을 눈 앞에 둔 봉은사 부근까지 당도하게 된 것이다.

옆에 합장하고 앉아계신 아버지를 보니 눈물을 흘리고 계셨다. 봉은사에서 '부처님 오신 날' 참배를 마친 우리들은 내일은 어떻게 해서든 도강증를 얻어 집에 가야 된다고 다짐하고 법당을 나섰다. 다음 날 도강을 위해 선착장으로 가는 길목은 인산인해였다. 선착장 입구에서 경찰이 피난민들의 접근을 막고 있었다. 그런데 어찌된 일인가? 피난민들을 저지하던 분이 바로 우이동 우리 옆집에 살던 용호삼촌이었다. 우리들은 그분 덕분에 다음 날 배에 오를 수 있었다.

텅 빈 서울 시내를 거쳐 우이동 집에 도착하니 할머니께서 우리를 맞아 주셨다. 할아버지는 그 동안 작고하셨다는 것이었다.

그 후 1953년 정전이 되고 사회가 평온해지자 난 중학교에 입학하게 되었다. 그 해 가을 소풍을 봉은사로 갔다. 봉은사 근방에 많은 나무들은 잘려있었으며 옛 모습과는 아주 다른 경내가 되어 있었다.

난 나도 모르는 사이 아버지와 함께 참배 드리던 그곳에 섰다. 그리고 나도 모르게 백팔배를 하면서 외치고 있었다. 이 땅에서 전쟁이 영원이 없어지게 해 달라고 ......

온갖 것은 하나로 하나는 온갖 것으로 (多卽一 一卽多)

타이완을 가 본 사람이면 으레 느끼는 일이다. 타이페이(대북)는 거리가 무질서한 가운데도 질서는 지켜지고 있다. 이는 타이페이만 그런 것이 아니고 타이중(대중), 까오숭(고웅)도 마찬가지다. 거리에는 온 종일 순경이 없는데 큰 일없이 하루하루가 흐르고 있다.

난 중국어를 익히기 위해 1980년 초반 여러 차례 타이페이에 머물 기회가 있었는데 경찰을 보질 못했다. 그래서 1985년 7월 방문 때는 폭염아래 의식적으로 경찰을 찾아 나섰다.

중국어도 익힐겸 궁금증도 풀기 위해서였다. 찾다보니 파출소는 구역마다 하나씩 있었다. 난 파출소가 있는데 경찰관이 눈에 띄지 않는 점에 놀라지 않을 수 없었다. 즉 그네들은 아주 특별한 일 이외에는 나서질 않는다는 사실을 알게 된 것이다.

내가 찾은 곳은 린산페이루(임산북로)파출소. 이 지역은 내가 타이페이를 가면 꼭 가는 곳이다. 그 곳엔 예전부터 교포가 운영하는 고려상회가 있었고 난 그 부근에 숙소를 정해 묵고는 해 익히 알고 있는 곳이었다. 그런데 등잔 밑이 어둡다고 이렇게 가까운 곳에 있다니….

파출소에는 4명이 앉아 있었다. 안쪽 사람이 파출소 소장 같았고 3명은 앞쪽에 나란히 자리를 잡고 있었다. 난 중앙 의자에 앉은 안경 쓴 순경을 택해 그 앞에 가서 섰다.

경찰은 일어서더니 한쪽 응접의자로 안내하더니 차를 따라주면서 "무엇을 도와 드릴까요?"라고 했다. 난 단도직입적으로 말을 건넸다. "난 한국 사람인데 경찰을 한 번도 본 적이 없어 경찰구경을 하려고 들어왔다."고 했다. 그랬더니 그는 재미있다는 듯 깔깔 웃고는 흥미가 있어 했다.

"타이완에서는 경찰되려면 어떤 방법으로 해야 하느냐?"고 물었더니 그는 어릴 때 꿈부터 경찰이 되기까지 자세히 알려줬다. 난 중간 중간 못 알아듣는 것은 볼펜과 수첩을 주고 써 달라고 해 여러 말을 배울 수 있었다.

그렇게 계속 있었는데도 타 경찰들은 자기 일에만 열심이지 우리들에 대해서는 관심을 보이지 않았다. 또 나와 대화를 하는 왕순경도 바쁜 일이 없으니 오래 있어주길 바라는 눈치까지 보였다.

경찰서와 병원에 들어가는 것을 제일 싫어하는 나로서 한국도 아닌 외국에서 그것도 3~4시간 파출소에 있다는 것은 내가 생각해도 놀랄 일이다. 아마 왕순경도 할 일없는 사람과 이렇게 오래 있기는 경찰이 된 후 처음이었을 것이다.

경찰이 거리에 나 다니지 않는 이유를 물었더니 왕순경은 "온갖 것은 하나로, 하나는 온갖 것으로"라는 말로 결론을 짓고 있었다.

"국민의 일이 내 일이고 내 일이 곧 국민을 위한 일"이라는 것이다. "다즉일, 일즉다", "일즉다, 다즉일"을 되뇌며 파출소를 나서려는 순간 전화벨이 울렸다.

전화를 받고 나더니 조급해 진 모습으로 변한 그는 내 앞에 오더니 사건이 일어났다는 것이다. "같이 가보지 않겠소?" 난 그가 모는 오토바이 뒷자석에 올라탔다.

외국에서 오토바이를 타기는 처음이었다. 현장은 머지 않는 곳, 도로변이었다. 지프차와 택시의 충돌 사고였다. 두 차는 많이 일그러져 있었지만 사람은 다치질 않았다.

왕순경, 도착하자 자초지종을 묻더니 둘이 타협하라고 종용, 옆에서 지켜보고만 있었다. 이야기를 끌어가더니 지프차 쪽이 2만원을 주겠다고 하자 택시 쪽이 3만원을 요구한다. "그럼 서로 반반 양보합시다. 2만 5천원으로 합시다.", "그렇게 합시다." 지프주인이 약정서를 써주는데 일은 금방 끝났다.

우리 같으면 서로 잘못했다고 싸워대고 경찰이 와도 그 현장에서는 해결이 안 되는 것이 보통인데 타이완에선 스스로 끼리끼리 해결하게 하는 것이 좋은 방법이라고 생각했다.

다시 파출소에 돌아온 우리들은 저녁 식사까지 함께 나누며 이야기 꽃을 피웠다. 그 후 왕순경은 우리나라 태권도에 관심을 기울이게 됐고 태권도를 배운지 2년 만에 3단이 됐다. 나이는 10여년 차이지만 우리 둘은 국적을 초월한 친구가 됐다.

1988년 중국이 개방화되면서 난 타이완 드나드는 일이 없어지면서 차츰 왕순경과의 관계도 멀어져 버렸다. 그런데 1993년 중국 베이징(북경)의 왕푸징(왕부정)거리에서 우연히 만나 함께 관광을 즐기고는 소식이 끊어졌다. 경찰 옷을 벗고 자유분방한 생활을 하고 있는 것이 아닌가 추측해본다.

하여간 왕순경의 "일즉다, 다즉일"이란 사상을 예술과 나의 삶의 기조로 살아왔다. 누구나 하는 일 관계없이 내 일이 곧 우리 모두를 위한 일이며 우리 모두의 하는 일이 곧 내 일이라고 생각한다면 평화스런 세상이 되지 않을까? 욕심이 없어지고 나쁜 생각, 나쁜 짓을 하지 않으니 경찰의 수효도 줄어들 것이다.

고목나무

고목나무는 많은 고통을 겪으면서 거의 죽음에 다다른, 겨우 생명을 이어온 나무를 말한다. 나는 그 고목나무를 볼 때마다 깎이고 할퀴고 견뎌낸 자국들을 통해 아픔을 느끼고는 한다.

남해섬에서 생활한지 만 삼년이 지났다. 난 평생 여행자처럼 여기 와서도 틈만 나면 마을을 찾아 나설 때가 많았다.

그때마다 마을 초입에는 고목나무가 한 그루씩 서 있는 걸 발견할 수 있었다. 고목나무에는 아직도 새끼줄이 매어져 있는 곳도 있었다. 이 나무는 마을의 지킴이 내지는 센 바람을 막아주는 방풍림 역할을 하고 있음이 분명했다.

한가한 노인들의 쉼터도 되었다가 별안간 몰아 닥치는 비를 피할 수 있는 곳이 되기도 했으며 동리의 온갖 재해를 막아주는 역할을 하는 고목, 이 나무는 마을의 신목(神木)임이 틀림없었다.

고목 이야기를 하다 보니 니-체의 말이 떠오르고 니-체의 고목에 관한 것을 생각하니 신파극 무대가 머리를 스치고 지나간다.

니-체는 일찍이 연극을 "고목나무 덩치위에 꽃피는 환희와 정열"이라고 했는데 연극자체가 그만큼 어렵고 힘겨웁다 함을 잘 표현해 준 말이다.

그리고 니-체는 "인생이 수난인지, 수난 그것이 바로 인생인지 모르겠다."고 했는데 고목나무를 볼 때 마다 내가 느끼는 것은 연극이나 인생은 똑같이 고목과 같이 느껴진다는 것이다.

우리나라에서는 신파극이 공연될 때면 꼭 이런 고목나무를 무대 한가운데 세웠다. 대다수의 신파극은 무대가 시골집이나 마당에서 이루어지기에 무대 중앙에 고목나무를 세우는 것은 그릇된 것은 아니었다. 그럼 도대체 신파극엔 왜 꼭 고목나무를 무대 위에 세워야 했는가?

대개 서양의 극장을 보게 되면 무대 앞 중앙에 폭이 1.5m정도의 프롬프터 박스가 있는데 우리나라 극장은 처음 지을 때 그것을 고려않고 짓기 때문에 프롬프터 박스가 없는 것이 대부분이었다. 현대극에서는 오랜 시간 연습하여 극을 무대에 올리기 때문에 프롬프터 박스가 꼭 필요한 것은 아니다.

그러나 신파극이 한창 유행일 때는 극작가도 연출가도 배우도 모두 시간이 모자랄 정도로 그들은 바빴다. 바빴기 때문에 연극을 아침밥 먹듯 처리해 나갔다.

줄거리만 배우들에게 알려주고 즉흥적으로 이끌어 가던 이태리의 '코메디아 델아르테' 와는 전연 달랐다. 신파극에서는 극작가가 줄거리를 이야기 해주고 연출은 동작을 지적해 주고 나면 배우는 고목나무 뒤에 숨어서 읽어주는 대사를 그대로 반복해 상대방과 주고받으며 움직여 나갔다.

왜 읽어줄 수밖에 없었느냐 하면 극작가는 공연 며칠 전이나 또는 공연당일, 때에 따라서는 막이 오르고 난 후에 마지막 원고가 도착하는 경우가 있었기 때문이었다. 그러니 프린트 할 시간은 있었겠으며 연습은 어떻게 했겠는가? 고목나무는 이 때문에 마련된 것이다.

그러니 공연이 시작되면 모든 배우들은 고목나무 주위를 항상 맴돌아야 했다. 무대 끝까지 가면서 대사를 하면 다음은 반드시 상대방 대사를 들으며 고목나무 가까이로 다가가야만 했던 것이다.

고목나무에서 흘러나오는 소리를 잽싸게 들어야 하고 찰나적으로 표정과 동작을 만들며 반복해서 대사를 관객에게 전달해야 한다는 것, 배우예술이 이렇게도 어려웠던 것이다.

그래도 관객석에서는 이런 고충은 전연 모른 채 그 배우의 진지함과 열띤 정열적 연기에 도취되고 성원을 보냈던 것이다. 이것이 신파극단이 갖는 특징이었다.

그런데 한번은 극장에서 공연 중 이런 일이 발생했다. 한창 막이 오르고 연극이 고조되는데 어찌하여 그 고목나무가 그만 쓰러졌다. 이때 관객석에서는 이것이 연극의 한 장면인 줄 알고 놀라서 숙연해 졌는데 고목 속에서 대사를 불러주던 사람(프롬프터)이 파랗게 질린 나머지 그 자리에 쓰러졌다.

이리하여 어쩔 수 없이 막은 내려지고 말았는데 이때 변사의 얘기가 그럴듯하다.

"여러분, 여러분! 이제 연극의 주인공은 고목나무가 쓰러지는 바람에 어쩔 수 없이 일을 중단해야 했습니다. 여러분도 무슨 일을 하는데 대들보가 내려앉으면 가만히 있겠습니까? 그럼 곧 다시 막을 올려 드리겠습니다."라고 했다.

그러나 막은 계속 오르지 않았고 쓰러진 고목도 누운 채 그대로 있었다.

이해랑의 연극정신

이해랑연극상이 제정된지도 23년! 오는 2013년 4월 8일 오후 5시에 조선일보 미술관에서 열리는 '이해랑 연극상'의 초청장을 받고나서 이해랑선생에 대한 회고를 통하여 후진들에게 도움을 주고자 이에 기술키로 하였다.

1) 출생과 성장

금세기의 대표적 연극인 이해랑은 1911년 7월 26일 서울 와룡동에서 연극과는 거리가 먼 의사집안의 아들로 태어났다. 원래 그의 본명은 해량(海良)이었다. 그런데 '량'을 '랑'으로 잘못 부르거나 발음하는 경우가 많아 아예 '랑(浪)'으로 고쳐 불렀다고 한다.

일찍이 어머니를 여의고 제대로 돌보아주는 사람도 없이 엄한 아버지 밑에서 보낸 위축된 생활은 그를 내성적으로 만들었고, 보통학교 및 휘문중학 생활도 평탄치는 못했다. 더욱이 광주학생운동사건과 연루되어 퇴학당한 그는 우여곡절 끝에 일본대학 예술과에 입학함으로써 평생업으로 삼게 될 연극과 만나게 된다.

일본 유학시절 유학생들의 모임인 동경학생예술좌에서 활동했는데 1937년 〈춘향전〉의 단역을 맡아 처음으로 무대에 서게 되었다. 그 이후 채 1년도 안돼 오닐의 〈지평선 너머〉에서 주역을 맡는 등 연기에서 남다른 재능을 발휘하였다. 이를 계기로 연기에 매력을 느낀 그는 그때부터 배우로서의 꿈을 키워나갔다.

그러나 학업을 마치고 귀국했을 때 한국연극계의 열악한 현실은 그의 꿈을 키워주지 못했다. 그러다가 1945년 광복을 맞았지만 기쁨도 잠깐.. 좌우익의 분열로 연극계의 현실은 혼란스럽기만 했다.

이대로 있어서는 안되겠다고 생각한 그는 해방과 함께 은신중이던 유치진을 설득하여 이화삼, 이진순, 김동원 등과 함께 '극단 신협' 의 전신인 '극예술원' 을 창립하고 이듬해인 1947년에는 이를 '극예술협회(극협)' 로 개칭한 후 연극활동을 계속해 나갔다.

1948년 제1회 문교부 주최 연극경연대회에서 〈검둥이는 서러워 – '포기와 베스' 의 개제〉의 '포기' 역을 맡아 연기자상을 수상함으로써 배우로서의 최고의 영예를 안기도 했다. 이때부터 그의 배우로서의 인생이 활짝 꽃피게 된다.

그의 연기 인생을 보면 해방 전에는 주역작품이 더러 있는데 반해, 해방 후엔 조역과 단역으로 출연하는 경우가 대부분이었다. 그러나 그는 치열한 연기와 노력으로 조역과 단역의 연기를 훌륭히 해냄으로써 오히려 더욱 주목을 받게 되었던 것이다.

2) 조역과 단역으로 유명해져

선천적인 작은 얼굴과 눈, 마른 체구로 인해 늘 주연을 맡지는 못했지만 크고 작은 역할을 풍부한 경력과 오랜 수련기간을 거친 연기력으로 거의 완벽하게 소화해 냄으로써 많은 갈채와 명성을 얻었던 것이다.

그는 담력있고 매끄러우면서 짜랑짜랑 울려 퍼지는 음성과 어미를 길게 뽑아 넘기는 특유의 발성법으로 연기자로서의 정열을 아낌없이 발휘하였다. 그의 대표적 출연작품으로는 〈지평선 너머〉, 〈목격자〉, 〈붉은 장갑〉, 〈산적〉, 〈햄릿〉, 〈뇌우〉, 〈포기와 베스〉, 〈오델로〉, 〈밤으로의 긴 여로〉 등의 번역물과 〈조국〉, 〈마의태자〉, 〈자명고〉, 〈원술랑〉, 〈대춘향전〉 등의 창작극이 있다.

이해랑은 자신의 연기생활(1937~62) 중 가장 기억에 남는 것은 1940년대 최고의 스타인 황철과의 연기대결이었다고 밝힌 바 있다.

해방직후 낙랑극회는 창단공연작품으로 〈산적〉을 정하고 황철에게는 착한 형의 역할을 그리고 이해랑에게는 악역인 동생역을 맡겼다. 황철의 훈훈하고 유순하게 흘러나오는 목소리가 얼마나 매력적이었는지 객석이 혼란스럽다가도 그의 연기가 시작되면 모두들 넋을 잃고 빠져들었다. 그러나 황철은 저음처리가 훌륭했던 반면 고음처리가 안되었고 계산된 연기가 아니었다는 취약성을 가지고 있었다.

반면, 이해랑은 고음과 저음을 자유자재로 구사할 수 있었고 나름대로의 작품분석을 통해 미리 짜여진 연기를 구사함으로써 황철을 놀라게 했다.

이처럼 배우로서의 이해랑은 극중인물의 정서 속에 젖어들기 위해 끊임없이 몰입하는 연기의 본질을 실천하였고 또 그에 따른 창조적 산물의 결과에 기쁨을 느낄줄 알았다. 즉 그는 일단 배역을 맡으면 그 극중인물의 내면적 추구와 몰입을 통해서 역에 대한 이해를 높이고 거기에 자신의 창조력을 더하여 새 인물과 그에 걸맞은 행동을 창조해 냈던 것이다.

3) 연출가로서 뛰어난 역량 발휘

그의 이런 치밀한 노력이 있었기에 〈오델로〉의 이아고를 비롯, 〈춘향전〉의 방자, 〈산적〉의 동생역, 〈뇌우〉의 '평' 역 등 아무나 하기 어려운 역들을 능수능란하게 해냈던 것이다. 특히 1962년 드라마센터에서 그가 마지막으로 출연한 작품 〈밤으로의 긴 여로〉의 아버지역은 그동안 쌓은 체험의 원숙한 연기력이 유감없이 발휘된 작품이었다.

이처럼 연기에서 뛰어난 역량을 발휘한 그는 작품연출을 통해 자신의 타고난 재능을 더욱 마음껏 발휘할 수 있었다. 사실 그는 연기자 보다는 연출가로 명성이 드높았던 것이다. 물론 그가 연출과 출연을 겸한 작품도 다수이다. 〈맹진사댁 경사〉의 맹진사, 〈햄릿〉의 클로디어스, 〈오델로〉의 이아고, 〈밤으로의 긴 여로〉의 타이론(아버지) 등이 그것이다. 이처럼 연출가가 직접 출연까지 하는 것은 영화계에선 종종 있는 경우이나 연극계에선 국내뿐 아니라 해외에서도 유사한 사례를 찾아볼 수 없는 드문 일이었다. 연출가로서의 그는 작품선택부터 분석 그리고 책읽기에 이르기까지 많은 시간을 투자했다. 신인배우나 기성배우에 상관없이 엄한 교육자로서 연습에 연습을 반복시켰고 호흡부터 발음까지 자신이 직접 실연으로 보여주었으며, 만약 작품해석이 틀리면 조용한 설득과 실례로써 증명하며 철저하고 완벽하게 밀고 나갔다.

작품을 분석하는 그는 마치 심리학자나 해부학자 같았고, 인생의 본질과 삶을 관조하는 모습은 마치 철학자 같았다. 직접 연기지도를 할 때는 마치 악단의 지휘자처럼 열정으로 이끌고 섬세함으로 다듬어 나갔다.

4) 다섯차례나 연출한 〈햄릿〉

그는 세익스피어의 작품을 즐겨 연출했는데 극의 앞뒤가 맞지 않아 작품구성이 엉성하고 필요없는 대사가 너무 많아 개인적으로는 별로 좋아하지 않았지만, 연출가의 입장에서는 내용에 심오한 점이 많고 연출능력을 다양하게 구사할 수 있기 때문이었다. 평생동안 〈햄릿〉만 5회, 〈오델로〉 2회, 〈맥베드〉와 〈리어왕〉 각각 1회 등 세익스피어의 작품을 도합 9차례나 연출하였다.

〈햄릿〉을 다섯차례나 공연하면서 그는 매번 연출방향을 바꾸었다. 초기엔 세익스피어 작품을 충실히 소개하는데 역점을 두었고 회를 거듭할수록 햄릿의 인간형의 해석을 달리해 보였다. 햄릿의 우유부단한 성격 외에, 한편으로는 고민하지만 다른 한편으로는 불같은 행동력과 열성을 지니게 한다든가, 어느 지점에선 분수처럼 폭발시키는 측면을 찾아내기도 했다.

무덤에서의 결투장면에 초점을 맞춘다든가 1989년 〈햄릿〉에서 처럼 군중장면과 포틴부라스에 비중을 두어 나라가 곤경에 빠졌는데도 자신의 고민에 여념없는 햄릿과 대비시키는 것 같은 것이다.

5) 리얼리즘 연극의 황제

이처럼 그는 작가가 써놓은 대로 한방식만 따르는 고정된 연출방식은 지양했다. '시' 란 작가가 써놓은 대사에만 있는 게 아니고, 연출가가 창조한 현실 속에 곧 희곡 외에 장치, 조명, 효과, 배우의 연기를 종합하여 형성되는 전체적인 예술적 조화에 더 아름다운 연극의 '시' 가 존재한다며 연출가의 창조성을 마음껏 발휘하였던 것이다.

우리 연극계의 선구자였던 그는 도시문화의 지방확산을 꾀하고자 1964년에 이미 이동극장을 창설했으며, 예술 전반의 개혁의 필연성을 스스로 인식하여 예총회장에 이어 8.9대 국회의원까지 지냈다. 국회에서 물러난 이후에는 후진양성을 위해 동국대학 및 드라마센터에서 교편을 다시 잡았고 예술원 회장을 두 차례나 중임했다. 이렇듯 만년에 그는 각종 영예를 안음으로써 연극인의 위상을 세웠다.

그러나 한편으로는 연극인은 연극현장에 임해야 된다고 믿고서 연출작업 또한 계속해 나갔던 것이다. 결국 그는 1989년 4월 8일 자신이 즐겨했던 세익스피어의 〈햄릿〉을 다시 무대에 올리기 위해 준비하던중 74세의 나이로 세상을 등지고 말았다. 한 평생 무대인생으로 살다가 결국 무대와 더불어 인생을 마감한 것이다.

해석연출가로서의 기능과 창조적 연출자로서의 기능을 완벽하게 겸비한 리얼리즘 연극의 독보적 존재였던 이해랑! 비록 그는 갔지만 그의 연극정신은 무대 위에 영원히 살아 있을 것이다.

한국의 벚꽃축제

- 남해 벚꽃축제의 필연성 -

1) 봄의 꽃축제

겨울이 지나면서 산과 들에는 겨우내 잠자던 식물들이 봄내음을 맡고 싹을 틔우면서 꽃을 피운다. 꽃이 피면서 이와 함께 눈을 비비며 나타난 곤충들이나 짐승들의 움직임은 날이 갈수록 바빠지고 이 꽃에서 저 꽃으로 더 좋은 꽃을 찾아 헤매게 된다.

사람들도 마찬가지여서 움추렸던 몸이 기지개를 펴기가 무섭게 산야의 꽃을 찾아 나선다. 이를 일러 '상춘객'이라고 부른다. 상춘객이 먼저 모여드는 곳은 당연히 동백동산이다. 동백 다음에 매화, 개나리, 산수유, 유채꽃, 진달래, 벚꽃, 목련꽃, 철쭉 등의 순서이다.

그러나 이런 봄꽃들은 곳에 따라서는 군락지를 이루어 꽃나무 수효에 따라 상춘객의 수도 늘어난다. 사람이 모여 들면 훼손되는 일이 많기 때문에 이것들을 잘 가꾸고 키우며 군락지별로 축제가 벌어진다.

'동백꽃축제', '개나리축제', '산수유축제', '매화축제', '유채꽃축제', '벚꽃축제', '철쭉제', '튜울립축제' 등이 그것이며, 여기서는 봄꽃축제 가운데 상춘객을 가장 많이 모으면서 가장 오래된 '벚꽃축제'를 얘기해 보기로 한다.

2) 벚나무 자생지와 벚꽃놀이의 아이러니

가) 벚나무의 자생지

봄을 알리는 벚꽃은 우리나라의 맨끝인 제주도 서귀포에서부터 피기 시작한다. 이 곳이 꽃망울을 터뜨리기 시작하면 한라산 곳곳의 왕벚꽃나무에도 꽃봉우리가 영글기 시작하고 이어서 바다 건너 남해안부터 봉오리가 터질듯 커져가기 시작한다. 남해안의 벚꽃군락지는 진해시가 으뜸이다. 진해시의 '벚꽃축제'를 '군항제'라고 한 이유는 아마도 그 곳 군락지 부근에 해군기지가 있는 까닭이리라.

벚꽃의 자생지는 일본이라고 생각하는 이가 많다. 그러나 벚꽃의 자생지는 우리나라임을 알아야 한다. 제주왕벚나무의 자생지가 밝혀진 것은 1908년 4월 프랑스인 타케 신부에 의해서다. 그 후 1964년 제주시 봉개동의 자생 왕벚나무 세 그루가 천년기념물 제159호로 지정된 후 왕벚나무는 한라산 관음사 및 어리목 일대에서 잇따라 그 군락지가 발견되어 이로써 제주가 벚나무의 자생지임이 확인된 셈이다.

일본의 국화인 벚꽃의 자생지가 일본에서는 확인되지 않고 한국에서만 확인되었다는 사실로, 우리가 벚꽃을 즐긴다는데 수치심이나 모멸감을 느끼기보다는 자부심을 느껴야 한다.

한때 벚나무의 원산지는 서울 삼각산 우이동이라는 설도 있었다. 1950년대의 『상식문답집』이라든가 당시 사전에서도 흔히 보이고, 육당 최남선 선생도 집 앞의 길섭에 나란히 심은 벚꽃을 바라보며 그 나무들을 소중히 가꾸라고 하시며 "이것은 일본나무가 아니고 우이동 나무"라고 밝힌 바 있다.

사실 1950년대만 해도 우이동에는 아람드리 벚나무들이 많이 있어 봄이면 소풍객이 줄을 이었는데 그 후 가꾸지 않고 베어 이용해 벚꽃의 원산지라고 하기에는 어려울 정도가 되었다.

그러나 한라산에는 왕벚나무 외에도 올벚나무, 산벚나무, 산개벚나무 등 여러 가지 종류의 벚나무가 분포되어 있고, 제주인들은 예로부터 이를 '사오기' 라고 부르고 있다.

벚나무가 사라진 원인은 이 나무가 귀중한 가구제와 건축재로 사용되었기 때문이다. 벚나무는 다른 나무에 비해 재질이 단단하고 치밀하며 무늬와 나무색이 아름답다는 데에 없어지게 된 원인이 있는 것이다.

원산지가 우이동이냐 자생지가 제주도냐가 문제가 아니라고 본다. 벚나무의 원산지는 한국임에도 정작 벚꽃은 일본의 국화라는데 아이러니가 있는 것이다.

나) 벚꽃놀이의 시작

'창경궁' 하면 잘 모르는 사람도 있으나 '창경원' 하면 모르는 사람이 없다. 1984년 까지 창경원은 서울시민의 대표적인 '밤벚꽃놀이(야앵)'의 장소이자 휴식공간이었다.

하지만 창경원 '야앵' 의 유래는 그리 유쾌한 일이 아니다. 일제는 1907년 일본의 국화인 벚꽃(사꾸라)을 창경궁에 심기 시작하였고 1911년 궁을 원으로 격하시켜 시민의 놀이터로 바꾸었다. 일본인들은 창경궁에다 동물원과 식물원까지 만들고, 1922년에는 창경궁내 도처에 수천 그루의 벚나무를 심었고, 1924년 4월 20일 창경원 '야앵(밤벚꽃놀이)' 를 처음 실시함으로써 조선의 봄꽃놀이를 완전히 바꾸어 놓았다.

이 때 일본인들은 이왕직을 시켜 아악과 양악 그리고 기생들의 검무를 비롯하여 영화상영까지 펼쳤고 창경원을 라디오 공개무대로까지 사용했던 것이다.

창경원은 당시 경성시민 30여만 명의 야앵을 기다리는 터전이 되었고, 먹고 마시며 떠들 수 있는 놀이터가 되기도 했다. 1932년 4월 야앵에는 일주일에 16만여 명으로 그 숫자가 늘자 1935년부터는 입장료를 10원에서 20원으로 올렸으나 그 숫자는 줄어들지 않고 그대로 이어졌다.

야앵의 소식은 전국에 알려져 시골에서도 이 기간동안 많은 이들이 참여하게 되었다. 1945년 해방이 되고서도 벚꽃놀이는 끊어지지 않고 계속 이어졌다.

1980년대까지만 해도 이 곳은 젊은이들의 데이트장소였고 봄놀이 장소로 소풍객을 끌어들였던 장소였다. 때문에 '밤벚꽃놀이'가 한창일 때에는 창경원이 문을 닫는 밤 10시경에는 몇만 명이 한꺼번에 쏟아져 나와 혜화동-원남동 사이의 교통이 마비되었고, 길잃은 아이들은 발을 동동 구르며 가족을 찾기도 했다.

그러나 서울시민의 애호를 받던 '밤벚꽃놀이'는 1984년 창경궁 복원공사가 시작되면서 일제의 잔재와 함께 송두리째 지워져 버렸다. 동물원과 식물원은 서울대공원으로 이전하였고 그 많던 벚나무들은 파서 옮겼던 것이다.

일제의 치욕스런 '밤벚꽃놀이'였지만 이 벚꽃은 우리나라가 자생지인지라 그대로 놔두었더라면 지금쯤 얼마나 좋았을까 하는 아쉬움이 남는다. 옛날을 그리는 사람들의 발길이 아직도 끊이지 않았을 것이기 때문이다.

3) 벚꽃축제의 전국 확산

가) 서울의 벚꽃축제

창경궁의 '밤벚꽃놀이'가 없어진 후에 각광을 받기 시작한 것이 바로 서울어린이대공원의 '왕벚꽃축제'였다. 1984년부터 1,243그루가 창경궁에서 옮겨 심어져 1986년부터 각광을 받기 시작했고, 국회의사당 뒷편으로 왕벚꽃나무가 1,400여 그루 심어져 '여의도 윤중로벚꽃축제'가 펼쳐졌다. 63빌딩 앞의 거리도 4~50년생의 벚꽃가로수가 이어져

'63시티 벚꽃축제' 가 시작되고, 서초구 아파트단지에도 벚나무길이 조성되어 '한마음 벚꽃축제' 가 시작되었다.

송파구 '잠실아파트단지 벚꽃축제' 와 서울대공원의 '왕벚꽃축제' 그리고 창동 지하철 1호선과 4호선이 맞닿는 창동역 부근의 '문화마당 꽃길' 등 벚꽃나무가 가로수나 조경으로 쓰인지 4~50년이 흐르면서 벚꽃축제는 점점 확대되어 왔다.

나) 지역의 벚꽃축제

전국의 '벚꽃놀이' 중 진해 군항제가 가장 오래된 것이다. 이충무공 호국정신 선양회가 매년 벚꽃이 만개할 때에 맞춰 중원로타리 및 시내 일원에서 펼쳐온 군항제는 1962년 충무공 이순신의 동상을 세우면서 비롯된 제례이다.

제례보다 벚꽃이 유명하게 되어 이제는 군항제하면 벚꽃놀이를 연상시킬 만큼 되어버렸다. 이 외에 인천자유공원의 '터줏골 벚꽃축제' 와 강릉 '경포대 벚꽃잔치' 그리고 사천의 '선진리성 벚꽃축제' 등은 이미 예전부터 벚나무가 있어 왔던 곳에서 행사가 만들어진 것이다.

하동군 화개면 청년회가 매년 베푸는 '화개장터 벚꽃축제', 군산과 전주간의 '백릿길 벚꽃축제' 인 군산 벚꽃축제, 진안 '마이산 벚꽃축제', 제천의 '청풍명월 벚꽃축제', 제주의 봄대축제 '왕벚꽃잔치', 남해 '노량의 벚꽃축제' 는 우리나라가 근대화되면서 벚꽃이 심어지고 지자체의 시행으로 지역축제가 활성화되면서 만들어진 축제들이다.

따라서 이 곳의 벚꽃나무들은 처음 축제를 목적으로 심은 것이 아니고 가로수나 조경수로 심어진 것이 3~40년이 되면서 꽃이 탐스럽게 만개하자 인파가 몰려들고 하여 자연스럽게 벚꽃놀이 및 벚꽃축제가 만들어진 것이다.

4) 남해섬의 벚꽃축제가

가) 노량과 남해대교

남해섬은 소백산맥의 줄기가 남해안까지 뻗어 이루어진 섬으로 경남 남서단에 위치하며 동쪽은 통영군 서쪽은 전남 광양시, 여수시, 여천시 그리고 남쪽은 남해, 북쪽은 하동군, 사천시 등과 접하고 있는 우리나라에서 4번째로 큰 섬이다.

그러나 1973년 하동군 금남면 노량리와 남해군 설천면 노량리 사이에 다리가 놓이므로 부쩍 육지와의 거리가 좁혀지고 섬을 드나드는 인파가 늘어났다.

남해섬은 불과 600m의 거리로 육지와 떨어져 고립상태에 놓여 있었고 또한 수심이 깊고 조류가 빨라서 다리를 놓기에는 기술적으로 매우 어렵게 생각되던 곳이었다. 남해대교 건설은 당시 전국에서 크나큰 주목을 받았고 남해사람들에게 화제가 되었다.

당시 1973년 건설부 발간 「남해대교 건설지」에 의하면 1973년 준공된 국내에서 가장 긴 '3경간 3힌지(hinge) 보강형 현수교' 이며, 총연장 600m, 중앙경간 404m, 측경간 128m로 수면에서 25m 높이의 연륙교라고 했으며 이 다리는 강상형으로 보강된 2힌지 현수교 형식으로 이루어져 있다. 교대는 중력식 콘크리트 블록이며 육지에서 제작하여 설치한 뒤 콘크리트로 빈 공간을 채운 스틸 오픈 케이슨(steel open caisson) 기초에 높이 60.7m의 장방형 단면탑기둥을 가진 용접 라멘(Rahmen)형식으로 가설하였다.

주케이블은 전 지름이 258m로서 일곱 개의 스트랜드로 구성되고 소선의 지름은 5mm이다. 주탑은 케이블 및 보강형에서의 반력을 지지하고 기초에 전달해주는 중요한 구조물로 현수교 전체의 미적 감각을 좌우하는데, 이 다리에서는 라멘형식을 택하였다. 보강형은 유선형의 상형으로 하여 풍하중에 대한 양압력 및 특압력의 영향을 적게 받도록 고려하였으며 교상은 강상판으로 처리하였다는 것이다.

남해대교가 놓이기 전 남해군의 노량마을과 하동군 금남면의 노량마을은 예로부터 두 곳을 가르는 나루터가 있었고 국립공원의 한려수도와 일부를 이루면서 여객선과 어선의 왕래가 더 많아졌다.

특히 임진왜란때는 3대 대첩의 하나로 알려진 곳으로 1598년 선조 31년에 이순신이 명나라 진린과 함께 퇴각하는 적을 필사적으로 쫓다가 적의 유탄에 맞아 장렬하게 전사한 곳이다. 7년간 끌어온 싸움이 사실상 이 곳에서 끝이 났다.

노량은 1598년 이순신이 노량 앞바다에서 순직한 지역으로 그 얼이 담긴 마을이지만 설천면에 있는 이 노량마을은 400여 년 전에 형성되면서 그 이름이 붙여졌다. 즉 한양에서 이 곳으로 귀향오는 선비들에게 노량 앞바다의 물결이 마치 이슬방울이 모여서 교량을 이룬듯하게 보여 그 모습이 고향을 떠나온 사람으로 하여금 향수에 젖게 한다고 해서 노량(露梁)이라 불리게 되었다는 유래도 전한다.

지금 설천면에 소속된 노량은 노량마을로 편재되어 있으며, 앞에서 보았던 1973년 남해대교가 바로 이 곳 노량까지 연결되면서 관광지로 크게 변모하였다.

대교가 건설되기 전에는 육지쪽의 하동 노량마을과 이어지는 나루터에 불과했던 곳이어서 주민 대부분이 숙박업이나 음식점 또는 자가어업으로 생활을 영위하던 곳이다. 대교가 건설되면서는 횟집과 여관 그리고 기념품상가가 형성되어 관광객을 상대하는 서비스업종으로 바뀌었다.

남해대교가 놓일 즈음 남해안과 호남고속도로가 완공되었고 남해 부근지역인 여수, 광양, 삼천포지구 등에 대단위 임해공업단지가 들어서면서 남해섬은 부쩍 드나드는 사람의 숫자가 늘어났다. 아울러 세월이 흐르면서 남해대교 부근의 조경으로 심은 벚꽃나무가 3~40년생이 되어 4월이면 벚꽃이 만발해 벚꽃놀이를 즐기는 사람들의 숫자가 매년 늘어나 결국 남해섬은 1998년 벚꽃축제를 열기에 이르렀다.

나) 남해 벚꽃축제의 현장

남해 벚꽃축제는 매년 4월 벚꽃이 만발할 때를 잡아 3일간에 걸쳐 노량 잔디광장, 노량공원 이락사 및 국도 19호선 벚꽃거리에서 펼쳐졌다. 충무공 이순신장군의 넋과 얼이 새겨진 노량앞바다와 정치적 소용돌이에 휘말려 고향을 등지고 이 곳에 유배되어 살았던 한이 서린 노량. 그리고 1973년에 새로 놓인 동양 최대의 현수교인 남해대교의 아름다운 정경, 여기에 대교가 놓이면서 주변경관을 위해 조경으로 심었던 벚나무들의 탐스러운 꽃들, 그리고 남해대교와 이어지는 도로변의 가로수와 가꾸어진 벚꽃동굴, 이 곳은 이제 4월이면 벚꽃이 만발하여 그냥 지나칠 수 없는 곳이 되어버렸다.

이를 일찍 깨달은 남해 노량마을 사람들은 이를 관광상품화 하고 남해전통문화를 널리 알리기 위해 1998년 벚꽃축제를 시작한 것이었다. 이 때의 축제프로그램은 다양하게 구성되어 있는데 '노량해전 체험' 같은 것은 이 곳만의 특성을 잘 살린 것으로 관람객을 많이 모으는 데 기여하였다.

"나의 죽음을 알리지 말라!"며 죽음을 맞았던 충무공 이순신장군의 노량해전 모습을 재현한 것이다. 이렇게 함으로써 장군의 구국혼을 달래고 보는 이들로 하여금 노량마을의 의미를 북돋우는데 기여했다.

선구마을 사람들이 동서로 나뉘어 펼치는 '남해 선구줄끗기' 행사도 이채로운 프로그램으로 느껴졌다. 네 가닥으로 된 줄을 '어영차 어영차" 혼신의 힘을 다해 자기쪽으로 이끄는 이 민속행사는 타지역 ' 줄다리기 '와는 구별이 됐던 것이다.

10여 명의 장인들이 장승 깎는 과정을 보여주고 아울러 장승들을 전시하고 관람객들로 하여금 체험까지 하게 만든 '남해장승제' 도 관심을 끌었다. 천하대장군, 지하여장군 등 글자의 음각이 빛났고 도깨비같은 얼굴모양, 웃음기 도는 모습 등 그 모습도 가지각색이었다.

한편 연령별로 마련된 '벚꽃길 달리기' 와 남해에서 활동하는 지역무용단의 '한국무용. 현대무용 공연' 그리고 고전과 현대가 어우러진 '고전과 현대의 어울림음악회' 등도 벚꽃과 멋진 조화를 이루었다.

여기에 '전통혼례식' 의 재현과 '줄타기' 공연의 짜릿짜릿힘, 나아가 '군민노래자랑' 등도 관람객들에게 흥겨움을 선사하고 있었다.

노량 잔디광장 옆에 늘어선 부스에서는 각종 전시를 비롯한 체험코너가 마련되어 있었다. '농경유물 전시', '전통민예품 전시 및 제작체험', '영호남화합 사진교류전', '환경사진전' 등의 전시가 각각 펼쳐져 축제기간 내내 발길이 그치질 않았다.

그리고 '재활용의 집' 운영과 '환경기자재 전시회' 와 같은 이채로운 부스도 있었고, '자리고비 한마당' 이나 '남해특산물 전시판매장' 운영도 한몫을 하고 있었다.

1999년 필자가 이 곳을 방문했을 때는 4월 3일부터 5일까지 사흘간 축제가 펼쳐지고 있었는데 타지방의 '벚꽃축제' 와는 다른 점이 눈에 띄었다. 대개의 벚꽃놀이나 벚꽃축제는 공원이나 길섶 또는 산자락에 붙은 곳이나 도시중심 등에서 이루어졌다. 따라서 답답한 면이 있었으나 이 곳 남해섬 벚꽃축제는 바다와 육지가 어우러진 곳에다 경관이 좋은 남해대교까지 있고 충무공 이순신장군이 전사하신 곳이며 그 뜻을 기리기 위한 이락사(관음포 이충무공전몰유허)와 남해 충렬사까지 머지않은 곳에 있는지라 그 의미는 매우 컸다. 말하자면 '남해벚꽃축제' 는 축제중의 축제라고 말 할 수 있는데 이 축제는 2,000년을 마지막으로 아쉽게도 중단이 되었다.

5) 남해벚꽃축제를 되살리자.

남해가 도대체 얼마나 아름다웠으면 일찍이 유배온 분들이 화전(花田)이라고 했겠는가? 남해섬은 이 곳 남해대교 노량광장과 금산 보리암의 종각 그리고 미조 망산, 남면 설흘산, 서면 망운산과 창선 국사봉 등에서 정월초하루에 '해맞이축제' 를 시작으로 한 해를 열게 되어 있다.

그 다음으로 날이 따뜻해지는 4월이 되면 '남해벚꽃축제' 가 사흘간 열리고, 남면 홍현마을의 '남면 전복축제' 와 서면 서상매립지의 '유채꽃축제' 가 같은 기간에 펼쳐졌었다.

5월에는 미조 남항에서 '미조멸치축제' 도 볼 수 있으며, 여름의 문턱인 7월말에는 5일간 상주해수욕장 느티나무숲에서 '상주멍게축제' 가 열렸으며 '문화의 달' 인 10월에는 공설운동장 및 남해읍 일원에서 격년제로 '화전문화제' 가 열려 왔다. 2,000년 이전만 하더라도 '남해벚꽃축제' 는 〈축제중의 축제〉였던 것이다.

2,000년 이후 많은 변화가 있었지만 남해섬을 꽃밭(花田)답게 만들려면 남해전역이 꽃밭이 되어야 하고 꽃의 개화에 따라 축제가 기획되어야 할 것이다. 남해 본연의 모습을 찾는 길은 꽃밭을 만드는 것이다.

'튜울립축제' 도 2013년을 끝으로 사라질 것이라는 우려의 목소리가 들린다. 우리나라꽃이 아님에도 불구하고 많은 사람들이 찾는다. 튜울립축제도 계속되어야 한다. 또한 한번 공을 들이면 계속해서 번지는 구절초, 수국, 코스모스, 매실, 복숭아, 앵두, 할미꽃, 개나리, 진달래, 철쭉, 벚꽃나무 등을 계속 심어 남해 어느 곳을 가나 꽃천지를 만들면 어떻겠는가!

노량마을 주변에 20년이상 된 벚나무를 곳곳에 심어가고 벚꽃축제를 내년부터 되살린다면 과연 어떻게 될까? 우리 모두 남해를 꽃밭(花田)으로 가꾸어 나가야 할 것이다.

8 보물섬 남해의 민속놀이

2006~2007조사 연구발표문

책임연구원/ 강춘애교수
공동연구원/ 김흥우교수
연구보조원/ 고영임, 박미란

『남해지역축제와 민속놀이』에서
민속놀이 부분만 전제함

오곡 집들이 '읍' 놀이

1) 유래

불교에서는 사람이 살아있는 동안에 미리 재(齋)를 올려 극락에 왕생하고자 할 때 생전예수재(生前豫修齋)를 지낸다. 이는 원래 도교에서 온 신앙으로 명부시왕신앙과 지장신앙이 큰 비중을 차지하고 있다. 이 '예수재'는 어느 개인의 발원에 의하여 행하는 것이 아니고 여러 신도들이 함께 행하는 공동의식이다.

남해군 고현면 오곡마을에 전승되어온 '입택굿'은 인간이 새로운 집을 짓거나 이사를 했을 때 그 집에 잡귀들을 쫓아내고 행복을 추구하고 생활의 안정을 도모하고자 하는데서 비롯된 '재수굿'이다.

'입택굿'은 '안택굿'처럼 우환이 없는 집에서 하는 굿으로 신에게 감사를 드리고 앞으로 자손의 번창을 빌기 위해 마련된 굿이다.

『고현면지(古懸面紙)』[1]에 의하면 이 '입택굿'의 유래에 대하여 "굿의 유래는 중국 전국시대 노(魯)나라 때 편작(扁鵲, 名醫)이 친구 집에서 무악소리가 들려 찾아가 그 연유를 알아보니 친구의 안주인이 원인 모를 병에 걸렸는데 약의 효험이 없어 무당에게 물어보니 집에 머리가 아홉 달린 귀신이 있다고 하면서 기르는 소를 잡아 대접하면 아내의 병이 낫는다고 했다. 친구는 농사짓는 소를 잡지 못하고 굿을 중단하고 있었다. 이때 편작은 친구 집에서 머무르기로 작정하고 문구멍으로 밖을 살펴보니 머리가 아홉 달린 귀신이 천정에 있으니 소를 잡아 굿을 하라고 했다. 그래서 친구는 소를 잡아 대접하니 귀신이 내려와 먹고 집을 나가는

---

1) 고현면지 편찬위원회 편, 『고현면지』, 고현면 발전위원회, 2005, 642쪽.

것이었다. 편작은 처방을 해주니 친구의 아내는 약을 먹고 병이 완치되었다고 한다.

그 이후로는 사람들이 병든 뒤에 굿을 하는 것보다 집안이 무고할 때 예방하는 뜻에서 미리 굿을 하는 것이 좋다고 하는데 '입택굿'도 이 유래에서 연유된 것으로 보인다."라고 하였다. 집을 새로 짓고 입주하거나 새로 사서 이사를 가거나 할 때면 '성주굿'을 하는데 이도 거의 같은 의미를 지니고 있다.

같은 『고현면지』에서는 "오곡마을에서는 옛날부터 조상들로부터 전해지고 있는 '입택굿'이 오늘에 이르기까지 전승되어 지고 있으며 현재에는 본 마을에 거주하고 있는 박삼영(1946년생)에 의해 계승되어지고 있다."[2]는 것이다. '입택굿'은 집을 새로 지어 집들이 하는 놀이로써 가정에 '읍'이 들어와야 부귀영화를 누린다는 뜻이 담겨 있다. 일종의 민속신앙으로 믿고 있으며, 조상들이 집들이를 할 때면 낮에는 술과 안주로 대접하고 해가 질 무렵이 되면 풍물을 앞세우고 '입택굿'을 시작한다고 하였다.

그리고 그 특징에 대하여는 '읍'으로 가장한 사람의 복장과 움직이는 형용에 따라 구경꾼들의 폭소를 자아내게 한다. 이 놀이가 잘 진행되어야 가정에 복을 받을 수 있으므로 집 주인은 '읍'의 비위를 잘 맞추어야 하는 일종의 생활민속으로 보고 있다.

2) '읍' 놀이의 현장

제1과장 길굿

제1과장 '길굿'은 어디에도 제시되지 않았다. 그러나 타지방의 것을

---

2) 『고현면지』, 642쪽.

보면 이 과장이 들어가고 있기에 이에 재구성한 것이다. 풍물패가 새로 지은 집으로 행하면서 두 기수가 앞장서고 다음 포수가 그 다음, 그리고 꽹과리, 징, 장구, 북 순서로 풍악을 울리며 돌진한다. 인원은 곱으로 늘릴 수도 있고 사물놀이패 외에 여러 명의 춤꾼들이 따를 수도 있다. 이 '길놀이굿'은 인원이 많으면 많을수록 흥겨움을 준다. 목표의 집에 당도하면 마당에서 풍물패들의 놀이가 시작된다.

제2과장 입문굿

빼걱 대문이 열리면 풍물놀이 중단되고 문 앞에 기다리고 있던 풍물 기수가 먼저 들어서면 한 명은 오른쪽, 한 명은 왼쪽에 마주선다. 이윽고 포수가 집을 향하여 큰 절을 하면 치배(풍물)꾼들이 집안으로 들어선다. '읍'과 읍잡이만 문밖에 남는다. 일행이 집안에 들어서면 마당에서 두 번 돌고 법구들은 절모를 돌리면서 따라 돈 다음 마당에서 원을 그리면서 한바탕 논다.

제3과장 '읍' 입문

'읍'은 대문 밖에서 집안으로 들어갈 준비를 하고 있다. '읍'의 복장에 대하여 『고현면지』에선 "가마니 한쪽 옆을 뜯어내고 사람의 몸이 보이지 않도록 덮어 쓴다. 그리고 오른쪽 머리 뒷부분에 주걱을 끼어 오른손으로 잡고 왼손은 국자를 머리뒤로 끼어 잡으니 머리 뒤통수와 등허리에 주걱과 국자가 숨어있다."고 했다.

"이때 '읍'을 모시는 읍잡이가 읍에서 무엇이든 물어보면 읍은 절대 말하지 않고 주걱과 국자를 흔들어 자기의 의사를 표현한다. '그렇다.'라는 표현은 주걱과 국자를 흔들고 '아니다'라는 표현은 주걱과 국자를 흔들지 않는다."라고 되어 있다.

제4과장 '읍' 맞이[3)]

풍물꾼들이 마당에서 놀고 있다. 이 때 읍잡이가 굿을 멈추게 하고 읍 앞으로 나선다.

읍잡이: 여러분들, 여기 이상한 물건이 있소. 무엇인가 봅시다.

이때 잡색들은 앞에서 "예"하고 대답한다.

포 수: 이 집 입택하는 줄 알고 오시는 읍인가 봅니다요.

읍잡이: 읍이 맞느냐?

읍은 주걱과 국자를 흔들어 보일 뿐 말이 없다.

읍잡이: 어디서 왔는지 물어봅시다. 지리산에서 왔습니까?

읍은 움직이지 않는다. 아니라는 것이다.

읍잡이: 그러면 백두산에서 왔습니까?

읍은 주걱과 국자를 흔들며 춤을 춘다. 맞다는 것이다.

읍잡이: 여러분, 이 읍동이가 산 넘고 물 건너서 저 멀리 백두산에서 왔답니다. 왔으면 들어갑니다.

읍은 움직이지 않는다.

읍잡이: 왜 안 들어갑니까? 풍악을 울릴까요?

읍은 주걱과 국자를 흔들며 춤동작을 한다.

---

3) 『고현면지』에 보면 이 과장은 연극적 색채가 농후하기에 문장형식을 희곡형식에 맞추어 재구성하였다.

읍잡이: 풍악을 울려라.

이때 풍물패는 '지신밟기 굿'을 한다. 읍은 집안으로 들어가다 멈춘다.

읍잡이: 풍악을 멈추시오. 읍님이 꿈쩍 않소. 무슨 일인지 알아봅시다. 백두산에서 산 넘고 물 건너 여기까지 오시느라고 목이 마르십니까?

읍은 맞다고 주걱과 국자를 흔든다.

읍잡이: 여기 주안상을 대령하여라.

이때 풍악을 울리고 주인은 주안상을 읍 앞에 바친다. 풍악을 멈추고 포수가 술을 읍에게 한 잔 권한다. 읍은 술잔을 받지 않는다. 그리고 꿈쩍도 않는다.

읍잡이: 어러! 읍이 까다롭구나. 그만 들어갑시다.

읍은 뒷걸음으로 조금 나간다. 읍이 푸대접을 받았기 때문이다.

포 수: 어허! 큰일입니다. 읍이 도로 나가려 하니 그러지 말고 달래야 하오.

읍잡이: 재물이 부실합니까? 돼지머리를 올릴까요?

읍은 주걱과 국자를 흔든다. 동네 사람이 돼지 머리를 올린다.

읍잡이: (술을 잔에 따라서) 이제 술을 드시오.

읍은 다시 꿈쩍도 않는다.

읍잡이: 대주가 나와 술을 권하면 됩니까?

읍은 꿈쩍도 않는다.

읍잡이: 에헤 또 무슨 일인고?

이때 포수, 읍 가까이 가서 귓속말로 물어 보는 척 한다.

포 수: 대주양반과 안방마님께서 절을 하고 권해야 들어온답니다.

읍잡이: 대주양반과 안방마님은 이리 오시오. 읍동이에게 술과 안주를 권하고 절을 올리시오.

이 때 풍악이 울린다. 대주 부부는 시키는 대로 술을 권하고 절을 두 번 올린다.

읍잡이: 풍악을 울려라.

풍악, 계속되고 읍은 춤을 추다가 술을 받아 마신다.

읍잡이: 이제 들어갑니다.

읍은 춤을 추면서 조금 들어가다 멈춘다.

포 수: 풍악을 멈추어라. 읍이 또 꿈쩍 않는다.

읍잡이, 읍 가까이 가서 귓속말을 주고 받는다.

읍잡이: 대주양반과 안방마님께서 노래와 춤을 추면서 들어가야 한답니다.

읍잡이는 대주와 안방마님에게 노래와 춤을 시킨다. 읍은 노래를 부르는 동안 몇 발짝 앞으로 들어가다가 노래와 춤이 끝나면, 또 다시 멈춘다. 풍악, 계속된다.

읍잡이: 풍악을 멈춰라. 또 읍이 가지 않는구나. 또 뭣이 부족한가?

읍잡이, 읍가까이 가서 귓속말을 한 다음 노래불릴 사람을 찾아 노래부르게 하고 춤을 추게 한다.

읍잡이: 이 댁 큰아들과 큰 며느리가 춤을 춰야 들어간답니다. 큰아들과 큰며느리는 앞으로 나오시오.

노래를 시킨다. 노래 부르는 동안 읍은 한발씩 앞으로 나서다가 멈추기 때문에 읍잡이는 노래가 끝나면 사위, 딸 가족 모두에게 돌아가면서 노래를 시킨다.

제5과장 성주굿

'성주' 란 가정의 길흉화복을 관장하는 가옥신이다. 가신(家神)중 맨 윗자리를 차지한다. 일명 성조(成造)라고 해서 대들보에 존재하므로 상량신(上樑神)이라고도 한다.

성조신(成造神)은 성조왕신(成造王神)과 그의 처 성조부인 또는 안아부인(按峨夫人), 성조대도감(成造大都監)과 그 부하 대직장(大直將) 및, 대별감(大別監), 그리고 성조군웅(成造群雄)등으로 무리를 이룬다. 이들 성조신의 무리는 가택의 주신과 그 권족으로, 그 가택의 건립에서부터 일문일족의 번영에 이르기까지 가문에 관한 복덕을 주관한다.

우리들이 성주신에게 기원하는 내용은 집안의 평안, 농사의 풍년기원과 감사의 표시, 부귀, 번영, 무병, 병의 치유 등이다.

제일(祭日)은 대소 명절이나 재앙시 혹은 병환 때 등이며 처음 봉안하는 날을 선조 생일이라 하여 이날만은 꼭 지켜 모신다. 제물은 고기, 떡, 과일, 밥, 탕 등을 차린다. 성주신은 안택이나 고사에서 주신으로 모셔진다. 이외에도 가옥의 상량, 낙성, 신축, 이사 했을 때 분가해서 새 가정을 이루었을 때 등에도 한다. 이를 '성주받이' 또는 '성주안택, ' 성주굿 '등으로 불리는 것이다.

성주를 받드는 신체(神體)는 성주단지라고 한다. 성주단지는 조상단지처럼 종가에만 모셔지는 한정된 게 아니고 주택이면 다 모셔지는 것이 원칙으로 되어 있다.

신체의 형태도 단지, 독, 한지 등 지방에 따라 다양하다. 남해에서는 집을 신축하고 나서 제일 먼저 마룻대에 모시는데 형태는 조선종이 한 장을 접어서 실로 매고 마루의 기둥 나무에 매달았다.

"성주신을 집안에 봉안하는 것은 아무 때나 해서는 안 된다. 집을 새로 지었거나 새집으로 이사하여 새로운 성주신을 모셔야 할 경우에 대주의 나이가 17, 27, 37, 등 7자가 드는 해 10월에 날을 가려 행한다.

보통 집을 지을 때 대들보를 올리는 상량식에 성주신의 신체를 대들보에 달아올린다. "백지를 대들보에 바르거나 매달아서 신체를 삼는다. 성주받이 의식은 무녀나 독경하는 사람을 불러서 밤에 하는데, 굿을 하면 '성주받이굿' 이고 경문을 읽으면 '성조안택(成造安宅)'"이라고 한다.[4]

『고현면지』에서는 "안청으로 들어가면, 불이 꺼지고 읍은 아무도 몰래 어둠을 타고 사라진다. 풍물은 성주굿을 하고 나온다"라고 되어있다.[5]

전인평의 『한국음악사전』[6]에는 '성주풀이' 로서 자주 불리는 중중몰이, 자진몰이 장단의 〈톱질타령〉 〈노적령〉 〈지경다지기〉 〈박물가〉 등 여러 소리를 불렀다고 전제하고 굿거리장단에 토리에 된 유절 무가는 민요화되어서 민요 〈성주풀이〉가 되었다고 하였다.

아래 노래는 경상도 지방에 널리 불러 민요화되었다고 하니 남해에

---

4) 조흥윤, 『한국의 무』, 정음사, 1983, 참조.
5) 『고현면지』, 645쪽.
6) 전인평, 『한국음악사전』, 예술원, 1985, 참조.

서도 이 노래는 새로 집을 지었을 때 널리 불렀을 가능성도 있다.

"원이로다 원이로다 / 제비원이 원이로다
성주본이 본일러니 / 경상도 안동 땅에
제비원이 본일러니 / 제비원 솔씨받아
용문산에 던졌더니 / 그 솔이 자라 크니
소부동이가 자란다 / 소부동이가 점점자라
대부동이 되었구나 / 청장목되고 황장목 되고
도리 기둥이 되었구나/ 너집 성주는 초가 성주
내집 성주는 와가성주 / 에라 만수…"

제6과장 조왕굿

'조왕(竈王)' 은 중국이나 우리나라에서는 부엌을 관장하는 가신(家神)으로 여기고 있다. 조왕은 화신(火神)이며 재물신이며 일명 조왕각시, 조왕할매라고도 부르는 여성신이다.

김명자의 「가신신앙의 성격과 여성상」에 의하면 "조왕신은 집안에 일어나는 모든 신으로 되어 있으며, 삼심처럼 육아를 점지시키는 기능이 있고 아녀자들에겐 삼신과 더불어 성주신 다음으로 중요시 된다."고 했다.

여기서 말하는 '삼신은 육아를 점지' 시키는 반면, 조왕은 '태어난 아기의 건강을 비는 것' 으로 되어 있다.

그럼 도대체 새집을 짓거나 이사를 했을 때 왜 '조왕굿' 을 해야 하는가?

그 이유는 첫째, 조왕은 육아뿐 아니라 그 집안의 재산까지 관장하는 까닭이다. 둘째, 모든 제를 주관하는 것은 그 집안에서 가장 나이많은 부녀자인데 대개 그들이 조왕을 무서운 신으로 여기는 까닭이다.

그럼 부엌에서 조왕의 형태와 봉안위치는 어디인가? 조금씩은 다르지만 대체로 부뚜막 안쪽 벽의 적당한 높이의 중앙에 흙으로 조그만 단을 만들고 그 위에 종발을 올려놓는데 이를 '조왕종발' 혹은 '조왕물그릇' 이라 한다.

이 조왕종발에는 매일 주부가 아침 일찍 일어나 우물에서 깨끗한 물을 길어다 떠서 올리는 것이며 간혹 무당을 불러 가택굿을 하기도 한다.

조왕신에 대한 풀이로서는 부엌의 여러 가지 기물을 묘사한 다음 부모에 대한 효성을 다짐하는 내용으로 되어 있는 것이다.

따라서 조왕굿에 대해 『고현면지』에서는 "풍물은 부엌에 들어가 '조왕굿' 을 하는데 성주조왕에게 빌기를

"아들을 낳거들랑 서울로 보내고 딸을 낳거들랑 / 경상도 사위 삼으소. / 에여라 지신아 / 지신 밟아 지신아 / 뒤로 보니 천석꾼 / 앞으로 보니 만석꾼 / 아들 놓고 / 딸 놓고 / 천년만년 누리소 라고 선창하면서 집안 구석구석을 돌아다니며 쇠소리를 낸다."[7]

되어 있다.

제7과장 뒷풀이

'입택굿' 을 그치면 모든 풍물패들은 마당으로 퇴장하여 주인과 동리사람들과 어울려 춤을 춘 다음 오곡집들이 읍놀이 '읍' 놀이의 연행은 모두 끝나게 된다.

7) 『고현면지』, 645쪽

화계배선대

1) 풍어제의 출발

우리나라는 삼면이 바다로 싸여 있어 해변에 사는 대다수의 사람들은 바다가 생활터전이었다. 바다에 나가 어물을 낚는 어촌인들에게는 항상 태풍이나 파선 등 위험이 도사리고 있어 싸울 수밖에 없었다. 그런데다 고기가 낚이지 않아 수입이 없을 때도 많았다. 어촌 사람들은 이러한 재앙을 막고 마을의 안녕과 풍어를 비는 '당굿'을 해마다 정월초하루부터 보름까지 행했다. 어촌 사람들은 모두 정성껏 힘을 합쳐 넓은 마당에 기(旗)와 등(燈)을 달고 무당을 불러 신당에서는 고기를 많이 잡히게 해 달라고 굿을 했다. 굿이 마무리 되면 신당에 모였던 동리사람들이 마을의 넓은 마당에서 악기를 치면서 춤추고 노래를 부른다. 이와 같은 의식은 지방에 따라서 모두 이름이 다른데 동해안에서는 '별신굿'이라 하였고 서해안에서는 '배연신굿'이라 하였다. 강화에서는 '시선뱃놀이', 위도에서는 '띠뱃놀이', 해운대에서는 '배선굿놀이'라고 부르고 있다. 남해군 역시 사방이 바다로 되어있어 예로부터 대다수의 어촌마을에서는 '풍어제'를 지냈다. 가장 뚜렷하게 남아 있고 현재도 행해지고 있는 '풍어제'는 오직 남해군 이동면 화계마을 한 곳 뿐이다. 이곳의 '풍어제'를 '배선대'라고 부르고 있다.

2) 배선대의 유래

화계마을의 '배선대'에 대해서는『남해군지』(1994),『남해세시기와 민속지』(1997),『한국의 해양문화』(2002),『경남어촌민속지』(2003) 등에 비교적 자세히 소개되어 있다. 우선 『남해군지』에서는 다음과 같이 서술하고 있다. "이동면 화계리에서는 '배선대' 또는 '별선대'라고 불리어 오는 '풍어제'가 있다. 확실한 유래는 알 수 없으나 조선조 말엽부터 시작되었다고 전해 내려오고 있으며, 시대의 변천에 따라 계속 계승되어 오다가 제2차 세계대전이 시작되자 일제의 말살정책에 의하여 완전히 없어졌다. 해방 후 뜻있는 몇몇 어민들이 어촌으로서 생활이 어려우니 무엇인가 믿을 수 있는 신을 모셔 제사로 마음의 뜻을 모으려는 취지에서 다시 시작하여 현재까지 이르고 있으며 어민들은 '풍어제'를 민속신앙으로 신뢰하게 되어 현대시대에 맞게끔 행사하고 있다.[8)]

뿐만 아니라 『한국의 해양문화』에서는 "화계마을에서는 앵강만에 있는 용왕신을 '배선장군'이라 하여 이 신을 모시고 노는 '배선제'를 옛날부터 행하여 왔고 1900년 경만해도 '배선제'의 원형이 그대로 전승되어 왔으나 일제 때 관권에 의해 일시 중단되었다가 해난사고가 자주 일어나자 마을회의 때 마을의 안녕과 태평, 해난사고 예방 및 풍농·풍어를 비는 '배선제'를 복원하자는 여론에 따라 마을어촌계가 주동이 되어 복원하게 되었다."[9)]고 한다.

또 『경남어촌민속지』에서는 "화계리에는 전마선을 포함하여 어선이 40여척이 되며, 주로 장어·게·메기 등을 잡는다. 그리고 정치망으로 멸치·갈치·잡어 등을 잡고 협조망(양강망)으로 잡어 등을 잡는다. 화계리의 '동제'는 20여 년 전에 해난사고 등이 자주 일어나자 마을주민들이 회의를 열어 다시 '동제'를 재낼 것을 결정하여 오늘날까지 내려오고 있다."[10)]고 했다.

위의 세 가지 설을 종합하면 첫째, '배선대'란 명칭문제이다. '배선대'는 일명 '별선대', '배선제', '동제' 등으로 부르고 있으나 『남해세시기와 민속지』에는 "'배선대놀이', '배선대'라고 되어 있다. 이 명칭에

8) 『남해군지』, 1994, 1142쪽
9) 『한국의 해양문화』, 2002, 442쪽
10) 『경남어촌민속지』, 2002, 482쪽

대해 현지 주민들도 '배선'의 뜻이 무엇인지 정확히 모른다. 다만 한자인 '선(船)'에다 한글인 '배'자를 서두에 넣어 '배선'이라 하고, 앵강만에 있는 용왕신을 '배선장군'이라 했다는 이야기가 전해오고 있다. (생략) 그러나 화계리의 솟대가 마을 중심에서 바닷가 쪽에 세워진 것을 보면 화계리의 형국이 배 형국이고, 솟대는 배의 돛대 역할을 한다고 볼 수 있다. 그리고 마을 사람들은 솟대를 '배선대'라고 부른 것이다. 남해안 지역에 솟대를 '별신대'라고 부를 때처럼 끝에 '대'자를 붙인 것이다. 또한 그것을 신격화하여 '배선장군'이라고 부른 것으로 생각한다."[11] 고 했다. 이를 보았을 때 명칭은 '배선대'라 부르는 것이 옳다고 본다.

둘째, '배선대'란 화계마을이 앵강만에 있는 용왕신을 '배선장군'이라 하여 이 신을 모시고 노는 '배선제'를 일컫는다.

셋째, '배선대'의 시작은 조선말이라고 하나 정확하지 않다. 그러나 1900년 전후까지 이어지던 이 의례가 일제 때 관권에 의해 일시 중단되었는데 그 후 해난사고가 자주 일어나 마을회의에서 다시 복원을 결의, 시행되었다. 그 후 지속해 시행해 오다가 7·80년대 많은 인력이 육지로 빠져나가자 다시 중단하여 내려오다가 1997년 남해문화원과 마을 주민들이 재 복원하여 1997년 10월 24일 제29회 경상남도 민속예술경연대회에 출품하여 우수상을 받았다.

예전에는 제의의 경비를 각 가정에서 각출하고 솟대를 세우고, 무당을 불러와 지냈으나 근자에는 어촌의 인력부족으로 배선대의 필요한 솟대를 제작하고 설치하는 복잡을 피하기 위해 돌비석에 '배선대'라는 글귀를 넣어 마을 안 솟대 세우던 자리에 고정하여 설치, 매년 제의를 베풀고 있다.

최근 화계마을을 두 차례 방문(2006.11.4. 배선대 보존회장 박기철

11) 『남해군지』, 1994, 1142쪽

면담. 12.9 제2차 방문) 결과로는 앵강만이 가장 잘 보이는 지점에 배선장군을 상징화하여 비석을 세우고 비석 앞에는 솟대를 세워 고정시켜 놓았다.

솟대에는 의당 세 마리의 까마귀가 솟대위에 붙어 있어야 하는데 현재는 떨어져 없어지고 막대만 우뚝 서 있다. 비석앞면에는 큰 글씨로 '화계 배선대'가 조각되어 있고 뒷면에는 풍어를 비는 뜻의 비문을 새겨 풍어를 기원하고 있다. 비문의 내용은 "이 곳은 옛날부터 풍어를 빈 신성한 곳, 우리 모두 정성을 모아 제단을 다시 마련하오니 화합과 풍어를 내리시어 대대로 풍어가를 부르게 하소서"라고 쓰여 있다.

넷째, 남해의 진산인 망운산에 가서 큰 참(밤)나무를 골라 그 앞에서 제를 지내고 잘라와 다듬어 세우고 까마귀는 밤나무로 세 마리(네 마리)를 만든다고 했는데 최근 방문을 통해 듣기로는 요즈음에는 참나무를 화계마을 뒷산 호구산에서 잘라와 솟대를 만들고 밤나무는 망운산에서 가져다 까마귀를 세 마리 깎아 솟대위에 다는 것으로 이야기 하고 있었다.

그러나 여라 자료의 내용으로는 예전에는 망운산에서 참나무 밤나무를 모두 잘라다 솟대를 쓴 것이 분명하다. 그리고 이 솟대는 매년 만든 게 아니고 썩어서 없어지거나 보기가 흉할 때 교체하는데 대략 10여년 만에 한 번씩 바꾼다고 자료나 증언은 밝히고 있다.

그렇다면 솟대는 성한데 까마귀가 없어진 최근에 솟대는 언제 바뀔 것인가? 지역민들의 의견으로는 2007년 정월에는 새로운 솟대가 세워질 것이라고 했다.

3) 배선대의 현장

'배선대'는 전 4과장으로 나누어져 있다. 제1과장은 준비과장으로 솟대가 될 나무를 베어 와서 솟대를 제작하여 세우기까지의 과정을 의미하며 제2과장은 '풍어제'를 지내는 과정이다. 제3과장은 포구에 있는 지정된 배에 제관과 무속인이 올라타고 출항하는 과장으로 '배선제' 과장이라 하고 제4과장은 마을사람들과 함께 어울리는 대동놀이 과장이다. 그럼 순서에 따라 제1과장부터 차례로 살펴보기로 한다.

(1) 제1과장 (솟대제작)

이에 대한 설명을 『남해군지』부터 살펴보면 "이 '풍어제'는 사전에 어민 전체회의에서 제사 지낼 제관(초헌관)을 엄격히 선정한다. 선정된 제관은 일주일 동안 출입을 엄격히 금하고, 몸가짐을 조심하여 초상집이나 혼례 등 불결한 곳을 피함과 동시에 마음과 정신을 정중히 하여 풍어를 기원하며 바다의 신에 정성을 바친다.

이는 비문과 같이 마을전체, 어민의 풍어를 비는 마을 사람들의 간절함이 스며있으며 마을의 화합을 기원하고 배선장군을 주신으로 모시는 제사를 올리는 것이기 때문에 제관은 특별히 조심하여야 한다.

주신의 형상을 해면 앞의 무덤과 같이 큰 참나무를 세우고(남해에서 제일 높은 망운산 정상에서 밤나무를 구해옴) 밤나무로 만든 네 마리의 까마귀를 달며 선주들은 어선에 칠색기를 단다.(현재는 오색기)[12]

『한국의 해양문화』에는 일정 등이 구체적으로 나와 있다. "음력 정월 5일경 어촌계에서 회의를 열고, '배선제'를 지낼 제반 사항을 의논한다. 회의에서 제관의 선정, 솟대를 모셔올 청장년의 선정, 소요되는 경비의 각출방법, 무당의 선정 등 행사에 필요한 모든 사항을 정한 후, 8일경에 솟대를 만들기 위해 선정된 제관과 청장년 10여명이 간단한 제물을 가지고 마을 뒷산인 호구산이나 남해의 진산인 망운산의 중턱에

12) 『남해군지』, 1143쪽

올라가 곧고 튼실한 참나무를 찾아 그 앞에 제물을 차리고 제를 지낸 뒤 나무를 베어 어깨에 메고 노래를 부르며 마을로 내려온다.

이 솟대나무가 마을에 도착하면 목수는 다듬고 나무의 상부에 삼각대를 붙이고 삼각대 위에 까마귀 세 마리를 만들어 얹은 다음 지정된 해안가에 세운다. 그리고 이때부터 솟대 주위를 청소하며 부정을 방지하기 위해 부녀자의 접근을 막을 뿐만 아니라 길에도 나다니지 못하게 하였다.(솟대제작은 매년 하는 것이 아니라 썩어서 없어지거나 보기가 흉할 때 하는데, 대략 10년 정도에 한 번씩 교체하여 내려왔다고 한다.)"[13] 라고 돼 있다.

『경남어촌민속지』에서는 또 다른 면을 보여주고 있다.[14] "'동제'는 어촌계가 주체가 되어, 양력 1월 15일 즈음에 마을의 제관을 뽑고, 음력 정월 보름 아침 10시에 제사를 지낸다."고 하면서 『남해세시기와 민속지』(남해문화원, 1997)의 기록을 전제하고 있다.

"제일 먼저 솟대를 만들기 위해 선정된 제관과 청장년 10여명이 약간의 제물을 준비하고 마을 뒷산인 망운산 중턱에 올라가 곧고 바른 참나무를 찾아 솟대나무로 선정하고 '산신제'를 지낸다. 그 다음 길이 7~8m쯤 되게 자르고 삼각대와 까마귀형에 가까운 나무를 준비한 후 마을을 향하여 내려온다. 이 때 노래를 부르면서 어깨에 메고 내려온다. 솟대나무가 마을에 도착하면 나무를 다듬은 뒤 상부에 삼각대를 붙이고, 삼각대 위에 까마귀 세 마리를 만들어 얹은 다음, 지정된 해안가에 세우게 되는데 이때가 정월 대보름날의 일주일 전쯤 된다."(하략)라고 되어 있다.

위를 종합하면 제관(초헌관)과 어부들이 솟대를 만들기 위해 제물을 준비해 가지고 참솔나무 지역으로 이동한다. 참나무가 정해지면 나무

13) 『한국의 해양문화』, 2002, 442쪽
14) 『경남어촌 민속지』, 2002, 482쪽

밑을 고르고 제상을 차린다. 산신제가 끝나면 참나무를 베어가지고 가지를 친 다음 발을 맞추어 노래를 부르면서 마을로 이동한다. 마을에 도착하면 솟대에 삼각대와 까마귀를 얹어 고정시키고 세우게 된다

(2) 제2과장(풍어제)

'풍어제'를 지내는 일정은 『남해군지』[15]는 "연중 제일 조용하고 전어민이 참여할 수 있는 연초에 모든 설계를 한다 하여 정월대보름을 기준으로 지냈으며 현재는 양력 2월 10일 기준으로 지내고 있다. 해변에서 제관의 주도로 '풍어제'를 지낸다."라고 했다.

『한국의 해양문화』에는 제관만이 행하는 게 아니고 무당도 곁들여 굿을 하고 있었다.[16]

"'배선제' 하루 전날 자정 무렵에 무당은 굿을 하고, 선주들은 각자 자기 집에서 메(밥)와 약간의 제물을 준비하여 올해도 풍어가 되길 비는 '풍어제'를 지낸다. 그리고 일부 사람들은 옷을 벗고 짚으로 만든 오쟁이를 짊어지고 춤을 추며 마을을 돌아다닌다.날이 밝으면 포구에 있는 각 배에는 선왕기를 달고 '배선제'를 지낼 솟대 앞으로 모일 뿐 아니라 인근의 용소, 신전, 금전, 원천에 있는 선주들도 풍어를 빌기 위해 모이게 된다. 선주 집에서 준비한 제상과 어촌계에서 준비한 제물을 솟대 앞에 진설하면 제관이 '풍어제'를 지내게 되는데 유교식으로 지낸다. '풍어제'가 끝나면 메를 밥무덤(당산나무 밑–필자)에 도끼뿔로 파서 묻고 축문을 소지한다."고 하였다.

위를 종합하고 진행과정 설명서[17]를 참조하면 제관과 선주는 준비된 제상을 들고 솟대 앞으로 가서 '풍어제' 준비를 한다. 준비가 끝나면 무

---

15) 『남해군지』, 1143쪽

14) 『한국의 해양문화』, 442–443쪽

15) 「화계배선대민속놀이 진행과정 설명서」참조

릎을 꿇고 앉아 있다. 초헌관과 풍물은 마을 당산나무[18] 앞으로 자리를 옮겨 '당산제'를 지내고 풍물은 '당산굿'을 한다. 굿이 끝나면 초헌관을 따라 '길굿'을 하면서 솟대 앞으로 간다. 솟대 앞에 있는 제관과 어부는 초헌관과 풍물이 당도하자 유교식으로 '풍어제'를 지낸다. '풍어제'가 끝나면 삼헌관과 선주, 어부는 풍물의 '길굿'에 맞추어 바닷가로 나간다.

(3) 제3과장(배선대)

『남해군지』에는 "제관은 제물을 큰 배에 옮겨 싣고 바다로 출항하게 되면 모든 어선은 원형으로 호위하여 해안을 돌면서 제관은 신에게 비는 축문을 외우고 세 번 절하며, 제물은 바다에 던진다. 해안을 돌 때 풍물을 곁들여 한 해 동안 풍어가 될 수 있도록 기원하고 부락[19]으로 돌아오게 된다"고 하였다.

『한국의 해양문화』에는 '풍어제'가 끝나자 "그 뒤 '풍어제' 때 쓴 제물을 포구에 있는 가장 큰 배에 싣고 제관과 무당이 타고, 다른 선주들은 각기 자기 집에서 준비한 제상을 자기 배에 실으며, 제관과 무당이 탄 선두배가 출항하는데, 이 때 해안가에서는 짚이나 깻대를 태운다. 배들이 출항하면 마을 앞 앵강만을 한 바퀴 도는데, 선두 배를 따라 선주들이 탄 배들도 원형을 그리며 따라 돈다. 무당은 굿을 하고 제관은 풍어와 마을의 안녕을 비는 축문을 외고 세 번 절을 한 다음 제물을 참종이에 싸서 바다에 내리게 되는데, 이것은 용왕신인 배선장군에게 바치는 제물이다. '배선제'가 끝나고 출항했던 배들이 모두 포구로 돌아오

---

18)당산나무- 이 나무는 느티나무로 나이는 550년 정도 높이는 14미터, 2002년 11월 10일 보호수로서 지정(번호 12-34)되어 화계마을 이장이 관리하고 있다. 배선대 및 고정 솟대자리에서 마을 앞 쪽으로 150미터 지점에 있다.-필자

19) 『남해군지』, 1144쪽

20) 『한국의 해양문화』, 443쪽

게 되면.....[20]"

위를 종합하고 비디오 자료를 참고[21]하면 화계리의 40여척의 배 가운데 가장 큰 배에 헌관과 무속인 그리고 풍물패가 승선하고 가지고 온 제물도 배에 올린다. 배가 출발, 원형을 그릴 때 무속인은 '용왕굿'을 하고 '시석굿'을 한 다음 제물을 한지에 싸서 바다에 내린다. 그리고 짚불대에 불을 붙여 바다에 던진다. 이 때 붉은 색 연막탄이 하늘로 솟구친다.

풍물패는 '덩덕굿', '호우굿'을 마치고 '길굿'을 치면서 항구로 입항하게 된다. 입항해 배에서 내리면 '선창굿'을 하고 전체가 마을로 돌아오는데 '길굿'에 맞추어 춤을 추면서 오게 된다.

(4) 제 4과장(대동놀이)

'배선대'가 끝나고 출항했던 배들이 속속 포구로 돌아오면 마을 사람들과 선주들은 풍물을 앞세우고 같이 어울려 한 해의 액을 모두 날려 보내는 '달집태우기'를 하게 된다.

달집은 솟대를 세우던 날부터 마을 앞 바닷가에 3m 높이로 짚이나 솔가지, 댓가지 등으로 쌓은 후 얼기설기 새끼를 꼬아서 묶어 놓고 정월 대보름 달이 뜨기 전에 자기의 소원의 글을 남녀노소 가리지 않고 적어 매달고 달이 뜰 때까지 비는 것이다. 이 때 이 달집을 태우기 위해 휘발유나 석유를 뿌리고 주변에서는 연막탄을 터뜨려 흥취를 돋우기도 한다. 이 달집이 다 탈 때까지 밤늦도록 풍물에 맞추어 '덩덕굿', '춤굿' 등으로 즐겁게 '대동놀이'를 하는 것이다.

---

21) 화계마을 이장 제공 비디오 참조

4) 결론

'배선대'는 어민을 위한 '풍어제'로서 1년에 한차례 마을 공동으로 지내오고 있다. 예전에는 '배선대'가 수시로 행해졌다고 한다. 배를 진수하였을 때는 물론, 첫 출어를 나갈 때는 반드시 화계마을 배선대 자리에서 개별적으로 '배선대'를 행해왔다고 하며 풍어뿐 아니라 농사까지 풍년을 빌었다고 알려지고 있다. 첫째, '배선대'는 다른 지역에서는 보기 드문 의례이며 민속놀이라 할 수 있다. 배선대를 널리 알리기 위해 솟대위의 '새'를 깎는 체험 프로그램의 확충이 필요하다. 둘째, 제3과장(배선대과장)을 치르는 동안에는 달집 주위에 멍석을 깔아놓고 여기저기 놀이를 즐기는 모습이 다른 지방에서는 많이 보이는데 여기서도 '윷놀이'나 '제기차기' 등이 곁들여져야 겠고, 이는 '달집'이 다 타고 나서도 계속되도록 해야겠다. 셋째, 이제는 무속인도 타지(남해안 별신굿)에서 와야 하고 풍물마저 '화전농악'에 의존하고 있다고 하니 전망이 밝지만은 않다. 화계마을 사람들은 노인병의 예방을 위해서라도 풍물을 익히면서 '풍어제'로서의 '배선대'가 지역전통문화로서 우뚝 설 수 있도록 노력해야 겠다. 넷째,『경남어촌민속지』가 지적하고 있듯 제3과장 배선대 의식에서 배를 타고 나가 '용왕제'를 지내고 돌아오는데 대한 문제이다. 용왕과 배선장군은 전혀 다른 것인데 동격시하고 있다는 점이다. 수정되던가 보완되어야 할 것이다. '화계배선대'는 2006년 시연된 후 다시 재현되었다는 소리를 들은 바 없다. 한 작품을 재현시키는 것도 어렵지만 계속 전승시키기는 더욱 어렵다. 그러나 남해군에서 이만한 민속놀이가 없는 만큼 화계마을 사람들은 물론, 이동면민이 힘을 더해 재현하는데 노력해야 겠고 남해군도 이를 위해 활력을 불어 넣어야겠다. 남해군의 문화 르네상스는 민속 문화를 지키고 키우는데 있는 것이 아닐까?

줄다리기

1. 들어가며

'줄다리기'는 두 패로 나누어서 굵은 줄로 서로 잡아당겨 자기편 쪽으로 끌어온 쪽이 이기는 운동경기이자 놀이라고 할 수 있다.

『한국민속문화대사전』[22]에 의하면 다음과 같다.

> "이 놀이는 양쪽이 서로 끌려가지 않으려고 몸 전체에 힘을 주고 버티기에 근력을 기르는 훈련이 되며, 많은 사람이 하나의 큰 힘을 만들어야 하기에 협동심이 중요시된다. 한편 '줄다리기'는 민속·종교적인 의미에서 성행하기도 했다. '줄다리기'에서 이긴 편의 마을은 그 해 풍년이 들고 무병·무재하다는 것이다. 이긴 편의 줄을 썰어서 논의 거름으로 쓰면 그 해 풍년이 들고, 배에 싣고 가면 폭풍을 만나지 않으며 고기가 많이 잡힌다는 속설이 있기도 하다.
>
> 또 줄을 당기는 두 편을 각각 암줄과 수줄로 정하여 암줄인 여성편이 이겨야 풍년이 든다는 이야기가 전해지는 곳도 있다,
>
> 줄은 뱀이나 용에 비유하여, 용과 비는 바늘과 실의 관계처럼 밀접한 상호연관성이 있다고 믿어 가물 때 '기우제'의 한 형태로 '줄다리기'를 벌인 지방도 있었다. 이 밖에도 아이를 못 가진 여자가 줄을 넘으면 아이를 낳을 수 있다는 민간신앙도 있었다."고 하였다.

'줄다리기'는 전국 어디서나 볼 수 있는 '대동놀이'이다. 그러나 지금까지 내려오는 것 가운데 가장 큰 행사로 거행되고 있는 곳은 경상북도 의성, 경상남도 영산, 전라남도 장흥, 충청남도 당진군 기지시 등의

---

22) 김용덕, 『한국민속문화대사전』(하권)창솔, 2004, 1533-4쪽.

것이 유명하다.

남해군에도 '줄다리기' 는 거의 모든 마을에 있었던 것으로 여겨지나 지금껏 계속되고 있고 또 필요하다고 여겨 재현시키려고 하는 곳까지 계산하면 서너 곳의 '줄다리기' 가 관심을 끈다.

우선 남면 선구마을에서 해마다 정월보름날 벌이는 '선구줄끗기 놀이' 와, 설천면 덕신 마을의 '덕신줄당기기' 가 있다. 그리고 최근 남면 석교마을이 남해향토역사관장 정의연과 함께 발굴, 재현중인 '석교줄싸움' 이 있다.

다음은 순서에 따라 이들을 구체적으로 살펴보기로 한다.

2. 선구줄끗기 놀이

1) 선구줄끗기 놀이의 유래

남면 선구(仙區)마을에서 행하는 '선구 줄끗기' 는 매년 음력 정월대보름날 저녁에 아랫 마을을 남변, 윗 마을을 북변으로 나누어 행한 놀이이다.

선구마을은 보물섬 남해에서도 제일 남쪽에 있고 마을이 바다에 노출되어 있어 바람이 세고 대다수의 주민들은 어업과 농사를 병행해 왔다. 따라서 강인한 체질에 단결심이 강해야 했기 때문에 이 놀이가 생겼고 다른 마을보다 오래, 그리고 줄기차게 이어져 내려온 것이 아닌가 생각하게 한다.

박성식은『경남지역의 '줄다리기 놀이' 에 대하여』[23]선구마을에 관해 다음과 같이 서술하고 있다.

---

23) 박성식, 「경남지역의 '줄다리기 놀이' 에 대하여」, 경남문화연구(18) 경상대 경상문화연구소, 1996, 135쪽

"선구마을은 신라 신문왕 10년에 전야산군이 설치되면서 속현인 평산현에 속하였으며 마을 앞으로는 수심이 깊은 포구이고, 뒤로는 봉수대가 있어 군사적으로도 중요한 위치이다. 위, 아래 당산에 제사를 지내는 것은 반농반어촌인 선구마을에 한 해 동안 풍농과 풍어를 빌며, 해난사고의 방지, 부락의 번영을 위하여 시작되었을 것으로 보며, 음악적 요소와 연극적 요소 및 군사의 진형태가 고루 나타나고 있다."고 하였다.

'선구줄끗기'가 다른 고장의 ';줄다리기'와 가장 차별이 되는 점이 '군사적 진형태'를 갖추고 줄다리기를 한다는 점이다.

이 놀이를 재현하는데 공헌한 향토문화연구가 김찬중(81세)도 인터뷰[24]에서 '군사적 진형태'를 "진이라고 하는 것은 서로 군원이 짜 가지고 출전준비를 하는 것을 진이라고 하지. 군원은 전체 줄을 메고 있는 사람, 그걸 가지고 군원이라고 하지, 무리군자, 진이라는 것은 특별히 뜻이 없는 것이고 군원이 모여서 출전준비를 하고 있는 진 그렇게 말하는 거죠."라고 했다. 그러나 군사적 짜임새인 것만은 분명했다.

하여간 오랫동안 행해오던 '줄끗기'가 일제 강점기에 민속적 색채를 띤 행사 말살정책에 의해 완전히 자취를 감추게 되었다가 김찬중이 "어릴 때 동리서 지켜보던 이 놀이가 다시 부활되어야 한다"고 여겨 1988년에 재현하기에 이르렀다.(2006년 인터뷰에서는 재현은 1985년이라 했다.)

그 후 1992년 김찬중(기능보유자), 정의연의 연출 지도로 정월대보름 행사로서 재현하므로 매년 행사를 치러 나가기로 하였다. 그리하여 1993년 정월대보름 행사를 가지므로 복원되었고 1993년 10월 12일 경남고성공설운동장에서 펼쳐진 제25회 경상남도 민속예술경연대회에 출전하여 최우수상을 수상하기에 이르렀다.

---

24) 2006년 11월 3일 선구마을 김찬중씨댁에서 인터뷰.

그 다음 해 정월대보름행사로 또 연희되었고 1994년 3월 12일에는 선구줄끗기보존회 발기인 협의회를 가지므로 조직화되었다. 이날 고문 4명, 간사 1명, 감사 2명, 운영위원 19명, 후원회장 1명 총 36명이 내정되었고 같은 해 5월 10일 제35회 전국 민속예술경연대회 경상남도 대표팀으로 선정되었다. 5월 23일 초대회장 김찬중 이름으로 남해군문화공보실에 사회단체 설립신고를 하였고 6월 8일엔 남해군수로부터 사회단체 설립신고증이 교부되었다.

이렇게하여 설립을 인가받고 1994년 6월 25일 사무실을 정해 현판식을 갖고 임원 위촉장을 전달하기에 이르렀다. 당시 임원엔 고문에 한남중, 김명정, 김윤종, 반현국 자문에 강용권, 박성식, 김동철, 김우영, 박영인, 김두관, 회장에 김찬중, 부회장에 박명세, 사무국장에 정의연, 간사에 김희영, 감사에 김봉헌, 하봉원, 운영위원에 김우실종, 최인선, 하윤선, 하평호, 손용갑, 김용득, 김재남, 배이동, 김길춘, 박정식, 김봉일, 박영수, 정태열, 하재승, 박희오, 정주한, 김성호, 임상연, 박문호 등이다.

1994년 10월 11일 제26회 도민속예술경연대회가 충무시 공설운동장에서 있었는데 이때는 시연종목으로 채택되어 연희되었다. 10월 19일 제35회 전국민속예술경연대회가 춘천 종합경기장에서 있었는데 이때는 경남대표팀으로 발탁되어 출전하여, 입장상을 수상하였고 1994년 10월 28일 '남해군민의 날 및 화전문화제'에 식후공개행사로 공설운동장에서 시연되었다.

김찬중의 증언에 의하면 1995년부터는 정월대보름행사로 선구마을에서 시연하는 것이 상례화되어 오늘에까지 계속되기에 이르렀다. 제1대 회장에 김찬중(1983~1995), 제2대 보존회장에 김정일(1996~2004), 제3대 보전회장에 박명세(2005)에 이어 제4대 보존회장에 정군삼(2006~현재)이 담당, 현재에 이르고 있다.

1996년 4월에는 제1회 벚꽃축제가 노량광장에서 행해졌는데 여기에 초대 받아 시연하였고 2003년 4월 28일엔 제35회 이충무공노량해전승첩제 행사에 참가 노량광장에서 시연하였다.

그 후 '선구줄끗기'는 2003년 6월 7일 경상남도 무형문화재 제26호로 지정(예능보유자 김찬중)되었다. 2006년 7월 7일에는 제5대 보전회장에 정군삼, 부회장 손용갑, 사무국장 박영수, 간사 김영철, 감사 김희영, 하윤선이 담당하여 이끌어왔다. 이제 '선구줄끗기놀이'는 남해에서 가장 돋보이는 대중놀이가 되었고 보존회가 만들어지면서 회관도 짓고 회관 밑에는 줄을 보관하는 창고도 만들어 한번 쓴 줄을 버리지 않고 보관하다 쓰게 되었다. 보존회에는 매월 100만원씩 운영자금이 나와 잘 운영되고 있으나 마을인들이 자꾸 도시로 빠져나가 인원구성에 어려움을 겪고 있는 실정이다.

2) 놀이의 준비과정

박성식의 논문[25]에서는 "소요되는 고와 줄을 만들기 위해 필수적인 짚은 마을의 모든 집에서 각출하였고, 짚의 준비를 위하여 아이들은 집집마다 돌며 소요되는 짚을 거두었고 만약 불응하는 집이 있으면 밤에 짚가래에 가서 훔쳐오더라도 한 집도 빠짐없이 짚을 내야하는 마을 공동행사이다. 짚을 다 모으면 각기 남변은 바닷가에서, 북변은 위의 당산에서 새끼를 꼬고 이것을 다시 꼬아 큰 고를 만들었다."고 하였다.

재현하는데 기여한 김찬중은 인터뷰[26]에서 "옛날에는 정월대보름을 기다렸죠. 아침에 일찍 일어나 징을 치면 애들이 모두 짚 얻으러가고 짚이 모여지면 노인들이 줄을 꼬기 시작하지요. 줄은 아랫마을에서는 바닷가에서 하고 윗마을은 공터나 너른터에서 만들었죠. 짚은 줄이 다 되도록 모으는 거니까 그 양은 알 수가 없죠. 모자라면 또 얻어오라고 보

25) 박성식, 앞의 논문, 136쪽.

26) 주24)와 동일

내고 그렇게 하죠."라고 했다.

길이나 굵기가 눈대중으로 어느 정도 맞아야 줄 만드는 일이 끝났던 것이다.

박성식은 "이 고는 암고와 숫고가 있으며 남 · 북변을 해마다 바꾸어 가면서 암 · 숫고를 만든다. 암 · 숫고의 크기는 직경 1m이며, 길이가 2m 정도 계속되다가 조금 가늘게 40m 정도로 길게 뽑아내고 좌 · 우에 문어발가락모양으로 4개씩 줄을 이어 내려간다."[27]고 했다.

김찬중은 "줄이 옛날에는 아주 길었죠. 줄 길이가 40m쯤 되고, 그런데 인자 인원이 적어지니까 줄도 짧아지고 적어지고 이렇게 되는 거죠"[28] 라고 했다.

박성식은 "고를 만드는 동안 여자의 출입은 엄격히 통제하고 그 줄을 지키기 위하여 횃불을 밝히고 밤을 새우는 필사적인 노력을 한다. 상대편을 이기기 위하여 칼을 가지고 줄을 모르게 절단하는 경우도 있었기 때문이다. 만약 이 줄을 임산부가 넘으면 출산시 아이의 손가락이나 발가락이 새끼줄 같이 비틀어진다는 구전이 있고 또 그러한 사실을 실제로 보았다는 노인들의 이야기도 있지만 신빙성은 적고 줄의 신성함을 강조하기 위한 민간 신앙적 금기사항이 삽입된 것으로 여겨진다"고 했다.[29]

이는 대다수 지방의 '줄다리기' 경우도 거의 비슷한 현상을 볼 수 있다. 그러나 이제는 많이 변했다. 김찬중은 인터뷰에서 "짚이 없는 집은 안내고 있는 집은 내고 그렇죠. 옛날에는 이 마을사람이 다 농사를 지었거든. 지금은 농사짓는 사람이 적지요. 지금은 짚을 모으는 것이 아니고 사와 가지고 하죠."라고 했다. 그리고 선구마을 박이엽(64세)은 "예전에

27) 박성식, 앞의 논문, 136쪽
28) 김찬중과의 인터뷰, 2006.11.3.
29) 박성식, 앞의 논문, 136쪽

는 매년 만들었으나 재현된 후에는 한해 쓰면 보관해 두었다가 때가 되면 다시 꺼내 짚을 꼬아 그 위에다 입히고 또 입혀서 다시 쓰고 있어요. 인자 보존회 밑에 창고를 만들어 보관하지요. 요즘도 겹줄은 모두 잘라가고 몸줄만은 그대로 남게 되죠"라고 했다.[30)]

'선구줄끗기 놀이'에 가담하는 한편의 인원은 편장 1명, 기수 30여명, 풍물패 20여명, 나머지 250여명은 모두 군원이 된다. 참가자는 모두 한복에 남자는 유관을 쓰고 여자는 행주치마를 착용했다. 편장의 경우 다른 '줄다리기'에서는 위엄이 있어 보이는 장군복을 착용하는데 '선구줄끗기 놀이'에서는 풍채만 건강하고 장가들지 않은 총각으로만 세울 수 있다는 규칙이 되어 있었다.

3) 놀이의 순서

(1) 당산제

마을회의에서 제관으로 초헌관, 아헌관, 종헌관, 집사, 축관을 선정한다.

'당산제'는 "지내기 일주일 전에 당산나무 주위를 깨끗이 청소하고 제관집과 밥무덤에 황토를 뿌리며, 밥무덤에는 왼새끼줄을 둘러친다. 그리고 제관은 목욕제계하고 근신에 들어간다. 음력 정월대보름이 되면 남변과 북변은 각각 나누어져 고를 메고 북변은 윗 당산으로 가고, 남변은 아랫 당산으로 가는데 가면서 편장이 앞소리를 하면 군원은 '어허 술베야'라고 뒷소리를 두 차례 반복한다."[31)]

---

30) 박이엽(선구마을 주민, 64세) 2006 11월 4일 인터뷰
31) 『한국의 해양문화』. 해양수산부 2002, 445쪽

남변 편장의 앞소리	**군원의 뒷소리**
솔밭에는 솔잎이 솔솔	어허술베야(2회)
대밭에는 댓잎이 때때	〃
들어보소 들어보소	〃
집집마다 볏짚모아	〃
한날두날 모은정성	〃
서낭당에 메고가서	〃
우리 소원 빌어보세	〃

북변 편장의 앞소리	**군원의 뒷소리**
솔밭에는 솔잎이 솔솔	어허술베야(2회)
대밭에는 댓잎이 때때	〃
동네사람 들어보소 줄드리세 줄드리세	〃
새끼되고 줄이 된다 서낭님께 축원하여	〃
바다풍년 되게 하소	〃

이렇게 하여 '당산제' 를 지내는 당산나무에 도착하면 당산나무 앞에 고를 내려놓고 '당산제' 를 지낸다. '당산제' 는 당산나무 밑에 제상을 차리고 촛불을 붙인 다음 지역유지 및 내외 귀빈들이 그 앞에 몸을 단장하고 나란히 선다. 그리고 전통유교식으로 예를 갖춘다. 우선 '강신' 을 하고 '참신' 한 다음 초헌관이 제상 앞으로 가기 전 손을 깨끗이 닦고 무릎 꿇고 앉아 제수를 올리고 나면 '독축' 이 있다. 축문은 미리 한지에 써서 구성지게 읽게 된다. 다음 아헌관이 제수를 올리고 종헌관이 그 다음 이어 제수를 올린 다음 제자리에 서면 '사신' 이 행해진다.

다음 축문을 '소지' 하고 난 다음 '메묻음' 을 하게 된다. '메묻음' 은 일명 밥무덤이라고 하는데 당산나무 밑에 20여 센티미터 깊이의 구덩이를 파고 그곳에 제사 지낸 밥을 세 숫가락 떠서 넣고 묻은 다음 돌로 눌러 놓으면 되는 것이다.

디음 퇴주를 제관들이 한잔씩 들이킨다. '음복' 의 순서인 것이다. 이렇게 하여 '당산제' 가 모두 끝난다. 강신 · 참신 · 초헌 · 독축 · 아헌 · 종헌 · 사신 · 소지 · 메묻음 · 음복의 순서이다.

김찬중의 증언[32] 에 따르면 " '당산제' 를 지내기 전에는 풍물을 꼭 곁들이는데 요즘은 우리 마을에 풍물패가 없어 서면에서 데려옵니다. 예전에는 풍물이 마을마다 다 있었는데 이제는 다 없어지고 말았죠. 풍물은 '당산제' 를 지낼 때는 조용히 있다가 '당산제' 가 끝나면 다시 시작됩니다.

당산나무는 예전에는 무지 큰 나무(할머니 당산)가 있었는데 태풍이 강하게 불던 해에 부러져 버려서 파 내버리고 새로 사다가 심었어요"라고 했다. 그리고 이어서 "제사는 유교식으로 하는데 집례와 고축을 함께 하는 사람은 하봉인이라고 나이 많은 사람이 합니다."라고 덧붙였다.

박이엽은 "당산나무가 예전에는 그렇게 컸는데 자기 집 지붕에 닿는다고 나뭇가지를 낫으로 쳐버리고 사람을 대가지고 톱으로 굵은 가지를 잘랐는데 몇 년 후 태풍에 결국 쓰러지고 말았어요. 그런 후 동네 청년들이 많이 죽었어요. 우리가 어렸을 때 보면 저 나무가 잎이 한참에 피면 농사가 잘되고 당산잎이 셋목, 넷목이나 중간 아래피면 농사가 그 해 어렵다고 했어요. 당산을 보고 그 해 농사가 어떻게 될지 알 수 있었던 거지요."[33] 라고 했다. 당산나무는 신목이었던 것이다.

'당산제' 는 전체마을이 일년 동안 무사하고 농사도 잘되고 고기도 많이 잡을 수 있게 해달라고 축원하기 위해 마련된 마을 제사인 것이다.

---

32) 김찬중인터뷰, 주24)와 동일

33) 박이엽 인터뷰(2006년 11월 4일 선구마을에서)

(2) 어불림

'어불림' 이란 남해 방언으로 '어울림' 을 말한다. "당산제가 끝나면 풍물을 앞세우고 북변은 모래치, 깨꼴, 우남마을로, 남변은 버든 · 가내의 인근마을에 응원군을 초청하기 위해 고를 메고 순회를 하게 되면 그 마을에서도 지원을 하게 된다."[34] 이에 대하여 김찬중은 "우남 · 연포가 보이는 이웃동네 앞에 가서 저녁에 구경 오라고 막 꽹맥이 두드리고 풍물 울리고 그러죠. 이렇게 사방을 어리고 다니다가 바닷가로 돌아와 고를 그곳에 놔두고 저녁밥을 먹으러 집으로 돌아갑니다. 요즘은 외지에서 자꾸 보러오고 그러기 때문에 밤에 시작 안하고 낮으로 오후 2시부터 시작합니다."[35]라고 했다. 그리고 이어서 "옛날에는 정월대보름이면 집집마다 밥을 많이 해놓고 맛있는 음식을 해 놓거든요. 그렇기 때문에 먹는 건 자기 집에서 먹고 오기 때문에 일이 끝나면 막걸리 같은 것이나 마셨는데 요즘은 잔치를 해 밥도 술도 모두 밖에서 먹게 됩니다."라고 했다.

지원을 요청하러 나갈 때는 편장은 고위에서 앞소리를 하면 군원들은 '어허 술베야' 라는 뒷소리를 두 번 반복했다고 한다.

남변 편장의 앞소리

우리 딸은 어디갔소
사돈동네 풍년드오
우리편 응원하세
불로초로 술을 빚어
만수무강 빌어주라

34) 『한국의 해양문화』, 446쪽
35) 김찬중 증언에 의함

이렇게 인근마을을 돌아다니며 지원과 응원꾼들을 확보하게 되면 다시 선구마을로 되돌아와 마을 전체를 휘감으며 돌아다닌다. 동네를 돌면서 나갔던 일행들은 사기가 더욱 오르게 되고 반면에 상대편은 사기가 꺾일 정도가 된다.

야유스런 동작과 약 올리는 행동을 하면서 일행들을 마을 앞 몽돌밭을 향해 전진한다. 상대편이 서로 마주 설 때까지 이들은 계속적으로 흥을 돋우는 것이다.

(3) 필승 고축과 고싸움

'필승고축'[36] 은 양편이 마주 보고 있을 때 판정관이 징을 들고 있다 높이 치켜들어 세 번 울리며, 양편은 각각 장내를 한 바퀴 돈 다음 각 편장은 필승의 풍농 · 풍어를 비는 축문을 크게 말하고 기원하게 된다.

편장은 "우리 편이 이기기를 천지신명께 비나이다. 들마다 풍년이고 배마다 만선이길 비나이다. 천지신명께 비나이다. 우리 편이 이기기를 천지신명께 비나이다."라고 기원하는 것이다.

편장이 비손을 하면 군원도 함께 비손하는데 '고축'이 끝나면 편장을 고위에서 세 번하고 군원은 절하는 속도에 맞추어 고를 세 번 어르게 되는 것이다.

필승고축이 드디어 끝나고 줄끗기를 하기 전 암고와 숫고를 결정하기 위해 '고싸움'을 벌인다. 이 때 양편은 서로의 힘을 측정하기 위해 전진하여 고를 서로 맞대어 본다. 판정관이 징을 세 번 울리면 '와-' 하는 함성과 함께 고를 메고 주위를 돌면서 노래를 부르고 자기편의 기세를 올리고 상대편의 기세를 꺾는다.

이 때 상대편의 기세를 꺾기 위한 노래를 불러 흥을 돋운다.

---

36) 『한국의 해양문화』, 447쪽

남변 편장의 앞소리
들어보소 들어보소
집집마다 볏짚모아
한낟두낟 모은정성
서낭당에 메고오소
우리소원 빌어보세
오늘해가 다졌는가
오늘밤 달 뜨거든
줄끗기를 할 적에는
달떠온다 달떠온다

북변 편장의 앞소리
동네사람 들어보소
줄드리세 줄드리세
새끼되고 줄이된다
서낭님께 축원하여
바다농사 풍어되게
골목골목 연기난다
바닷가에 모두모여
우리편이 이겨보세
열두동네 달솟았다.

자기편에 힘이 약하다고 느껴질 때는 구경꾼과 응원군까지도 끌어들이다가 관정관이 징을 치면 서로 고를 맞대고 밀기 시작하여 이긴 편이 숫고가 된다. 이 때 응원군을 초청하는 노래는 다음과 같다.

남변 편장의 앞소리

우리사돈 어디갔소	어허술베야(2회)
우리편이 이기면	〃
가세가세 자네가세	〃
우리편이 이기면	〃
만선배에 가득부어	〃

북변 편장의 앞소리

우리딸은 어디갔소	어허술베야(2회)
사돈동네 풍년드오	〃
우리편 응원하세	〃
불로초로 술을 빚어	〃
만수무강 빌어주라	〃

승부가 결정되었다고 생각되면 판정관의 징이 세 번 울리게 되고 동시에 암 · 숫고가 결정된다. 고싸움 하기 전에 사기를 북돋우기 위해 편장이 고위에서 앞소리를 하면 군원은 '어허 술베야' 라는 뒷소리를 2회 반복한다.

남변 편장의 앞소리
오늘 해가 다 졌는가
오늘 밤 달 뜨거든
줄끗기를 할 적에는
달떠온다 달떠온다
우리사돈 어디갔소
우리편이 이기면은
가세가세 자네가세

북변 편장의 앞소리
골목골목 연기난다
바닷가에 모두 모여
우리편이 이겨보세
열두동네 달솟았네
우리 딸은 어디갔소
사돈동네 풍년드오
우리 편 응원하세

(4) 줄끗기

'끗기'는 '끌기'의 남해 방언이다. '고싸움'에서 암수가 결정되면, 양편의 고를 서로 맞대고 빗장으로 서로 연결하게 된다. 이때 여자들은 '줄끗기'에 이기기 위해 자기편의 줄을 무겁게 하려고 바닷가에 있는 몽돌을 치마에 담아 가지고 와서 치마폭에 싼 몽돌을 줄과 함께 움켜잡고 줄에 매달리게 된다.

판정관의 징 신호가 3번 울리면 본격적인 '줄끗기'가 시작되는데 이때는 남녀노소 할 것 없이 전체가 줄에 매달려 최선을 다하게 된다.

'줄끗기'는 삼판 양승을 원칙으로 하나 정하기에 따라 5판 3승으로 승부를 결정하기도 한다. '줄끗기'에서 암고를 가진 편이 이기면 마을 전체에 풍년과 풍어가 들고 가사태평하며 무병하다는 속설이 있지만 양편은 서로 지지 않으려고 최선을 다하게 된다.

(5) 달집태우기

달집은 생솔가지, 짚, 갈대,. 대나무 등을 둥글게 쌓아올린 무더기이다. 정월대보름날 밤에 달이 떠오를 때 불을 지르며 달맞이 하는 세시풍속이다. 이를 망월 또는 망우리라고도 한다.

원래 달집은 마을 청소년들이 낮 동안 미리 마른 나무나 짚을 가지고 동산에 올라가 산기슭이나 언덕에 조그만 집이나 다락을 만들어 놓는다. 형태는 지방에 따라 조금씩 다르지만 대개 간단한 구조로 되어있다.

막대기 세 개를 적당한 간격으로 세우고 그 꼭대기를 한 점에 모이도록 묶는다. 한면만을 터놓고 다른 두 면은 이엉으로 감싼다. 터놓은 쪽을 달이 떠오르는 동쪽으로 향하게 하고, 그 가운데 새끼줄로 달 모양을 만들어 매단다. 이것을 달집이라고 했다.

달이 솟는 것을 제일 먼저 본 사람이 달집에 불을 당기고 달을 향해 절을 한다. 달집은 잘 타야만 마을이 태평하고 풍년이 들며, 만일 연기만 나고 도중에 불이 꺼지면 마을에 액운이 있다고 한다. 그리고 달집이 타 넘어질 때 그 넘어지는 방향에 따라 그 해의 풍흉을 점치기도 한다. 또 이웃마을보다 자기마을 불꽃이 더 높이 타오르면 자기 마을에 풍년이 온다고 믿어왔다.

달집을 태울 때 마을 사람들은 농악을 치며 한바탕 즐겁게 뛰어 놀면서 환호성을 지른다. 또 각 가정에서는 달집을 마당에 조그맣게 만들어 불태우는 일도 있다. 이 때 띄우던 연을 그 위에 꽂아 태워 액막이를 하는 수도 있다.

달집이 타고 남은 숯불을 콩과 함께 다리미에 담아 콩을 볶아 먹기도 한다. 그러면 부스럼이 나지 않는다고 한다.

그러나 요즈음은 많이 달라져 마을의 공터에 그냥 둥글게 쌓아놓고 새끼줄로 묶은 다음 각자 소원을 새끼줄에 매달아 놓고 절을 하고 태워 버리는 것이 보통이 되어 버렸다.

선구마을도 예외는 아니다. 보름달이 뜨면 한 해의 액을 날려 보내는 달집을 태우면서 '줄끗기' 의 승부에 관계없이 남변, 북변과 인근마을 전원이 모여 '망월대동굿' 을 하면서 화합과 친목을 다지고 마을의 안녕과 개인의 소원을 비는 '한마당축제' 를 벌인다.

달집을 태우고 난 후 각 변은 다음과 같이 편장이 앞소리를 하고 군원은 '어허술베야' 라는 뒷소리를 2회 반복하며 고를 메고 마을로 돌아오게 되면 고를 만든 짚을 동네사람들이 잘라 집으로 가져간다.

이 짚을 논밭에 뿌리면 풍년이 들고 배위에 놓으면 고기가 많이 잡힐 뿐만 아니라 그것을 태워먹으면 아들을 낳는다는 속설이 전해오고 있다.

남변 편장의 앞소리
어허북변 문내야
우리(암고)가 이겼다네
각시방에 놀아보고
해치고랑에서 논다네
올해는 풍년일세
한배가득 만선일세
만사가 형통이라

북변 편장의 앞소리
어허남변 문내야
우리사돈 응원왔네
자네딸도 왔더라면
유자는 얽어도
탱자는 고와도
우리(암고)가 이겼으니
고기잡이 바다가세

'선구줄끗기놀이' 는 모두가 밝음에 대한 소망이라 할 수 있다. 대보름달은 풍요의 상징이고 불은 부정과 사악을 살라버리는 정화의 상징이다. 어두운 세계, 즉 병악이나 불행이나 고통을 모면하고 밝음의 세상을 이룩해 나가려는 희망이 달맞이 · 달집태우기 등으로 나타나고 있는 것이다. 이 때 아이들이 흔드는 쥐불놀이나 횃불싸움도 같은 의미를 지닌 것이다.

3. 덕신줄당기기

'덕신줄당기기'는 실제 현장을 탐색하거나 또는 '줄당기기' 현장을 본적이 없다. 따라서 남해 향토역사관장 정의연의 기록에 의존하기로 한다.

1) 덕신줄당기기의 유래

덕신마을에 사람이 살기 시작한 시기는 약 700년 이전으로 보며, 농업을 주업으로 하였고 신앙은 토속신앙생활을 하였다. 덕신마을의 산세는 배산임수이고 마을 앞에는 커다란 분지가 형성되어 있을 뿐 아니라 마을로 들어오는 입구는 산능선이 마주 보고 있어 풍수지리설로 보면 좌청룡, 우백호의 형상을 하고 있다.

그래서 풍수지리설에 따라 못에는 용이 놀이를 해야 마을의 재앙을 물리칠 뿐 아니라 새해에는 편안하고 대풍을 이룬다는 뜻에서 약 300년 전 130여 호의 마을 주민들이 마을 앞 들판 중앙에 조산(다물락, 일명 여의주)을 만들어 지키는 수호신의 상징물로 숭배하였다. 그리고 마을 가운데로 흐르는 하천을 기준으로 동쪽에 있는 윗마을을 동편이라 칭하고 서쪽에 있는 아랫마을을 서편이라 칭한 후, 윗마을에서는 위에 있다하여 숫줄을 만들고 아랫마을에서는 아래에 있다하여 암줄을 만들어 매년 정월대보름날에 줄당기기를 한 것을 볼 때, 민속신앙과 놀이를 곁들인 것이 틀림없다.

진주진관 남해현지의 기록에 덕신은 고려 중기부터 조선조에 이르기까지 덕신역원이 곤양 양포역과 연결되어 있었고 조선 중종 때는 역장의 벼슬의 종6품(병마절제도위 감독관)이었다. 그리고 중마(中馬) 5필, 복마(卜馬) 4필과 22명의 역리(驛吏)가 있었다는 기록을 볼 때, 구전에 역장과 역졸이 '줄당기기' 에 참여하였다고 전하는 것은 사실이며, 관민이 합심한 '줄당기기' 민속놀이었다. 그러던 중 일제 강점기, 6 · 25동란 등으로 잠시 중단되었다가 마을민들이 옛 기억을 되살려 원형대로 복원하여 오늘에 이르고 있다.

남해 '덕신줄당기기' 보존회는 회장에 한갑윤, 부회장에 박인두, 한찬홍, 회원에 김재수, 강대홍, 한낙균, 장민식, 김종주, 한상균, 박경주, 정기석, 김종섭, 이장, 청년회장이 포함되어 있고 총무에는 김태갑이 맡아왔다.

2) 줄당기기의 특색

'덕신줄당기기' 가 다른 '줄다리기' 와의 차이점은 우선 '줄다리기' 행사 시작 전에 동편은 동편에 있는 밥구덩이(밥무덤, 이하 밥무덤이라 칭함) 2개소에 각각 줄을 매고 작은 상에 뫼(밥)를 비롯한 간단한 제물과 제주를 준비하여 밥무덤 있는 곳으로 가서 '사방신제' 를 올린 뒤, 마을에 있는 당산나무에 '당산제' 를 지내고 마을 가운데 있는 수호신인 조산에도 제를 올리고 있으며 둘째는 '줄당기기' 전에 미리 암줄과 숫줄이 정해져 있고 서편인 암줄이 미리 '줄당기기' 장소에 도착하여 숫줄을 모신다는 점이다.

그리고 셋째, '줄당기기' 를 어느 쪽이든 끌려가면 줄꾼이 모두 줄 위에 앉아 끌려가지 않도록 최선을 다하며, 여섯곳의 인근마을, 이를테면 동편은 월곡마을, 남치마을, 용강마을, 서편은 노량마을, 감암마을, 왕

치마을에서는 작은 줄을 가져와 원줄에 묶어 합세한다. 그리고 '줄당기기'에 참여하는 줄꾼은 한 해의 액운이 없어지고 소원이 성취된다는 속설이 있어 참여인원이 많아진다는 점이다.

넷째, '줄당기기'에서 숫줄이 이기기를 바라고 있다. 그러나 마음속으로는 생산성을 가진 암줄이 이기기를 바라나, 이곳에 덕신역원이 있어 관리에 대한 부러움이 있었고 숫줄은 남성을 상징하므로 남성의 지배력에 의존되었다고 볼 수 있다.

그리고 다섯째, 이미 암줄과 숫줄이 정해져 있는 까닭에 암줄의 용두는 크게 만들고 숫줄의 용두는 암줄 용두보다 약간 적게 만든다는 점을 들 수 있다.

여섯째, '줄당기기'의 순서는 '입장'을 시작으로 '사방신제'를 지내고 당산에 올라 '당산제' 그리고 이어 '조산제'를 지낸 다음 '줄으르기(줄어르기=용트림)'를 한 다음 '줄당기기'에 든 다음 '대동놀이'를 하고 퇴장한다는 점이 그 특색이라 할 수 있다.

3) 줄당기기의 준비과정

정월초 3일부터 동편과 서편이 각각 풍물로서 가가호호를 방문하여 편안함과 풍농, 풍어를 비는 '안택놀이'를 하면 각 가정에서는 마루에 상을 준비하고 청수 한 그릇과 쌀 한 그릇에 초를 꽂아 불을 밝히고 준비한 돈과 쌀 1되 정도를 주면 모두 모아 '줄당기기' 준비에 사용한다. 즉 쌀은 술을 담그고 돈은 부족한 풍물 및 '줄당기기'에 필요한 각종 물품과 술안주도 준비한다.

정월 초 6일부터 '볏집모으기'를 시작하는데 풍물을 앞세우고 가가호호를 찾아가 지게로 한 짐 정도(50kg)를 받아 줄만드는 장소로 운반한다. 정월 초파(8)일부터는 모아놓은 볏집에 물을 뿌려 부드럽게 하고 2인 1조가 되어 한 사람은 막대기로 볏집을 묶어 계속 돌리면서 뒤로 물러나고 한 사람은 볏짚을 이어주고 100m정도 뽑아낸다.

뽑아놓은 가는 줄 4가닥을 7명이 한 조가 되어 지게 또는 나무틀을 만들어서 이를 이용하여 줄가닥 끝에서는 4명이 계속 돌리고 3명은 지게 윗부분 또는 나무로 만든 틀에 끼어서 계속 꼬며 돌린다. 그러면 적은 줄이 만들어진다.

다음은 적은 줄 3개(12가닥줄)를 다시 위의 요령으로 꼬으면 중간 크기의 줄이 만들어지고 다시 중줄 3개(36가닥줄)를 장정 30명이 앞에서와 같이 꼬으면, 줄의 몸통줄이 만들어진다.

몸통줄이 만들어진 후 4분의 1정도를 접어서 줄의 용두(용머리)를 만든다. 동편에서는 숫용이라하여 용두를 암용보다 약간 적게 만들고, 서편에서는 암용이라하여 용두를 크게 만든다. 용두의 크기는 길이가 1~8m, 직경이 25cm정도 된다.

이렇게 만들어 진 줄의 크기는 길이가 50m 정도가 되며, 직경이 30cm에서 크게는 70cm가 되며, 몸통줄에서 지네발과 같이 줄을 덧붙여 '줄당기기' 에 편리하도록 한다.

모든 '줄다리기' 들과 같이 남해 설천면 '덕신줄당기기' 의 경우도 여자가 줄을 넘으면 부정을 타고 재수가 없다하여 '줄당기기' 전에는 여자들이 줄 근처에는 오지 못하도록 엄격히 통제한다.

'덕신줄당기기' 는 대략 1000여명이 동원되어야 하기 때문에 사전에 약속이 필요했다. 당시 덕신마을 사람들이 모두 참여하면 400~500여명이 되었고 이웃마을인 월곡, 남치, 용강은 동편에 지원, 노량, 감암, 왕지는 서편을 지원하면 약 1,000여 명이 동원되니 한편의 줄꾼이 500여명이나 되었다. 많은 줄꾼에 의해 커다란 줄이 움직일 때는 그 움직임이 웅장하고 마치 용이 용트림하는 것과 같아 인원동원 자체가 잘 갖추어져야 했다.

4) 놀이의 진행과정

(1) 사방신제

동편에 사방신(밥무덤) 2개소가 있고, 서편에 사방신(밥무덤) 2개소가 있어 제관과 줄꾼은 이미 만들어진 줄을 메고 작은 상에 약간의 제물을 준비하여 풍물패의 '지신밟기 굿' 에 맞추어 각기 각 편에 위치한, 이를테면 동편은 용강마을 방향길과 남치마을 방향길, 서편은 노량마을 방향길섶과 감암마을 방향길섶 사방신으로 가서 '사방신제' 를 지낸다.

사방신으로 가면서 부르는 노래는 다음과 같다.

동편 : 선소리꾼 – 어 동편 꼬신네야
줄꾼 – 우여 우여어 동편 꼬신네야
선소리꾼 – 어 서편 문네야
줄꾼 – 우여 우여어 서편 문네야

서편 : 선소리꾼 – 어 서편 꼬신네야
줄꾼 – 우여 우여어 서편 꼬신네야
선소리꾼 – 어 동편 문네야
줄꾼 – 우여 우여어 동편 문네야[37)]

'사방신제' 를 모시고 갈 때는 올 때와 같은 노래를 부르며, 양편이 모두 줄을 메고 당산나무 앞으로 모인다.

37) 꼬신네는 힘이 넘쳐난다. 즉 힘이 세다는 뜻이고 문네는 썩어 힘이 없다. 즉 약하다는 속어이다. 우여는 액을 쫓는 소리이다.

(2) 당산제

마을에서 모시는 당산나무에 사방기천(청색, 적색, 황색, 녹색)을 두르고 왼쪽으로 꼰 새끼 금줄을 치고 황토가 뿌려져 있는 당산나무 앞으로 모인 줄꾼과 풍물패 그리고 제관은 엄숙한 자세로 '당산제'를 모시는데 제관은 이미 마을에서 선정된 초헌관, 아헌관, 종헌관을 비롯하여 제집사의 진행에 따라 제를 지낸다.

이 때 참여한 전원은 무릎을 꿇어 앉아 '당산제'가 끝날 때까지 머리를 숙여 마을의 안녕과 가족 그리고 개인의 소원을 빈다. '당산제'가 끝나면 줄꾼은 풍물에 맞추어 줄을 어르면서 당산나무를 3~4회 정도 돌고 난 후 조산(造山)으로 이동하게 된다. 이 때 마을길이 꾸불꾸불하여 마치 용이 트림하는 것같이 보인다.

조산으로 행하면서 부르는 노래는 다음과 같다.

동편 : (선소리꾼이 선창하면 줄꾼은 따라 부른다.)

동편의 노래

어 서편 꼬신네야
어 서편 문네야
서마지기 논배미가
반달만치 남았구나

나물묵고 술마시고
팔을 베고 누웠으니
대장부 살림살이
이만하면 넉넉하다

서편의 노래

어 서편 꼬신네야
어 동편 문네야
먼디사람 듣기 좋게
옆피사람 보기 좋게
우여소릴 맞차주소

(3) 조산제(다물락제)

'당산제'를 지낸 제관, 이를테면 초헌관, 아헌관, 종헌관 등이 그대로 줄꾼과 같이 300m 거리에 있는 조산으로 이동하여 새로 준비한 제상에 초헌관이 대표로 제물을 올린다. 이때도 '당산제'를 모시는 방법과 행동이 일치한다.

(4) 줄으르기(어르기=용트림)

'조산제'를 끝내면서 민속신앙적인 제는 모두 마치게 된다. 이제부터는 '줄당기기' 준비를 하게 된다. '조산제' 후, 일제히 풍물에 맞추어 함성을 지르면서 영기와 농기의 신호에 따라 일어서서 조산을 각 편이 엇갈리게 두 서너바퀴 돌면서 노래하고 상대편의 기세를 제압한다. 그리고 자기편의 사기를 북돋우기 위해 용트림을 하면서 숫줄이 암줄에게 서서히 접근한다. 이때도 선소리꾼이 선창하면 줄꾼들이 따라서 노래를 부르게 된다.

줄으르기 노래

동편 노래(선소리꾼)
어 동편 꼬신네야
어 서편 문네야
저건네가 초당인데

백년심아로 심었더니
백년심아 간곳없고
이별화초 만발이라.

서편노래(선소리꾼)
어 서편 꼬신네야
어 동편 문네야
오래비는 남자로여
논도차지 밭도차지
하늘같은 부모차지
이 내년은 여자로여
돈을 주나 밭을 주나
입고 벗고 옷 두 벌에
연고나도 해롭더라

(5) 줄당기기

어느 정도 각 편의 사기가 충족되었다고 보아지면 징을 든 심판관이 징을 친다.

그러면 심판관 옆에 있는 기수(영기)는 영기를 좌우로 흔들어 암줄과 숫줄은 신판관 앞으로 오도록 유도한다. 양편은 더욱 더 크게 함성과 노래를 부르면서 심판관 앞으로 와 용두가 서로 부딪힘과 동시 메고 온 줄을 땅에 내려놓는다.

이 때 심판관의 지시에 따라 줄을 교접하고 참나무로 만든 빗장을 친다. 심판관은 양편의 '줄당기기' 준비를 확인한 후 징을 치면 각 편의 맨 앞에 있는 기수(영기)는 자기편 쪽으로 영기를 넘어뜨려 '줄당기기' 시작 신호를 알린다. 승패는 3전 2승을 원칙으로 하되, 만약 줄이 끊어지면 줄이 끊어진 쪽이 패한 것으로 한다.

'줄당기기' 중에 세가 부족하여 끌리면 즉시 모두 줄을 깔도록 명령하고 줄꾼은 모두 줄 위에 앉도록 한다. 이것은 무게를 더하여 끌려가지 않도록 하기 위함이다. 그리고 상대편의 힘을 소모시키는 행위이다. 상대가 비슷한 어느 한때에는 오전부터 해질 무렵까지도 승부가 나지 않았다고 촌로들은 전하고 있다.

(6) 대동놀이

'줄당기기' 가 끝나면 승부와 관계없이 풍물과 함께 밝아오는 보름달을 따라 보면서 줄꾼은 물론, 덕신마을과 인근마을에서 구경 온 전원이 함께 어울려 한바탕 '대동놀이' 를 즐기고 마을에서 준비해 온 술과 음식을 먹으면서 올 한해에도 풍년이 들고 마을 번영과 개인의 소원이 성취되길 빈다.

(7) 퇴장(마을로 돌아감)

모든 민속놀이가 끝나면, 줄꾼들은 줄을 메고 마을로 돌아간다. 이때 부르는 노래도 앞소리꾼이 선창하면 줄꾼은 따라 부른다.

동편 노래(앞소리꾼)
얼씨구 좋다 절씨구 좋다
어 꼬신네야
제비란 놈은 목소리 좋아
앙새란 놈은 다리가 길어
구렁뱀이 불피주게
물계밑에 송사리는
앙새오길 기다리네

서편 노래(앞소리꾼)
얼씨구 좋다 절씨구 좋다
어 꼬신네야
제비란 놈은 목소리 좋다
앙새란 놈은 다리가 길어
구렁뱀이 불피주게
물계밑에 송사리는
앙새오길 기다리네

8) 줄당기기 줄의 처리

'덕신마을 줄당기기' 줄은 많은 양의 짚으로 만들었기 때문에 '줄당기기' 가 끝나는 시점에 소를 많이 사육하는 농가의 재력가가 돈을 주고 매입하여 소여물로 가져갔다고 한다.

4. 남면 석교 줄싸움 놀이

잊혀져가는 남해의 전통민속놀이를 발굴하여 계승하고자 〈화전농악〉〈선구줄끗기〉〈화계배선대놀이〉에 이어 남면의 〈석교줄싸움놀이〉를 발굴하기에 이르렀다. 석교출신 박현국 외 마을 70세 이상 노인의 기억을 되살려 남해향토역사관장 정의연에 의해 지도 연출된 이 놀이는 아직 그 시연 단계를 넘지 못한 상태에 있으므로 정의연의 설을 중심으로 살펴보기고 한다.

1) 석교 줄싸움의 유래

석교 마을은 남해안 남쪽에 위치하고 있으며, 앵강만을 마을 앞에 두고 있다. 석교라는 마을 명칭이 있기 전에 '장승' 이라고 하였는데 마을 입구에 벅수(장승)가 지키고 있었기 때문이다. 벅수는 단순한 경계표나 이정표 역할과 함께 잡귀와 질병으로부터 사람들을 지켜주는 수호신역할을 하여주었고 '장승제' 를 모셔 주민들이 힘을 모아 마을의 액을 밖으로 몰아내고 마을을 정화시켰다.

세종 13년인 1431년 기록에 의하면 "남해도 남면쪽의 바깥쪽 가화포, 고을포에 사는 백성들이 경작하는 우현 안쪽 평산 · 영전의 한곳의 전토를 평산만호에게 수호하게 하여 내왕하면서 경작하게 하고 그 우현의 바깥쪽 대양의 가의 전토는 백성들이 개간하여 경작하는 것을 금하소서."하니 임금이 그대로 따랐다고 하였다.

줄싸움의 유래는 전해지지 않고 있으나 일제강점기 이전에는 행하였으나 일제강점기에 민속행사 말살정책에 의하여 중단되었다. 해방 후 다시 시작되었으나 주민들이 줄어드는 관계로 차츰 사라지는 것을 촌로들이 뜻을 모아 옛날 형태로 복원하였다. 민속놀이의 형태로 보아 정월대보름날을 기하여 마을의 안녕을 비는 것을 비롯하여 왜구의 침입이 잦았기 때문에 마을보호와 민속놀이로 마을민이 단합하는 군사의 진 형태를 갖추고 있다.

이 놀이는 일반적인 '줄다리기' 와는 진행과정이 다르다. 정월대보름이 되기 3일전쯤에 먼저 석교마을에서 고가 달린 큰 줄을 만들어 인근마을인 월포, 두곡, 우형, 홍덕, 홍현마을을 순회하면서 우리와 줄싸움을 하자고 시비를 걸면 각 마을에서는 각기 고를 한 개씩 만들어 정월대보름날 석교마을 앞 제일 높은 논으로 모인다.

모인 후, 각 마을 별로 순번을 정하는 것이 아니고 나름대로 인근마을에 시비를 걸어 뱀이 서로 엉키는 형태가 되는데 이 때 서로가 안에 조이지 않으려고 고를 바깥 안쪽으로 돌려 돌연히 홍을 북돋는다. 만약 이 때 안으로 사로잡히면 '줄다리기' 를 포기하고 다른 편을 응원한다. 결국 두 편만 남으면 고를 빗장치고 '줄다리기' 를 하는 게 특징으로 되어 있다.

2) 줄싸움의 순서

(1) 장승제의 고제작

마을주민들은 마을회의를 1주일 전에 개최하여 제관을 선정한다. 주민들은 고제작을 위하여 짚을 모은 후 대보름 3일 전까지 고를 제작한다. 정월대보름 당일 날 장승 앞에서 '장승제'를 지낸다.

(2) 인근 5개 마을에 줄싸움 권장

석교마을에서는 대보름 3일전에 이미 만들어진 고를 메고 풍물을 치면서 인근마을인 월포, 두곡, 흥덕, 우형, 홍현마을을 차례로 돌면서 대보름날 '줄싸움' 하자고 시비를 걸며 약을 올린다. 그러면 각 마을에서는 마을 회의를 열고 고를 제작하기에 이른다.

(3) 줄싸움

6개 마을에서는 정월대보름날이 되면 각 마을에서 만들어 놓은 고를 메고 석교마을 앞 제일 넓은 논을 향하여 노래를 부르고 풍물을 앞세워 모이게 된다. 모이면서 상대편들의 사기를 염탐하고 자기 힘보다 약하다고 느껴지는 상대를 골라 즉시 돌진하여 '줄싸움'을 한다. 6팀 중 3팀은 이기고 3팀은 지는데 진 팀은 재도전을 하지 않고 자기마을과 가까운 마을을 응원한다.

이긴 3팀 중 주관인 석교마을을 제외하고 2팀이 승부를 가리게 되면 석교팀과 이긴 팀은 줄다리기로 들어간다. 이 때 역시 진 팀은 자기마을과 사이좋은 마을 팀에게 가서 응원을 한다.

(4) 대동놀이

'줄다리기' 가 끝나면 6개 마을은 승부와 관계없이 각 마을에서 장만하여 온 음식을 들면서 하루종일 춤을 추며 즐겁게 보낸다.

5. 맺음말

'석교줄싸움놀이' 의 필요인원은 약 200여명으로 되어 있어 남면 석교줄싸움 민속놀이 보존회와 남면사무소는 공동으로 석교를 중심으로 한 6개 마을과 면내 단체를 최대한 활용할 수 있는 방안이 마련되어야 하고 연습장소는 남면 남명초등학교 운동장으로 했지만 많은 인원이 나올 수 있는 곳이라야 연습이 가능하리라 본다.

한 팀당 줄 꾼 30여명, 깃발 드는 사람 6팀에 3명이 필요하고 풍물이 6팀에 5명씩 필요하니 최소 한 팀이 120명 내지 180명이 필요하다. 이들이 연습에 모두 나와 주어야 하고 최소 7일 내지 10일간의 연습기간도 필요하니 연습일정 잡는 것도 과제 중의 과제라 할 수 있다.

다음 소품마련도 문제이다. 고 7개, 깃발, 풍물, 장승제 준비물, 한복, 짚신, 머리띠, 마을표시 깃발 등 행사용 소품 제작도 신경써야 한다.

창선상여놀이

1) 상례의 어제와 오늘

우리나라는 여러 유형의 상례가 관행되어 왔다. 보편적으로 관행되는 상례를 살펴보면, 무속적인 상례와 불교식 상례, 유교식 상례, 기독교식 상례절차가 있다. 물론 이들 상례들은 서로 혼합되어 나타나기도 한다. 그러나 그 중에서 오늘날에는 가장 보편적으로 관행되고 있으며, 전통적인 상례방식의 대표적인 것은 유교식 상례이다.

유교식이 보편적으로 된 까닭은 유고가 규정한 사례(四禮)중의 하나가 상례이고 상례를 비롯한 사례를 조선시대의 사회적 규범으로 받아들여 그 준행을 법제적으로 강요했기 때문이다.

더구나 이미 관행되고 있었던 무속적인 상례가 인간의 죽음을 영혼이 이승에서 저승으로 가는 것으로 믿는 내세관의 바탕위에서 행해지고 있었고, 그것이 유교의 상례가 가진 죽음에 대한 관념과 유사했기 때문에 커다란 문화적 충돌 없이도 유교식 상례가 정착할 수 있었던 것이다.

유교식 상례가 우리나라에 유입된 구체적인 시기는 고려 충렬왕시대에 안향(安珦)에 의하여 『주자전서(朱子全書)』가 들어오고, 『가례』도 함께 연구되면서 부터이다.

그러나 이때는 일부 지배층에 의하여 시행되고 논의되었을 뿐 확산되지는 않다가 조선시대에 접어들면서 유교를 사회의 지도이념으로 확립하기 위한 목적과 더불어 상례를 포함한 유교식 관혼상제의 사례가 지배층에 의하여 시험되기에 이르렀다.

『한국민족문화대백과사전』(11권)[38] 에는 "이 때 피지배층의 관혼상제로 유교식으로 행할 것을 규정하였지만 그 활발한 시행은 조선후기에 와서 였다. 그 사이는 시행에 대한 지배층 내부의 논쟁을 통하여 이론적인 근거를 마련하는 시기였다. 그 결과 등장한 것이 주희의 『가례』에 대한 학문적 연구경향으로서 유학자들 간에 예학이 논의되기 시작하였다.

이러한 학문적 관심은 1659년 효종이 죽었을 때 인조의 계비인 자의대비의 복제를 일년으로 할 것인가, 3년으로 할 것인가에 대한 논쟁인

38) 『한국민족문화대백과사전』 한국정신문화연구원, 1991, 478쪽.

기해예송(己亥禮訟)에 까지 이르렀다. 이러한 예송을 통하여 예학은 활발한 진전을 이루었지만 이론적 근거에 대하여는 의견의 일치를 보지 못한 채, 결과적으로 주자의 『가례』의 내용을 어기지 않는 범위 내에서 각각 다르게 행하게 되었다. 여기에서 가가례(家家禮)란 말이 나오게 되었다."고 했다.

좀 인용이 길어졌지만 유교식상례는 그 후에도 시행되지는 않았다. 그 이유는 예로부터 시행해온 비유교적 상례의 보수성과 유교적 상례의 지나친 형식성과 복잡성이 원인이었다.

유교적 상례를 중심으로 하면서도 그것을 실용적으로 단순화 하는 방향에서 상례는 행하여져 왔다. 따라서 현행의 유교식 상례에는 비유교적인 요소가 포함되어 있다.

그러면 남해에서는 상례가 어떻게 도입되었는가? 정의연은 「남해상여와 상여소리」[39]에서 조선영조 47년(1771)에 남해로 유배된 후송(後松) 유의양(柳義養)의 『남해문견록(南海聞見錄)』을 인용하고 있다.

"어버이의 장례를 모실 때에 수 일전을 기하여 집에 차일을 치고 술과 고기를 많이 장만하여 동리사람들을 모아 각별히 많이 먹이고 무당과 경재인(經才人, 재앙을 없애기 위해 경을 읽어주는 일을 업으로 하는 사람)을 모아 아침부터 밤이 되기까지 굿을 하고 새벽에 발인하여 갈 때에 북과 장고를 치며 피리와 저를 불어 상여앞에 인도하여 산까지 가니 장수(葬需, 장례물품)는 부주받는 일이 없고 장사지낼 때에 산신께 폐백을 드리는 이가 없고 돌아와 제사를 한 번 지내는데 제사이름은 '넋제'라고 하였다.

대범 장사에 주육(酒肉)과 풍류(風流)를 착실히 한 후에야 이웃사람들이 '장사를 잘 지내니 그 상인(喪人)이 착하다' 하고 장사를 약간 잘

39) 정의연, 「남해상여와 상여소리」, 남해상여소리보존회, 2005, 31쪽.

차려 지내어도 풍류와 주육이 착실하지 못하면 '장사를 잘 못 지냈다' 하고 꾸지람이 많다고 하였다. 그 이야기를 들으니 우습기도 하고 그지없이 해괴하여 놀랍기까지 하였다고."

위의 재인용 유의양의 설로만도 남해의 상례는 유교적인 상례에 우리의 토속신앙적인 것이 습합되어 있었음을 알 수 있다.

그런데다 이 글에선 장례는 여러 날 동안 집에 무당과 경재인을 들여 굿을 하고 경을 뇌이게 했다는 점에 주목할 필요가 있다.

곧 이 내용가운데는 유교적인 것과 토속신앙적인 것 외에도 불교, 도교적인 것이 내포되었음을 짐작케 한다. 그리고 또 한 가지는 새벽 발인하여 갈 때에는 북과 장고를 치고 피리와 저를 불었다는 일이다. 피리와 저는 분위기를 돕는 악기라면 북과 장고는 흥을 돋우는 가락이다. 그렇다면 상여가 나가는 동안 춤과 노래가 곁들였다는 증거가 된다.

'상여소리' 가 있었다는 것이다. '상여소리는 현대로 오면서 붙여진 이름이다. 예전에는 장례 때 상여를 메는 사람을 상여꾼이라고 하지 않았다. 향도꾼(香徒一)이라 했다. 향도는 불교도 곧 스님(佛僧)들을 의미한다. 향두가(香頭歌)란 '향도' 가 '향두' 로 변한 것이 아닌가? '향두가' 는 바로 장송가, 상여꾼의 노래가 아닌가? '상여소리' 는 향도가, 향두가, 상도가, 상여메김소리, 요령잡이소리, 회심곡, 만가(輓歌), 설소리, 상부소리, 행상소리, 옥설개 등으로 부르기도 한다. 그렇다면 '상여소리' 는 언제 불려진 것일까?

2) 상례와 상여놀이

앞에서도 보았지만 우리나라의 상례는 전통적으로 유교식 상례를 바탕으로 하면서 토속신앙적, 불교적, 도교적인 요소들이 그 속에 용해, 변형되어 있다.

『예서』에 보면 상례가 19절로 나누어져 있다.

(1) 초종(初終) : 임종이 가까우면서부터 임종한 직후까지의 과정이다. 임종준비, 초혼, 시체거두기, 상례의 소임분담, 관 준비에 대한 내용을 기술하고 있다.

(2) 습(襲) : 시체를 목욕, 의복을 입히는 순서이다.

(3) 소렴(小殮) : 옷으로 머리를 받치고 양어깨를 채운 다음, 다리와 무릎사리에도 옷을 끼우고 남은 옷으로 시신을 덮어 네모지게 한 다음 이불을 덮는다.

(4) 대렴(大斂) : 소렴 다음날 관을 들여와 시신을 염하여 관에 넣고 관 뚜껑을 덮고 천으로 싸서 묶는다.

(5) 성복(成服) : 대렴 다음 날 상제들이 상복을 입는다. 옷 입는 절차가 상세하게 기록되어 있다. 성복이 끝나면 맏상주가 제주가 되어 '성복제(成服祭)' 를 지낸다.

(6) 조상(弔喪) : 성복 후에 조문객을 받는다.

(7) 문상(問喪) : 상제가 먼 곳에 있다가 상사를 들었을 때 행하는 절차, 부모의 상이면 우선 곡하고 옷을 바꿔 입고 곡하고 도중에 곡하고 집이 보이면 곡하고 영구앞에서 곡하고 상복 갈아 입고 곡한다.

(8) 치장(治葬) : 장지와 장일을 정하고 장지에 가서 광중(壙中)을 파고 신주 만드는 절차를 말한다.

(9)천구(遷柩) : 발인전일 영구를 사당에 옮겨 고하고 다시 안채 마루로 옮기는 것을 말한다. 이 절차는 거의 소멸되고 발인 전날 저녁 '일표제' 만 지낸다.

(10) 발인(發靷) : 아침에 상여를 꾸미고 영구를 옮겨 신는다. 다음 '견전' 을 올린다. '견전' 이란 영구가 떠날 때 지내는 제사이다. 이어 방상(方相)씨 2명을 앞세워 상여가 출발하는데 친한 손님은 길가에서 상여를 멈추게 하고 전(제)을 드리기도 한다. 그러나 실제 관행에서

는 '견전' 대신에 '발인제'를 지낸다. 상여가 출발하여 가다가 친구 집 앞을 지날 때는 친구가 상여를 멈추게 하고 길거리에 상을 차리고 '노제(路祭)'를 지내기도 한다.

(11) 급묘(及墓) : 상여가 장지에 당도하여 매장하기까지의 절차이다. 상여가 장지에 도착하면 영구를 광중의 남쪽에 모시고 상주들은 광중의 양옆에 서서 곡을 한다. 다음 상주들이 곡을 멈추면 영구를 광중에 내리게 된다. 그 다음 발인할 때 영구의 앞뒤에 세우고 간 구름무늬를 그린 부채 모양의 물건, 운불삽과 현훈을 광중에 넣으면 상주는 재배하고 복인은 곡을 한다. 그 다음 광중위에 횡판을 펴서 영구를 가리고 석회와 흙으로 광중을 채운다. 묘옆에서 묘지 신에게 고하고 지석을 묻는다. 흙이 다 채워지면 영좌에서 신주에 글을 쓴다. 축관이 신주를 영좌에 두고 혼백은 뒤에 둔다. 그리고 상제들은 영좌 앞에서 재배하고 곡을 한다. 다음에 축관이 신주를 영여에 모시고 혼백도 그 뒤에 모신다.

(12) 반곡(反哭) : 집으로 혼을 모셔오는 절차이다. '반우'라고 한다. 장지에서 신주와 혼백을 영여에 모시고 축관이 분향한 후 반곡을 한다. 상주일행은 집에 도착토록 곡을 하고 집에 도착하면 상청을 마련한다.

(13) 우제(虞祭) : 시체를 매장하여 혼이 방황할 것에 대비 위안을 드리는 의식이다. 우제는 초우제, 재우제, 삼우제 세 번이 있다.

(14) 졸곡(卒哭) : 삼우제 지낸 뒤 강일에 제를 올린다.

(15) 부제(祔祭) : 신주를 조상곁에 모실 때 지내는 제사이다. 졸곡 다음날 행한다.

(16) 소상(小祥) : 초상으로부터 13개월, 즉 1주기에 지내는 제사

(17) 대상(大祥) : 초상으로부터 25개월 즉 2주기 제사이다. 소상 때 탈상을 안했으면 이때 탈상한다.

(18) 담제(禫祭) : 초상 후 27개월 사당에서 제사지내고 담복으로 바꾸어 입는다. 이때부터 음주와 육식이 허용된다.

(19) 길제(吉祭) : '담제' 의 다음 날 정일이나 해일을 택해 지내는 제사이다. 이 날을 길복이라 하여 평상복으로 바꾸어 입는다. '길제' 가 지나야 부인과 동침이 가능하다.

『예서』에는 사람이 세상을 떠나면 석달 만에 장사를 지낸다고 되어 있다. 얼마나 상가 생활이 어렵고 고단했을까 생각하게 된다.

'상여놀이' 는 상례의 엄숙함 때문에 상여꾼들이 연습을 철저히 하다 보니 슬프고 괴로워하는 상주들을 달래주기 위해 '상여놀이' 가 만들어졌을 가능성도 있다.

또 이런 생각도 든다. 현세에 이룩하지 못한 행복을 저승에서라도 행복하라고 온갖 정성을 다하는 데서 이런 놀이가 만들어졌을 것이다.

'상여놀이' 는 위의 10)발인 하루 전인 9)천구에 상여꾼들이 빈 상여를 메고 친척집이나 마을을 돌아다니며 발을 맞춰보고 노래를 불러보고 하는데서 부터 시작, 상여가 집을 떠나 산으로 가서 광중에 관을 내리고 흙을 넣어 다지고 신주와 혼백을 모시고 떠날 때까지이다. 9)천구 10)발인, 11)급묘까지 이틀동안 행해지는 놀이이다.

옛날에는 이 '상여놀이' 가 호상 때에만 행하였다고 하지만 현대로 오면서는 그것과는 관계없이 행하기도 했다. 그리고 이러한 놀이는 전국적으로 다 퍼져있었고 그 놀이의 형태와 지역적 특성에 따라 이름도 가지가지였다.

경기도 충청도에서는 저녁에 횃불을 들고 골목길을 밝히며 아들과 딸 그리고 친척과 친구 집 등을 도는데 '손모듬' 또는 '길걸이' 라 불렸다. 전남 진도에서는 이를 '다시래기' 라고 하였는데 첫 과장에 가상제가 상제를 희롱하고 웃기는 놀이를 하고 둘째 과장엔 소경인 거사와 중, 사당의 삼각관계를 풍자한 놀이를 펼친다.

전라도는 '다시래기' 외에는 '대뜨리', '대어린다', '상여 흐른다' 라고 부르기도 했다.

황해도는 '생여도듬' 이라 하여 상여를 메고 북과 장고를 치면서 아들 · 딸의 집 등을 돌아 다녔고 경상도는 '개도둠' 이라 하여 집밖의 넓은 공터나 집안마당에서 북을 치고 '상여소리' 를 하기도 했다.

이런 여러 가지 이름으로 불렸던 '상여놀이' 는 유의양의 『남해문견록』에 밝힌바와 같이 '아침에서 밤이 되기까지 굿을 하고 염불' 을 하였으며 슬픔에 잠긴 상주들을 달래기 위한 가무극이나 인형극을 보여주어 문상객까지 즐길 수 있게 해 주었던 것이다.

이러한 상가에서의 놀이는 우리나라 뿐 아니라 불교와 유고를 숭상하는 나라에서는 공히 볼 수 있는 것이다.

뿐만 아니라 출상하여 묘로 행하는 상여도 호화스럽게 꽃상여를 꾸미고 앞에는 방상(方相)씨 가면을 쓴 사람들이 나서고 상두꾼들은 '상여소리' 를 부르며 앞으로 나가는 모습은 저승길도 삶의 길과 진배없다는 것을 잘 표현해 주고 있는 것이다.

3) 남해 상여놀이의 오늘이 있기까지

남해 각 마을이 예전에는 상여깐이 따로 마련된 곳들도 있었고 마을마다 상두계가 조직되어 있었다고 한다. 그러나 6.25동란이 있었고 60년대에 서양문화가 급속히 들어오면서 유교를 바탕으로 치러지던 상례가 기독교적인 상례로 점차적으로 전파되면서 기존 상례 자체는 축소되어 갔다.

특히 1961년의 의례준칙과 1969년의 가정의례준칙의 제정은 상례절차와 상복제(喪服制)를 대폭 간소화하는 계기가 되었다.

운구수단도 상여대신 버스나 승용차로 바뀌었고 그렇게 되면서 상여는 차츰 멀어지고 상두꾼들의 상여소리도 듣기 어렵게 되었다.

그나마 도시는 1960년대에 완전히 자취를 감춘데 비해 농촌이나 어촌은 6, 70년대까지 보였으나 이젠 농촌도 어촌도 두메산골도 상여를 구경하기는 어려운 형편이 되었다.

서울 암사동(바위절마을)의 '쌍상여 호상놀이' 경기도 용인 상여놀이, 파주 회다지소리, 강원도 횡성 회다지소리, 철원 상여소리, 충청도 논산 상여소리, 제천 희다지소리, 경상도 대구 상여소리, 영풍 상여소리, 전라도 김제 상여소리, 진도 다시래기, 곡성 상여소리 등이 복원과 재현에 의해 민속으로서 들을 수 있고 볼 수 있을 따름이다.

남해향토역사관장 정의연의 설[40] 을 보면 "남해의 전통상여와 상여소리에 관심을 가지고 틈틈이 수소문하여 목상여를 제작했던 기능자와 상여소리 기능자를 찾아 기록하고 자료조사를 하면서 녹취하였다. 조사결과 남해에는 유일하게 한 분의 상여제작자와 다섯 분의 상여소리 기능자가 있어 그나마 다행으로 생각했고 이 분들이 마지막 상여소리 기능자일수도 있다."고 하였다. 여기서 밝힌 한 명의 상여제작자와 5명의 상여소리 기능자란 상여제작에 유천준과 소리에 정용환, 김봉진, 김봉원, 정철진, 장삼종 등이다.

정의연은 '상여놀이' 의 재현에 대해 "전국상여에 관하여 연구하고 있는 손태도는 전국 상여를 조사하면서 남해 상여는 어느 지역보다 화려할 뿐 아니라 앞으로 상여연구과제로 가치성이 높다고 했다. 물론 지역마다 약간의 차이점이 있지만 남해 상여는 비슷한 것이 아니라 특별하다고 해야 옳을 것이다. 그래서 상여제작에 기능을 가지고 있는 유천준(남해읍 남산동)에게 자문을 구하여 상여를 복원하였고 필자는 상여

40) 손태도 · 정의연, 「남여상여와 상여소리」, 남해군 · 남해창선상여놀이 보존회, 2005, 29쪽.

소리 기능자를 찾아 녹취를 하였으며, 상례 때 행하던 행위를 조사해보았다. 이러한 자료를 종합하여 자료집을 발간하기에 이르렀고 상례를 보존 계승하고자 창선면 단항마을에서는 마을이장(김치구)을 비롯하여 임원들이 뜻을 모아 '남해창선상여놀이 보존회'를 결성하고 본 마을에서 전통으로 전래된 상례를 재현하여 2005년 경상남도 민속예술축제에 출품하게 되었다."[41]라는 것이다.

'남해창선상여놀이'에 대한 정의연관장의 복원 및 재현에 대한 관심은 1990년대부터 시작된 것으로 여겨지나 실제 복원은 2000년대 들어서면서 상여의 복원과 함께 상여소리 조사에 실제 들어간 것으로 보인다. 상여소리를 녹취한 것은 정용화(04,11,25), 김봉원(04,12,1), 정철진(05,3,19), 장삼종(05,6,13)의 상여소리를 녹취한 것을 근거로 보면 그렇다. 물론 정의연은 5명에 머문 것은 아니고 남면 단항리, 고현면 오곡리 고근포, 정상접, 고민포, 고완포, 설천면 진목리 김화도, 정태일, 고현면 선원리 이창문, 서면 서호리 김완식, 삼동면 영지리 최봉률, 고현면 남치리 박한진, 이동면 초음리 이몽주 등의 상여소리를 듣고 정리 체계화하다 보니 '남해 창선 상여놀이'의 상여소리로 정리된 것이 아닌가 여겨진다.

남해 전통 상여가 2004년 11월 20일까지 5개월간에 걸쳐 손태도 고증, 유천준 기술지도, 조현재 제작으로 만들어지니 놀이의 복원은 쉽사리 이루어질 수 있었던 것이다.

특히 앞에 인용된 유의양의 설과 손태도의 한국상여 연구는 남해 상여놀이의 복원 기틀이 되었던 것이다.

'남해창선상여놀이'는 정의연의 지도로 복원된 2005년 7월 8일부터 7월 9일까지 있었던 제 33회 경상민속예술축제에서 재현되어 주목

41) 손태도, 장의연의 앞의 책, 56쪽.

을 끌게 되었다. 당시 출연자는 다음과 같다.

총괄 : 김치구(단항 이장)

대표기 : 강영길

앞소리 : 장삼종(재인)

상주 : 박수범, 박천석

집사 : 박유달

딸 : 유금향, 김정희

사위 : 김정채

명정 : 박수동

공포 : 박모준

운불삽 : 박유범, 김주선

만장 : 박성기, 정종진, 백철규, 이준상, 이기봉, 박정옥, 김준옥, 이명안, 강상기, 정영갑, 김용덕, 김치구

풍물 : 박규남, 박해동, 박근동(징, 북, 장고)

영여 : 배성준, 서윤영

상두 : 정육생, 오세진, 박석해, 강진호, 박경섭, 김동철, 배석준, 장동석, 김봉래, 박석진, 박우근, 박정문, 박한협, 오세영, 박병호, 박미봉 외 보조 및 준비요원으로 마을노인회와 부녀회에서 협조

그 후 '창선창여놀이' 는 연습에 연습을 거듭하였고 2005년에 이어 2006년 11월 17일부터 18일까지 노량에서 행해진 '이충무공 노량해전 승첩제' 에 18일 오후 1시 30분부터 행한 프로그램 '노량해전 재현' 에서 전사한 이충무공을 부두에서 운구, 상여에 옮겨 충렬사까지 운행하는 것을 보여주는 등 민속으로서의 '상여놀이' 의 가능성을 보여주고 있었다.

4) 복원된 창선상여놀이

(1) 상두꾼과 향두가(상여소리)

김성배(金聖培)의 『향두가 성조가』에 보면 "향두가는 원시상고시대에 형성되었으며 이에 대한 기록으로 『삼국지』위지 동이전의 고구려장식가무조(高句麗葬式歌舞條)에 전한다. 이후 조선시대의 『성종실록』에도 가무오신(歌舞娛神)의 장송행사에 관한 기록이 전한다"고 하고 향두가의 구조에 대해 밝히고 있다.[42)]

"서두(序頭), 본사(本詞), 후렴(後斂)의 세단계로 구성된다. 서두사는 선창자가 요령을 흔들며 구슬픈 목청을 내어 부른다. 이 세상을 하직하고 영영 떠남을 고하는 것과 인간이 만물의 영장임을 과시하는 내용의 선창이 많다. 또한 이 서두에는 선창자의 경험, 직업, 연령, 지식의 정도와 그날의 일기, 상가의 상황, 고인의 상황 등을 참작하여 그 때 그 때 적절히 즉흥적으로 가창하는 경우가 많다.

본사(本辭)는 인생, 작별, 신선, 진리를 비롯하여 유, 불, 도교적인 심신표현과 고인의 생전 이력, 인품, 덕망, 업적, 저승에 가서의 생활 등 광범위하게 부른다. 때로는 비통, 애절하게, 때로는 희망과 광명이 넘치게 〈회심곡〉에 나오는 고사와 중국의 고사를 인용하여 가창한다. 이 본사도 선창자가 부르는데 기분에 따라 즉흥적인 가창도 하게 된다.

후렴은 향도들이 선창자가 한 구절을 부른 다음, 그 뒤를 엄숙하고, 정중하고 구슬프게 또는 천천히, 빨리 제창한다. 후렴은 지방마다 독특한 말과 사투리로 가창한다. 별다른 뜻이 없이 감탄과 흥을 돋우기 위한 무의미한 사설이다. 특기할 것은 후렴의 대부분이 모음 이행의 말을 사용하고 있다.

---

42) 김성배, 『향두가 성조가』, 정음사, 1997 참조.

형식은 서두와 후렴을 제외하고는 거의 4 · 4 · 4 · 4조의 단조로운 정형형식이다. 가사의 장단은 지식, 당일의 기분에 따라 다소 다르지만 대체로 같다."고 하였다.

인용이 좀 길어졌다. 위의 내용으로 보면 선소리를 하는 상두꾼은 '상여소리' 를 모두 익혀 놔야 하고 즉흥적으로 가사를 창출해 낼 수 있는 기능이 있어야 한다. 그래서 상여를 메고 가는 사람들은 전문적이어야 '상여놀이' 가 더욱 흥겹게 되는 것이다.

또 하나는 상두꾼의 숫자가 어느 정도냐에 따라 전체적인 분위기가 달라지고 상여를 메고 갈 때는 오르막길, 내리막길, 오솔길, 다리건너가기 등 발을 맞추어 걸어야 하기 때문에 훈련이 필요한 것이다. 전통적인 상두꾼의 조직이나 구성, 그리고 그 관습은 조선시대 초기에 형성된 것으로 보인다. 상두꾼의 수효는 상여의 종류에 따라 다르다.

왕의 장례인 국상 때는 대여(대형상여)를 사용해서 선소리꾼까지 33~65명의 상여꾼이 동원되었고 같은 국상이라도 험한 길에 사용하기 위해 소여를 사용할 때는 17~33명의 상두꾼이 동원되었다.

민간에서 사용하는 상여는 13~25명이 동원된다. 남해의 상여는 16명, 8명씩 2열로 상민만 상두꾼이 될 수 있었다. 그러다 갑오경장이후 신분제도가 타파되면서 하층민만 상두꾼이 되는 전통은 없어지고 촌락단위나 친족단위의 상두꾼이 동원되었다.

대개의 촌락에는 촌락단위로 상두계가 조직되어 있다. 그리고 규율도 정해져 있다. 만약 참여치 않으면 범칙금을 내는 곳도 있고 다른 사람으로 대치하기도 한다. 또 마을이 큰 곳에서는 두 파트로 나누어 격번제로 상여를 메기도 했다.

복원된 창선상여놀이는 앞에서 보았듯이 16명이 두 패로 나누어 8명은 상여 오른쪽, 또 8명은 상여 왼쪽에 나란히 서서 줄지어 움직이게 되어 있다.

(2) 창선 상여놀이의 상여소리

정의연의 기록[43] 중 '해설' 부분에 의하면

① 헛상두 어르기(상례 · 상주 위로 연희)

고인이 사망하면 빈소를 마련하고 무속인(巫俗人)과 경재인(經才人)을 불러 고인의 명복을 빌고 마을사람들은 상여집에서 상여도구들을 마을 회관이나 발인제 장소로 이동하여 조립한다. 출상 하루 전날에 상두꾼과 풍물은 상여채를 메고 마을을 돌며 발맞추기를 하고 호상일 때는 상주들의 슬픔을 위로하기 위해 웃기는 행동까지 한다.

② 발인

고인의 명복을 비는 상례로써 상주 · 친인척과 참례인들이 예를 하고 예식이 끝나면 앞소리 재인과 풍물에 의해 상여를 선상으로 인도한다. 이 때 앞소리 재인의 선창을 재인이 주위의 분위기에 따라 의도대로 창을 한다.

③ 마을길로 갈 때

내용은 앞소리 재인에 따라 다르다. 앞소리 선창은 요령을 치며 홀로 부르지만 후창은 상두꾼 전체가 부른다. 후창은 이 부분에서 같다. "너하넘 너하넘 어가리넘차 넘하넘"

선창가사

너하넘 너하넘 어가리 넘차 넘하넘
천지생전 사람 나고
사람 생겨 글망 중에
뜻정 자 이별별자

43) 손태도 · 정의연 같은 책 58~60쪽.

어이하여 내었는고
뜻정 자 내었거든
이별별자 내지 말거라
이 두 글자를 내인 사람은
아무도 나를 두고 낸 것인가
그님이 떠났을 적에
지어주고 가신 자가
거문고에 올라타니
탈적마다 한이 맺혀
눈물마저 뜨도어진다

이상의 내용을 보면 앞에서 밝힌바 구조상으로 '서두'에 해당하는 내용이다.

④ 출상

앞소리와 뒷소리 장단에 맞추어 풍물을 울리며 마을을 떠나 논길과 외길, 언덕길과 다리를 건너고 장지에 오를 때 가파른 언덕을 올라 장지에 도착한다.

○ 외다리나 좁은 길을 지날 때(상부채를 맨다. 앞소리 재인에 따라 다르다.)

앞소리	뒷소리
외나무 다리를 건너갈제	어허넘차
상두꾼들은 상부채를 전부메고	어허넘차
좌우양반 떨어졌고	어허넘차
연해연방 솟아있고	어허넘차

왼쪽에는 낭떠러지고	어허넘차
우쪽에는 솟아있고	어허넘차
연해연방 솟았구나	어허넘차
궁글돌 많고 바침돌 많네	어허넘차
뒷산은 점점 멀어지고	어허넘차
앞산은 점점 가차와 온다	어허넘차
중용일봄 주산이라	어허넘차
좌우양봄 용호되고	어허넘차
궁좌산이 환산되니	어허넘차
산봉아 반원형이니	어허넘차
내가 즉시 분명하다	어허넘차

○까끄막(비탈길)오를 때(앞소리 재인에 따라 다르다.)

앞소리	뒷소리
어허넘차 어허넘차	어허넘차 어허넘차
죽장마녀	어허넘차 어허넘차
담포자로	어허넘차 어허넘차
천리강산 들어가니	어허넘차 어허넘차
폭포도 장이좋다.	어허넘차 어허넘차
유산경치 여기로다.	어허넘차 어허넘차

이상 출상의 외나무다리나 좁은 길 지날 때 부르는 상여소리나 비탈길 오를 때 부르는 상여소리는 '본사'에 해당하는 내용이다.

⑤ 하관 및 뫼다지기

하관하여 흙으로 덮을 때 상주, 상두꾼들은 서로 밟아서 다지며 이 때 앞소리 재인이 부르면 뫼다지기꾼들이 따라하며 다진다.

앞소리	뒷소리
어-랑승승 괭이요	어-왕승승 괭이요
이 괭이가 누괭이냐	이 괭이가 누괭이나
남대방내 괭이로구나	남대방내 괭이로구나

이 부분이 '후렴' 부분이 된다.

⑥ 망자 영정봉안

묘의 봉분을 만든 다음 집으로 돌아와 망자의 영정을 모시고 마지막으로 '넋제' 를 지낸다.

(3) 창선 상여놀이의 재현 진행과정

여기 소개하는 진행과정은 '남해창선상여놀이보존회' 가 2005년 경상남도 민속예술축제에 출연했을 때의 재현진행과정이다.

(1) 입장

각 군에서 나온 대표적인 작품들이 놀이 명칭을 기록한 깃대를 선두로 일렬 종대로 배열해 있는 가운데 맨트 흘러나온다.

해설자(소리) : 지금부터 남해 '창선상여놀이' 일명 '헛상두어르기' 민속을 시작하겠습니다. 남해 '창선 상여놀이' 는 남해 전 지역에서 30여년전까지 상례 때 행하던 것이었으나 가정의례준칙에 의해 상례의 간

소화로 점점 소멸되었습니다. 그러나 호상일 때는 풍습이 그대로 이어지는 마을과 가정도 있었습니다. 지금 입장하고 있는 형태는 출상 하루전날에 앞소릴꾼과 상두꾼이 망자를 편안하게 모시기 위해 상여채를 매고 마을길을 따라 '헛상두어르기' 민속을 시작하겠습니다.

남해 '창선상여놀이'는 남해 전 지역에서 30여년전까지 상례 때 행하던 것이었으나 가정의례준칙에 의해 상례의 간소화로 점점 소멸되었습니다. 그러나 호상일 때는 풍습이 그대로 이어지는 마을과 가정도 있었습니다. 지금 입장하고 있는 형태는 출상 하루전날에 앞소리꾼과 상두꾼이 망자를 편안하게 모시기 위해 상여채를 메고 마을길을 따라 '헛상두어르기' 하는 모습입니다.

위의 기록에 의하면, 조선 영조 47년인 1771년에 후송(後松) 유의양이 남해로 유배와서 저술한 『남해문견록』에 이르기를 무당과 경재인을 모아 굿을 하고 발인하여 북과 장고를 치며 피리와 저를 불어 상여를 인도한다고 하였고 감암마을 초상 때 노령마을에서도 초상을 당하여 강쇠와 북을 울리며 장지를 향하여 가는 내용이 나옵니다.

이러한 사실을 볼 때, 남해에서는 슬픔에 젖은 상례 때 풍물도 사용하였다는 것을 알 수 있습니다. 남해 '창선 상여놀이'의 특색을 3가지로 말할 수 있다.

첫째, 풍물이 상여를 인도하는 것이다.

둘째, 출상, 하루전날에 풍물과 상두꾼이 '헛상두어르기'를 한다는 점.

셋째, 상여는 원목을 조각하여 수공으로 제작하였는데 2단과 3단 전 · 후 · 좌 · 우 · 상단 모두가 화려한 조각으로 장식되었다는 점입니다. 제작하는 데는 목공 2명이 6~7개월 정도 걸린다고 합니다.

(이 때 입장한 상두 채에 상여를 조립한다. 요아와 깃발들은 반대편에 일렬로 선다.)

(2) 발인

해설자(소리) : 망자가 거주하던 자택을 떠나기 전에 '발인제' 를 올리고 있습니다. 특히 남해는 사면이 바다이기 때문에 바다에서 익사한 망자에 대해서는 무속인이 굿을 하기도 합니다.

(발인제 [주상 및 상주 봉작 · 고축 · 재배] 경재인 현송 [회심곡 · 불경], 무속인 무속)

(3), (4) 상여행렬

해설자(소리) : '발인제' 를 마치고 상여는 장지까지 출발하게 되는데 순서는 요여, 영정, 공포, 운불삽, 상여와 풍물, 상주, 만장 순입니다. 일렬로 서서 거처하던 집과 마을을 떠나게 됩니다. 요즈음 만장은 가정의례준칙에 의해 삼가토록 되어 있습니다.

(순서에 의해 앞소리꾼의 구령으로 상여를 메고 출발한다.)

(5) 나무다리 건너기

해설자(소리) : 마을에서 장지까지 이동하는 데는 외나무다리, 하천둑길, 논둑길, 좁은 길을 지나게 됩니다. 이 때 상여 안쪽 줄을 메고 앞소리꾼의 구령에 맞추어 상두꾼은 발을 맞추며 조심스럽게 건너갑니다. 넓은 도로나 다리를 건널 때는 사위를 상여채에 올리는데 사위는 망자의 노자 돈을 새끼줄에 걸기도 합니다.

(상여일행은 외나무다리를 건넌다.)

(6) 비탈길

해설자(소리) : 장지까지 가는 길에 비탈길, 좁은 나무사이길 등을 지날 때는 상주나 친인척들이 상여 앞에서 길을 만들거나 상여를 끌어 상두꾼과 힘을 합쳐 장지에 도착합니다. 남해 상여의 화려함은 신라시대나 고려시대에 불교가 매우 융성한 때 남해에는 사찰이 많아 목공과 단청 기능자가 있었고 조정의 고관들이 유배와서 지도한 영향이 미치지 않았나 추정해봅니다.

(상여 일행은 비탈길을 오르고 상여 길을 만든다.)

(7) 하관 및 봉분

해설자 : 남해에서는 하관하고 평토한 다음 봉분을 만들 때, 달구지를 사용하지 않고 상주와 상두꾼이 장지를 둘러서서 봉분을 만드는데 중심지점에 대나무를 꽂아두고 새끼줄을 달아놓습니다. 상주와 상두꾼이 흙을 퍼 모을 때, "어랑 승승 괭이요. 이 괭이가 누 괭이냐? 남대 방내 괭이로구나"하면서 봉분을 만들 흙을 모으고 다집니다. 이때에도 사위들이 새끼줄에 노자돈을 겁니다. 이 노자 돈을 걸 때 이 돈은 상주 집에 되돌려 준다고 하면 사위들이 많은 돈을 건다고 합니다. 이 돈은 상주 집에 부의금으로 주기도 하고 마을 기금으로 쓰기도 합니다.

(8) 상례완료

해설자(소리) : 모든 상례가 끝나면 상여는 분해하여 궤짝에 넣고 상여 채와 함께 마을로 돌아와 상여 집에 보관하게 됩니다.

(행사일행은 상여를 메고 퇴장한다. 시설물도 이 때 철수한다.)

(9) 퇴장

해설자(소리) : 상주는 망자가 기거하던 집으로 돌아와 '넋제'를 모심으로써 상례는 끝나게 됩니다.

이상으로써 남해 '창선상여놀이' 를 모두 마치겠습니다.

5) 맺음말

정의연은 '창선상여놀이' 의 특징을 다음과 같이 설명한다.

첫째, 호상일 때, 출상 하루전날 마을 상두꾼들의 '헛상두어르기' 와 경재인이 망자의 명복을 비는 행위를 한다는 점.

둘째, 출상일 때 풍물을 앞세워 풍물을 치며 장지까지 인도하는 행위로써 망자의 넋이 저 세상에서도 편안하게 지내라는 뜻을 포함하고 있다.

셋째, 상례가 끝나면 살던 자택으로 돌아와 상주와 친인척이 '넋제' 를 모심으로 모든 상례가 끝난다는 점.

넷째, 남해 상여는 전국 어느 곳에서나 볼 수 없는 화려한 목각장식으로 꾸며져 있다. 제작기간은 6~7개월 정도 걸리며, 방틀은 냇버들을 사용하였고 조각품들은 원목을 이용하여 수공하였다는 점이다.

이상과 같은 장점을 갖고 있음에도 불구하고 '창선상여놀이' 는 알려지지가 않았다. 그리고 영상물로 본바와 '노량해전승첩제' 행사의 한 프로그램으로 보았을 때 상두꾼들의 몸 움직임이 세련되지 못한 점이 보였다.

따라서 '창선상여놀이' 는 첫째 정기적인 훈련으로 세련된 몸동작을 보여주어야 겠고 둘째 동리의 호상일 경우는 현대식 상례보다 창선상여를 이용하도록 하고 이를 계기로 널리 홍보하야 겠다.

그리고 셋째는 상여소리의 가사를 더 많이 창출해 내는 일도 시급한 사항이라고 여겨진다. 이렇게만 된다면 '창선상여놀이' 도 민속놀이의 한 장으로써 서울 '바위절마을 쌍상여호상놀이'에 버금가는 민속으로 자리 잡을 수 있을 것이라 여긴다.

화전 농악

1) 화전 농악의 어제와 오늘

박영인(朴永仁)의 『남해화전농악자료집』에 의하면 화전농악의 유래에 대하여 세가지 설[44]을 들고 있다. 그 첫째가 유배문화설이고 둘째가 자생설, 그리고 셋째는 인접지방 전수설을 들고 있다.

"첫째, 유배문화설로는 우리 남해는 도서지방인 관계로 40여 명의 많은 분들이 여러 사건에 관련되어 이곳으로 유배를 오게 된 지방이다. 거기에 따라 부속식구(하인배, 종), 친인척, 은혜를 입은 사람들이 어느 일정기간동안 살았거나 일부는 아예 눌러앉아 살았다고 볼 수 있다. 이런 사람들 중에서 농악에 기능이 탁월한 사람이 전수를 시켰을 가능성이 높다 하겠다."고 하였다. 그리고 그 예로 상여소리와 농악질굿(길굿)을 들었다.

둘째, 자생설은 "유배문화의 영향을 받은 것은 인정하나 그 근본의 원천은 바꾸지를 못하고 그 원천 줄기가 남해고유 민속악으로 자연 발생되었다고 보는 견해이다."라고 하였다. 그리고 그 예로 남해 고유 농요와, 민속놀이를 들었다.

셋째, 인접지방 전수설은 "우리 남해 옛날 관문인 평산현과 인접한

44) 박영인,『남해화전농악자료집』(사)남해문화원, 1991, 27쪽

여수, 순천, 남원 등지에서 전수되었거나 일부 몇 가락을 따온 것이 남해 농악화 되었거나 노량의 관문과 인접한 진주, 창선과 인접한 삼천포 등지에서 추가 접촉되어 남해 농악화 되지 않았나를 유추해 볼 수 있다 하겠다."고 했다. 그리고 그 예로 전라좌도가락-갠지갱가락, 춤굿, 사채와 영남가락-자진다드래기, 법구놀이 등을 들었다.

그러나 『고현면지』는 '화전농악'의 유래에 대하여 다음과 같이 밝히고 있다.

"경남지방의 직업 연희집단으로는 초계밤마리 대광대패, 의령신반 대광대패, 진주 솟대쟁이패, 남해 화방사 중매구패, 하동 목골 사당패 등이 있었고 죽(竹)방울 받기, 풍물, 줄타기 등 전문연희 집단과 어울려 시장이 형성되는 곳이나 사람이 많이 모이는 곳과 연희를 요구하는 일이 있을 때 그 지역이나 지정하는 장소에 가서 연희를 했다."[45]고 전제하고 남해의 경우 중매구패에 근거를 두고 있다.

"남해에 있었던 화방사 중매구패도 연희집단으로는 꽤 유명하였던 것으로 보인다. 남해에는 신라 고찰인 화방사가 있었다. 1773년경의 화방사 소유재산은 토지가 630필지로서 35결 88부였다. 이 많은 토지가 남해 전역에 걸쳐 있는 것으로 보아 화방사의 재력 또한 컸기 때문에 경제적으로 큰 세력을 가진 집단이란 추측이 된다.

이러한 토지를 관리하기 위해 남해 전 지역에 화방사 소속 원(員)을 설치하여 관리하였는데 무려 33군데나 되었고 소재 지역은 현내면(남해읍)3, 이동면1, 삼동면2, 남면4, 서면3, 북면(고현 · 설천면)8, 이북면(고현 · 설천면)7, 삼북면(고현면)5 군데이다.

이렇게 번창한 화방사에서는 불자는 물론, 토지 관리자가 민간인이 되어 있었던 것은 사실일 것이다. 모든 것을 관리 · 운영하기 위해서는

45) 고현면지편찬위원회 엮음, 『고현면지』, 고현면발전협의회, 2005, 638~39쪽.

매구패의 형성은 자연스럽게 되었을 것이고 스님들로 구성된 매구패는 농경을 하는 민간인들을 위로하고 격려함은 물론, 화방사 법회시 많은 대중들을 즐겁게 하여 주기 위해 자연적으로 발생하였고 심지어는 전문 연희 집단으로 많은 사람이 모이는 곳에서 연희를 하였을 것으로 보여진다."고 하였다.

심우성(沈雨晟)은 그의 『민속문화론 서설』에서 "중매구(僧乞粒牌)에 대하여 걸립패가 명색만 사찰을 내세워 연희의 대가를 얻는다면 '중매구'는 일단 승려가 주동이 되어 조직된 명목상으로도 순수한 걸립패라 할 수 있겠다. 다만 승려들만으로는 풍물놀이가 중매구(탈놀이)에 익숙치 못한 까닭으로 일반인 가운데 능숙한 풍물잽이(농악연주자)와 탈꾼을 고용하는 경우가 많았다.

또한 '비나리' 대신 '천수경' 등 불경으로써 벽사진경을 기원한다. 연희종목도 간단하다.

풍물놀이(걸립패와 유사함)

불경(때와 곳에 따라 달라짐)

중매구(짤막하나마 대광대패의 오광대놀이와 유사하며, 주로 외부의 탈꾼을 고용했음)

중매구는 그들의 활동지역이 주로 경상남북도에 한정되고 있음이 특이하다. 그 밖의 지역에서 승려가 주동이 되어 걸립을 할 경우에는 걸립패를 기간을 정하여 고용하였음도 고로들에 의하여 증언되고 있다.[46]고 했다.

그러나 심우성의 설은 화방사와는 달리 내륙의 경우에 한한 것이라고 여긴다. 이 당시 화방사는 의식승들이 많이 포진하고 있어 악기나 춤에 능한 사람이 많았다고 한다. 화방사의 중매구패가 알려진 것은 그 때

---

46) 심우성, 『민속문화론서설』, 동문선, 1998, 494쪽.

문이다. 범패에 능한 스님이 있었는가 하면 법고춤, 바라춤, 나비춤 등에 능한 스님도 있었을 것이다.

다시 『고현면지』에는 "남해에는 각 마을에 매구가 있었고 마을 명칭을 붙여 '(마을명) 매구패' 라 불렀다. 전국적으로 매구, 매귀, 풍물 등으로 불리던 것이 일제 강점기를 당하여 대중적인 민속놀이를 금지함으로서 차츰 사라져 갔다."고 했다.[47]

결국 남해 각처에 산재해 있던 매구가 다시 나타난 것은 해방 후 민속놀이에 목마른 민중들에 의해서이다. 매구가 농악으로 불림에 따라 XX농악(단)이라 불렀다.

『고현면지』는 기능소유자 김태우옹의 기록과 증언을 통해 남해 농악을 이은 사람들로 "석교에 거주하고 있었던 한석동(1866~1943)옹이고 한석동으로부터 계속 전수된 자는 한희표(1884~1952), 한점석, 전찬기 등으로 전수되었고 그 이후는 김태우(석교)와 박희오(장항)로 이어졌다고 증언하고 있다."[48] 고 했다.

그리고 계속하여 "특히 한점석옹은 군내 농악보급을 위해 전 지역으로 전수하였다고 하며 인근 전남 여수에서 개최된 농악경연대회에서 최우수상을 수상하였다고 전한다. 서면 장항마을 농악단에서는 1974년 11월 15일 개천예술제 전국농악경연대회와 1986년 11월 3일 개천예술제, 1989년 11월 6일 개천예술제에 출품하여 우수상을 수상"[49] 하였다고 한다.

이즈음까지는 남면 석교 죽전마을에서는 김태우의 지도로 농악의 맥을 유지하고 있었고 서면 서상리 장항마을에서는 전찬기와 박희오가 농

47) 『고현면지』, 369쪽.
48) 『고현면지』, 639~40쪽.
49) 『고현면지』, 639쪽.

악의 맥을 잇고 있었다.

그러나 1980년대부터는 많은 이들이 도시로 빠져 나가 어려움에 봉착할 수 밖에 없었다.

"'화전농악'이라 불리게 된 것은 1991년도에 개천예술제 전국농악경연대회에 출품하기 위해 창선중학교 학생을 지도하면서 박희오(서면, 장항, 화전농악기능소유자)와 정의연(남해문화원 사무국장)은 군내 농악의 대표적인 명창이 없었기에 남해농악의 명칭을 '화전농악(花田農樂: 화전은 남해별칭)'이라 정하여 사용한 것이 오늘에 이르고 있다."[50] 고 하였다.

그러나 '화전농악'의 전문적인 조직적 형성은 그 이후에 비롯된다. 남해문화원에서 박영인에 의해 『남해화전농악 자료집』(1991)이 간행되었고 이즈음 남해화전민속악 연구회를 박영인은 창립, 그 회장이 되어 농악보급을 위해 군민을 상대로 농악전수를 시작하였다.

1992년 10월 7일 제24회 경상남도 민속예술경연대회에서는 노력상과 동시 상쇠 박희오는 도지사 개인상을 수상하였고 같은 해 11월 3일 개천예술제 전국농악경연대회에서는 대상을 수상하여 남해를 빛냈다.

현재 남해에는 서면에 화전농악 보존회가 있고 2002년에 창립한 고현면 농악단이 있다.

2) 농악대의 행렬순서와 진형태

(1) 행렬순서

대체로 전국의 농악대들의 입장순서나 또는 행렬순서를 보면 제일먼저 나팔수가 맨 앞에서 나팔을 불며 빠르게 앞으로 진군한다. 나팔은 3척 8촌으로 두·세토막의 놋쇠로 만든 관악기이다.

---

50) 고현면지, 639쪽.

다음 둘째로는 영기를 든 사람과 농기를 든 사람이 나선다. 영기수는 2명일 수도 있다. 영기는 2m 정도의 대나무 깃대에 끝에 삼지창으로 된 깃봉을 달며 깃봉 밑에는 창호지로 만든 지전을 달았다. 오색의 삼각깃폭을 달고 깃폭속에는 '영(令)' 자를 쓴 것이 한눈에 띈다. 농기는 길게 늘인 흰 농기 중(中)에 한문으로 '농자천하지대본(農者天下之大本)' 이라고 쓴 오색의 기이다.

셋째로 나서는 것은 호적수이다. 호적수는 태평소를 불며 나선다. 넷째는 꽹과리잽이 순서인데 상쇠(농악대의 지휘자)목쇠. 끝쇠 등 3명이 순서로 배치된다.

다섯째 순서는 3명의 징잡이가 나선다. 징잡이는 수징, 목징, 끝징 순서이다. 여섯째는 장구잡이 순이다. 장구도 설장구, 목장구, 중장구, 끝장구 등 4명이 순서대로 나선다.

일곱째는 북잡이로 수북, 목북, 끝북 순서의 3명으로 구성되어 있으며 여덟째는 법구잡이 순이다. 법구도 3명으로 수법구, 목법구, 끝법구 등의 차례이다.

아홉째는 잡색들의 순서이다. 잡색은 목총 메고, 털모자 쓰고 포수옷을 입은 대포수가 앞서고 정자관에 도복입고 담뱃대 물고 부채를 든 양반의 순서이다. 그 뒤로는 치마, 저고리 입고 수건을 쓴 각시가 나서고 맨 끝으로 송락쓰고 장삼입고 바랑을 멘 조리중이 나서게 된다.

모두 더하면 24명의 농악대 구성으로 되어 있다.

(2) 진형태

---

51) 박영인, 『남해화전농악자료집』, 42쪽.

진형태는 다음표[51]와 같다. ①나팔수와 ②기수, ③호적수 마당 한쪽에 자리잡고 지켜보고 ④⑤⑥⑦⑧⑨ 순으로 아래의 진형태를 갖추면서 상쇠의 신호에 따라 움직이게 된다.

명 칭	대 형	설 명
원진		일렬로 원을 만든다.
2중 원진		가운데 원은 꽹과리 잡이만 원을 그린다.
태극원진		일렬로 태극원을 그린다.
방울진(고동진)		나선형으로 감아돌아가는 진법
쌍방울진		2개의 나선형을 감아 돌아가는 진법
을자진		일렬로서 을자모양으로 행진
가새진		2열로 가새모양으로 행진
2개 원진		2개 원의 원을 악기별 소고, 잡색으로 나
2열		눠 원을 그린다. 2열 마주보고 짝드럼이나 춤사위 대열

3) 화전농악의 춤사위

농악은 농악인들이 흥에 겨워 추는 춤이므로 당일의 분위기와 조건에 많이 좌우된다. 그러나 이들 춤 가운데 보편화되었으면서 예술성이 짙게 풍기는 춤에는 다음과 같은 것이 있다.[52]

꽹과리 잡이-- 발림춤, 부포놀이 춤

장구잡이-- 설장구 춤

---

52) 박영인, 앞의 책, 42쪽.

부포-- 북군들의 춤

소고잡이-- 긴춤, 채상모놀이 춤

잡색 -- 잡색인들의 춤

위와 같은 춤의 종류가 있는데 이 춤들을 동작에 따라 윗놀이 춤과 밑놀이 춤으로 구별한다. 윗놀이 춤은 상모놀이를 위주로 한 춤이고 밑놀이 춤은 손짓과 발짓을 다양하게 움직여 추는 춤이다. 윗놀이 춤은 빠른 춤이기 때문에 전투적인 춤이라 하고 밑놀이 춤은 느린 춤으로 멋이 있고 낙천적이며 의젓한 춤으로 구분하고 있다.

(1) 꽹과리잡이 춤

주로 '판굿'에 잘 등장하며 농악진행의 신호로도 활용된다. '판굿'의 개인 놀이 때 상쇠 혼자 '부포놀이'나 꽹과리채를 들고 긴춤을 추기도 하고 목쇠가 이를 대신하기도 하며 때에 따라서는 쇠꾼전체가 추는 수도 있다. 뻣상모로 추는 부포놀이는 꽃봉오리처럼 아름답고 기교가 다양하여 박수를 많이 받는다.

꽹과리잡이 춤에는 발림춤과 부포놀이가 있다. 이들의 춤사위를 보면 다음과 같다.

① 발림춤

이에는 '좌우치기', '휘둘리기', '상하치기', '앉은걸음', '발사이로 손 모으기', '앉은 사위', '한발 들고 앞걸음', '앉은 좌우치기', '연풍대', '좌우치기로 앞걸음치기', '꽹과리채 던지기' 등이 있다.

② 부포놀이

어느 한쪽으로 부포를 돌리는 '외사' 가 있고 좌우로 번갈아 돌리는 '양사' 가 있고 왼쪽으로 두 번, 오른쪽으로 두 번 돌리는 '사사' 가 있다.

다음 '퍼넘기기'. '꾀꼬리상모(일사놀음)', '공중매기', '해바라기', '이슬털이', '전조시', '면돌이', '엇붙임', '마상개', '반드름', '연꽃놀이', '산치기', '돗대치기', '배미르기', '용개상모', '빠른 상모' 등 많은 종류가 있다.

(2) 장구춤

'설장구춤' 이라고도 하는데 기교는 단조롭고 주로 가락을 연주하는 것이 위주이다. 악기가 커서 왼쪽 허리에 따로 동여매어 흔들리지 않게 하고 춤을 춘다. 발동작이 많으며 손짓 춤은 장구를 치면서 간간히 할 뿐이다.

춤사위에는 '숙바더듬', '고깔더듬', '통돌림', '채바꿈치기', '사채', '궁굴채 던지기', '접시돌리기', '테돌림', '발림', '까치걸음', '엇붙임 걸음', '멍석말이', '학걸음', '삼진삼퇴', '미지기굿', '바꿈질굿', '연풍대' 등의 춤사위가 있다.

(3) 북춤

북은 힘차게 두들기는 동작을 반복하는 가운데 감정을 일깨우게 된다. 북춤은 '무굿' 과 군악(軍樂), 그리고 일북(돗북)에서 비롯된 것인데 쌍북채를 치는 경우도 있지만 남해 농악에서는 외북채를 잡고 친다.

이의 춤사위에는 '삼진삼퇴' 와 '제자리 회전사위' 가 있고 '연풍대', '까치걸음', '발 벌리고 북치기', '한발 들어 북받치기', '덧배기춤' 등이 있다.

(4) 소고춤

소고는 작고 가볍기에 들고 춤추기에 채상모를 돌리면서 추는 채상모 소고춤과 소고놀이를 하면서 추는 고깔 소고춤, 그리고 집단으로 놀이하는 놀이춤 등이 있다.

이들 춤에서 채상모 소고춤은 군악으로서의 기능을 가졌던 시기에 전립을 쓰고 상모를 돌리면서 추는 형식에서 유래된 것이다.

고깔을 쓰고 추는 춤은 두레들의 노작 농악과 사찰에서 일보던 걸립패들에 의해 창출된 춤이라고 한다.

① 채상소고춤

'외상모사위', '양상모사위', '사사사위', '앞뒤로 젖히는 사위', '앉은상사위', '자게북사위', '연풍대사위', '마상개사위', '가래들고 앉은상사위', '나비상사위', '차고 앉은 상사위', '자반뛰기(모두거리)사위', '쌍방아찧기사위', '외방아찧기사위', '기러기춤', '엎어배기', '말법고사위', '삼채법고', '칠채법고', '몸틀기', '꽃봉오리', '소고올렸다 내리기사위', '옆걸음치기', '까치걸음', '소고돌리기', '앉아서 상모돌리기', '앉아서 차고돌기', '소고 사선으로 올려내리기', '소고 잡고 발옆으로 올리기', '한발든 소고놀이', '발림', '거북이채', '수박치기' 등 많은 사위가 있다.

② 고깔소고춤

'소고앞뒷면치기', '물푸기사위', '벌려겹치기', '앉아서 소고치기', '팔걸이', '사모잡이', '제기법고', '좌우로 올리기', '연풍대', '굿거리춤', '자반뒤집기', '팔벌리기', '당치기', '가랑이 밑으로 소고치기' 등 많은 사위가 있다.

(5) 잡색춤

잡색춤은 그 배역에 맞는 몸짓 춤으로 극적 요소를 다분히 내포하고 있다. 이에는 직업에 따라 많은 잡색춤이 있으나 남해 화전농악에 나오는 몇가지 잡색춤을 보기로 한다.

① 포수의 춤

총을 어깨위로 올려 양손으로 잡고 '어깨춤'이나 '좌우치기', '오른손으로 느릿한 긴춤(허튼춤)'을 덩실덩실 추기도 하고 총을 아래위로 올려가며 추기도 하고 땅에 엎드리거나 서서 '쏴' 자세를 취하는 춤을 추기도 한다.

② 각시 · 양반조리중의 춤

대개 가면극에서 보이는 각시와 양반의 춤사위, 승려의 춤사위가 이와 대동소이하다.

4) 화전농악의 지신밟기사설[53)]

화전농악의 '지신밟기' 사설은 다음과 같다.

(1) 성주 · 조왕굿

성주 · 조왕님에-어이

이댁 가정에 금년운수 대통하여 잡귀 잡신을 다 몰아내고

명복일랑 들어주소.

아들 낳거든 서울훈련대장을 보내고 딸 낳거든 경상감사 사위로 삼으로.

지신밟자 지신아 천년이나 울리소. 만년이나 울리소

앞으로 보니 천석꾼 뒤로 보니 만석꾼

---

53) 박영인, 앞의 책 98~99쪽.

(2) 샘굿

이 샘이 물좋다. 홀짝홀짝 마시네
아따 그 물 맛 좋다. 꿀떡꿀떡 삼키세
아따 그 물 좋구나 미역국에 밥말세
이 샘이 물 좋다 벌컥벌컥 마시세
칠년대한 가문에 물이나 철철 넘치세
거울같은 구슬물 홀짝홀짝 마시네

(3) 문굿

쥔쥔 문여소 얼른 얼른 문여소
주인 주인 문여소 문알열면 갈라요
쥔쥔 문여소 복들어가니 문여소
주인 주인 문여소 속히속히 문여소
쥔쥔 문여소 어른 장군 들어가요

(4) 장독굿

장달다 장달다 꼬장띠장 장달다
꿀치자 꿀치자 이장독에 꿀치자
철륭철륭 유철륭 좌철륭 유철륭

(5) 방굿

금자동을 낳게하고 은자동을 낳게하소
아무병을 없게하고 수명장수 하게하소
모든 병을 낳게하고 가정화목 이루소서
형제간에 우애있고 부부간에 화목하소
이구석 저구석 방안구석 네구석

(6) 곡간굿

한섬을 쌓고나면 열섬이 되게하고
열섬을 쌓고나면 천만석이 되게하소
좀벌레도 막아주고 쥐즘생도 막아주소
잡귀잡신은 물러가고 만복일랑 점지하소

(7) 마굿간굿

소를 낳거들랑 왕대를 낳아주고
말을 낳거들랑 용마를 낳아주소
금송아지 낳아주고
은송아지 낳아주소

(8) 뒷간굿

토사병도 막아주고 이질병도 막아주소
설사병도 막아주고 배알이도 막아주소
막아주소 막아주소 온갖질병을 막아주소

5) 맺음말

'화전농악' 의 현장을 보기위해 2006년 12월 18일 서면에 있는 '화전농악보존회' 를 찾았다. 이곳에 도착하니 박희오선생과 정의연관장이 맞아주었다. 단원들은 한창 옷을 바꾸어 입는데 열중하고 있었다.

당일 칠판에 '2006년도 연말총회 및 야외공연' 에 다음과 같이 기록되어 있었다.

기수 : 이승철, 최선아, 박규열, 박준민

포수 : 권융일, 윤희영

꽹과리 : 박기홍, 박삼영, 이나경, 정순엽

징 : 전복희

장구 : 이금자. 이우심, 강은주

북 : 류인례, 이숙점

소고 : 장일숙, 김대기, 정원두, 구남호, 공만순

이들은 출연차비를 다 갖춘 다음 인근에 있는 중학교 운동장에서 3시부터 발표를 가졌는데 30분간 발표된 이들의 공연은 열과 성을 다하는 모습이었다.

그러나 아쉬운 것은 젊은 사람들이 없었다는 점이다.

젊은이들이 많이 참여해야 힘찬 동작이나 빠른 동작이 살아나는데 젊은이들이 없으니 이것은 화전농아의 큰 문제라고 느낄 수밖에 없었다.

'고현면 농악단' 은 2002년 2월에 창단되어 정월대보름이 되면 교통사고가 잦은 도로 세 곳에서 '교통사고 예방 기원제' 를 모신 다음 마을마다 '지신밟기' 를 하고 있다고 한다.

고문 : 박삼영(기능소유자)

단장 : 하금호

부단장 : 이긍기

총무 : 이장곤

기수 : 차민영, 황용건, 최두갑, 심정엽, 김덕춘

상쇠 : 박삼영

목쇠 : 김대기, 이긍기

끝쇠 : 이경접, 하금호

징 : 고부건, 신태민, 정지두, 이장곤

장구 : 최영숙, 김남희, 윤희엽, 고정희, 이선심, 정현숙, 이우심, 차영순

북 : 임승숙, 한계선, 류숙현, 황수자, 안혜경, 양성자

소고 : 구남호, 정명자, 이석인, 정원두

잡색 : 채상식, 정주천, 양순자, 강말엽, 권정심, 이계선

'화전농악' 외에 고현면 농악단이 활동하고 있다는 것은 퍽 반가운 일이 아닐 수 없다. 면마다 농악단이 하나씩 마련되어 대외의 발표가 있을 때면 합쳐져서 대형 농악단이 마련되어야 겠다.

젊은이들이 없는 농악단들이 숫자마저 작으면 가볍고 연약해 보이는 것이니 없는 젊은이를 구하기보다는 나이든 남자든 부녀자들이든 숫자라도 늘려 가는 것이 바람직한 일이라고 느꼈다.

김흥우 산문집
남해안의 앎

지은이 / 김 흥 우

2013. 7. 15. 초판발행

펴낸곳/ 도서출판 엠-애드
펴낸이/ 이 승 한
서울시 중구 충무로4가 36-7 2층
전화 / 02)2278-8063/4
팩스/ 02)2275-8064
e-mail/madd1@hanmail.net
등록번호/ 제2-2554

책임편집/ 임선실
마케터/ 박승주
디자이너/ 임민영

정가: 15,000원

ISBN: 978-89-6575-038-3